A CRITICAL CONCORDANCE TO THE LETTER OF PAUL TO THE COLOSSIANS

A CRITICAL CONCORDANCE
TO THE
LETTER OF PAUL TO THE COLOSSIANS

THE COMPUTER BIBLE
Volume XXIV

by

A. Q. Morton
S. Michaelson
J. David Thompson

BIBLICAL RESEARCH ASSOCIATES INC.

J. Arthur Baird
David Noel Freedman
Editors

ISBN 0-935106-19-7

INTRODUCTION

The Computer Bible is a long range project consisting of a series of critical concordances of all portions of the Bible. These are being produced by a varied group of scholars in different parts of the world, and will be published as they are completed.

There are four levels at which concordances are being produced. The first is the standard key-word-in-context concordance, which is primarily a reference tool. In this situation, the concordance is secondary to the biblical text which is the primary source of study. A second level concordance, on the other hand, is not only a reference aid, but represents a new kind of research tool where the concordance itself becomes a source of primary data along with the original text. It is in the study of the concordance itself that patterns appear revealing new types of information about the original text. The second level concordance is set up to deal with critical problems of what has been called "Lower Criticism," matters of language, text, morphology, grammar and syntax. Then there is a third level at which one can produce concordances, and we shall call this the level of "Content Analysis." Such a concordance deals with problems of form, source, audience, editor and the like, and with the literary content of the material. As the concordance reveals various patterns of correlation, so does it function as primary data for research parallel to the original text or its translation. The Critical Concordance to the Synoptic Gospels, Vol. I of this series, is such a concordance. A fourth level concordance is designed to reveal patterns of word configuration throughout the entire body of a particular work or throughout the structure of the language in general. The linguistic density plot concordance of Zechariah (Vol. XX) is the first such concordance in this series. At each succeeding level, new types of data appear, revealing what is often totally new information about the Bible.

This present volume is a second-level concordance. The computer program which produced it is a sophisticated one. Its conception and development started with Mr. P. Bratley of the English Language and Computer Science Departments of the University of Edinburgh whose program produced concordances for the Dictionary of the Older Scottish Tongue following the initiative of its editor, Mr. A. J. Aitken. Around this program and its ideas was written the COCOA concordance program by Dr. J. Howlett of the Science Research Council Atlas Computer Laboratory at Chilton. Dr. D. B. Russell produced the first version of the program and the concordance of the Homeric Poems, and Mrs. E. M. Gill did the first work on the New Testament. The project was then transferred to Edinburgh Regional Computing Center and adapted further by W. Aitken and by Neil Hamilton-Smith on whom the major responsibility has fallen. Always associated with the work have been Professor Sidney Michaelson and Rev. A. Q. Morton of the Department of Computer Science of the University of Edinburgh. The Greek text of the concordance is based upon the Greek New Testament edited by Aland, Black, Metzger and Wikgren, London and New York, 1968. From its early stages, the British team has worked in close cooperation with the American Biblical Research Associates and it is through this association that the present volume has now reached publication.

USING THE CONCORDANCE

A Concordance such as this is a sophisticated research tool, and needs some explanation in order to be used effectively. The thing to remember is that this is most creatively employed as primary data alongside the original text. It is not just a reference tool. The arrangement of the material is such as to open the possibility that the concordance itself will reveal new types of information. This introduction will try to suggest possible types of new data; but experience has shown that the most creative discoveries are usually inadvertent, and take the researcher quite by surprise. The best way to use such a concordance, therefore, is with a completely open mind. The present volume is divided into six parts, each arranging material in different ways for different kinds of study.

PART ONE is a REVERSE INDEX AND WORD COUNT. All the words in the gospel are arranged alphabetically according to the last letters in the word, working from right to left. Beside each word is then listed the number of occurrences of that word. This reverse indexing brings together person, gender, number, case, tense and mood endings for many types of morphological study. For example, one might detect here some tense peculiarities that would point to the Greek or Hebrew origins of the basic material, the author or possible redactors.

PART TWO is a FORWARD INDEX AND WORD COUNT of all the words in the gospel, alphabetically arranged and giving the number of occurrences of each word. This facilitates the location of the frequency of any word, and also brings various word roots together for comparison. It gives us a more detailed picture of the verbal habits of the author or authors and a quick summary of the language character of the book. This is especially useful for comparison with other sections of the Bible.

PART THREE is a WORD FREQUENCY LIST arranged according to descending numerical occurrence. This enables us to know how often each word occurs in each of its forms. For example, we see that *kai* occurs 101 times. By combining this data with the figures in the frequence profiles, one can see that *kai* comprises 6.4% of the total word count of Colossians another possible indication of authorship. This kind of data can be obtained from Moulton and Geden, but the present concordance will speed up such research enormously.

PART FOUR is a FREQUENCY PROFILE, containing no words, but rather six columns of figures. The first column gives the number of occurrences of the group of words in the text, starting with the once occurring words, of which there are 461 then the words which occur twice, of which there are 81, and so on until it records that the word *kai* occurs 101 times. The second column records how many words are in the class defined by column one: thus there are 461 words which occur only once, 11 which occur five times, two which occur 16 times and so on. Columns three and four contain a running continuous count of the number of words listed so far, so that there are 542 words listed once or twice on 623 separate occasions (column four). Columns five and six give a running and cumulative percentage frequency total. For example, in line one, if you divide the number of different words occurring only once (461) by the total number of different words in Colossians (641)), the percentage figure is 71.92% (column five). If one divides the total number of once-only words (461) by the total number of all words every time used in Colossians (1571), the percentage figure is 29.34% (column six). Remember that in line two and succeeding lines, the figures, and so the percentages, are cumulative.

PART FIVE is a FORWARD KEY WORD IN CONTEXT CONCORDANCE. Its unique feature is that it is "context sorted." Most concordances list key words and provide context for them in the order they would be met in reading the text. In the present concordance, all occurrences of a key word appear together, and are additionally sorted by their context. Thus, the occurrences of each word appear in the dictionary order of the context following the word. This type of sorting brings out all similar structures grammatical and linguistic, which are not readily apparent in the more usual concordance. The main feature of what the computer has done here is the way the key word, and the words and phrases of the context are arranged immediately and symmetrically under each other. This increases enormously the facility and speed of locating patterns of word usage, style, syntax, etc. that should say something about subject matter, author, redactor, or the particular age and milieu out of which the material emerged. These patterns stand out brilliantly, and immediately call attention to themselves.

PART SIX is a REVERSE KEY WORD IN CONTEXT CONCORDANCE. Here the key words are alphabetized from right to left, and the order for each key word is the context to its left, sorted first by the last letter of the preceding word, then the second from last and so on. The chief function of such an arrangement is to reveal in depth and detail the morphological habits of the author. The patterns visible in this way could also point to editorial emphasis or even theological stress for example in the use of the imperative as compared to the indicative or subjective moods. Since these are new tools, one can only conjecture the kinds of conclusions that will be drawn from their use. One thing is probable: they will be drawn from new evidence seen here for the first time.

One limitation needs to be mentioned. The Greek text on computer tape used to generate this concordance does not provide rough breathing marks. There is, therefore, no way to distinguish words that are otherwise identical. This is normally no problem, but in the frequency profile, some of the statistics need to be modified for rough breathing words.

Now what use can be made of this data? To begin with, these figures form the necessary control base for any percentage ratios one may wish to derive from Colossians. For example, if one wanted to know what percentage of words in Colossians are *hapax legomenoi* (once only), one needs to know not only the total number of such words (461), but also the total number of different words in Colossians (641). With such a numerical base, one could then go on to calculate the percentage of times any word or phrase occurred in Colossians, and then compare this with such a percentage in another book. Or one might wish to determine the relative weight a certain syntactical situation had in Colossians in comparison to some other text. In this case, one would need the complete word total (1571) as the base for his percentage. This then enables the researcher to make observations about the character of this book which are exact rather than impressionistic, and to compare Colossians with other works in an objective, empirical fashion, along with whatever other ways one might wish to make comparisons. These frequency profiles are also very useful for determining authorship patterns, and so can be most useful for Source and Redaction criticism.

TECHNICAL DATA

This Greek volume was made possible by the development of a set of computer programs which convert the encoded forms of the Latin characters as they exist on magnetic tape into matrices of dots which, when sent to a dot matrix plotter, result in the Greek lines reproduced here. The use of the dot matrix plotter (a Versatec D900A) allows a great deal of flexibility in altering the character font, adjusting the line format and the size and density of the characters, which conventional computer printers do not. Its use is also inexpensive compared to the costs of having a character font designed and cast in the kind of type used by most computer printing machines. Its primary drawback, and a relatively small one, is that a greater amount of computer processing is required to generate the plot matrix than to drive a conventional computer printer. It is also slower than an average computer printer.

The plot matrices were generated on a Honeywell 6080 computer with Extended Instruction Set (EIS) from the tapes written by the concordance programs. The matrices for the characters were coded into the program and each assigned a width based on the size of the character it contained, thereby preventing consecutive narrow characters from being surrounded by a large amount of space while wider characters are more closely spaced. These character matrices were then merged together in the same order as the Latin characters on the concordance tape and written to a plot driver tape.

This plot driver tape was fed into a Texas Instruments 980B mini-computer to which the Versatec plotter is connected. The merged matrices plotted on the Versatec generated what you see reproduced in this volume. The plot driver tape generation program is reasonably flexible and can be adjusted to print lines in many formats and character sets.

J. David Thompson

CONTENTS

Page

I. WORD COUNT: REVERSE INDEX 1

II. WORD COUNT: FORWARD INDEX 5

III. WORD COUNT: WORDS CLASSIFIED BY FREQUENCY BEFORE FORWARD INDEXING 9

IV. FREQUENCY PROFILE 13

V. FORWARD CONCORDANCE 15

VI. REVERSE CONCORDANCE 51

PART I

WORD COUNT
REVERSE INDEX

WORD COUNT: REVERSE INDEX.

Word	Count
α	4
μεριδα	1
δια	8
λαοδικεια	3
σκια	1
δεξια	1
ειδωλολατρια	1
ευχαριστια	2
προσωποληµψια	1
αμα	1
σωμα	2
ατινα	1
σπλαγχνα	1
τα	23
ενταλματα	1
αορατα	1
χρηστοτητα	1
εχοντα	1
δε	5
ωδε	1
ενδυσασθε	1
δογματιζεσθε	1
γινεσθε	1
παρεχεσθε	1
εμε	1
ειπατε	1
ηκουσατε	2
ελαβετε	1
εμαθετε	1
βλεπετε	1
υπακουετε	2
εζητε	1
περιετμηθητε	1
πληρωθητε	1
φρονειτε	1
ζητειτε	1
τοτε	1
γνωτε	1
η	14
εκτισθη	1
εφανερωθη	1
κεφαλη	2
μη	10
περιτομη	3
ανοιξη	1
παση	5
τη	14
αρχη	1
ζωη	2
αι	2
εξουσιαι	1
ειδεναι	2
λαλησαι	2
γνωρισαι	1
κομισεται	1
γενηται	1
εκτισται	1
ει	4
ιεραπολει	1
μερει	1
βαρναβα	1
παυομεθα	1
αφειδια	1
θρησκεια	1
εθελοθρησκια	1
διανοια	1
εκκλησια	2
ακροβυστια	2
σαρκα	1
στερεωμα	1
ινα	13
τεκνα	2
αγωνα	1
κατα	10
παραπτωματα	1
μετα	1
πραυτητα	1
επεμψα	1
μηδε	1
δεξασθε	1
ψευδεσθε	1
αποθεσθε	1
φανερωθησεσθε	1
απολημψεσθε	1
βλεπε	1
ποιησατε	1
προηκουσατε	1
παρελαβετε	1
απεθανετε	2
δουλευετε	1
εχετε	2
σταθητε	1
συνηγερθητε	2
ποιητε	2
προσκαρτερειτε	1
οτε	1
παντοτε	3
αναγνωτε	1
οργη	1
αναγνωσθη	2
εικη	1
μελη	1
εμη	1
ειρηνη	2
δοξη	1
παρακαλεση	1
αυτη	1
προσευχη	1
καθ	1
αποκρινεσθαι	1
και	101
αποκαταλλαξαι	1
περιπατησαι	1
πληρωσαι	1
ερχεται	1
κεκρυπται	1
αρχαι	1
δει	2
δυναμει	2
συνεσει	1
ελπιδα	1
πιθανολογια	1
αληθεια	1
στοιχεια	1
οφθαλμοδουλια	1
παρηγορια	1
παρρησια	1
σοφια	4
αλλα	2
πληρωμα	2
τινα	1
εικονα	1
επαφρα	1
υστερηματα	1
ορατα	1
ισοτητα	1
παντα	16
γε	1
υηδε	1
ασπασασθε	1
εργαζεσθε	1
πικραινεσθε	1
υποτασσεσθε	1
με	1
αγαπατε	1
περιεπατησατε	1
νεκρωσατε	1
ερεθιζετε	1
επιμενετε	1
μνημονευετε	1
αποκατηλλαγητε	1
εκληθητε	1
εδιδαχθητε	1
ειτε	6
περιπατειτε	2
ποτε	2
εστε	1
επεγνωτε	1
ελθη	1
φανερωθη	1
πνευματικη	1
επιστολη	1
τιμη	1
ταπεινοφροσυνη	2
αγαπη	1
γευση	1
εχη	1
αψη	1
μεθ	1
καρδιαι	1
δεδεμαι	1
κατοικησαι	1
παραστησαι	1
ασπαζεται	3
παραλογιζηται	1
εσται	1
δι	5
κατοικει	1
αυξει	1
αποχρησει	1

γνωρισει	1
απεκδυσει	1
πιστει	2
ειμι	1
τινι	1
συνεργοι	1
τελειοι	1
δουλοι	1
απεκδυσαμενοι	1
πεπληροφορημενοι	1
αυξανομενοι	1
φοβουμενοι	1
εποικοδομουμενοι	1
ερριζωμενοι	1
μονοι	1
οσοι	1
ουτοι	1
περι	4
τι	4
ονοματι	1
απλοτητι	1
ικανωσαντι	1
εκ	8
εαν	4
αρεσκειαν	1
κακιαν	1
επιθυμιαν	1
πλεονεξιαν	1
εορακαν	1
θυραν	1
δοθεισαν	1
εν	87
συνεστηκεν	1
ηκουσαμεν	1
ευχαριστουμεν	1
ηδικησεν	1
μετεστησεν	1
οργην	1
ελλην	1
ενεργουμενην	1
ταπεινοφροσυνην	1
αυτην	1
υμιν	10
δογμασιν	1
πασιν	3
πραξεσιν	1
εισιν	1
γονευσιν	1
αθυμωσιν	1
εστιν	18
λογον	2
παλαιον	1
μυστηριον	2
ηλικον	1
ουρανον	1
αυξανομενον	1
καρποφορουμενον	1
προσωπον	1
ευαρεστον	1
χειρογραφον	1
ουν	5
συλαγωγων	1
θλιψεων	1
αμαρτιων	1
αγγελων	1
ημων	7
υμων	22
ανθρωπων	2
των	16
παντων	1
εμβατευων	1

κτισει	1
επιγνωσει	1
εχει	1
απειμι	1
νυνι	2
εδραιοι	1
κυριοι	1
μοι	2
ενδυσαμενοι	1
εξαγοραζομενοι	1
ανεχομενοι	1
βεβαιουμενοι	1
μετακινουμενοι	1
τεθεμελιωμενοι	1
θρονοι	1
εκλεκτοι	1
αποκρυφοι	1
χειρι	1
αλατι	1
πνευματι	2
χαριτι	2
οτι	5
ουκ	4
αισχρολογιαν	1
βασιλειαν	2
βλασφημιαν	1
μακροθυμιαν	2
εκκλησιαν	1
παν	5
πασαν	2
οταν	2
εορακεν	1
ηρκεν	1
καταγγελλομεν	1
παραστησωμεν	1
ευδοκησεν	1
εδειγματισεν	1
κακην	1
εγενομην	2
υπομονην	1
αγαπην	3
μομφην	1
ταξιν	1
παθημασιν	1
ανδρασιν	1
αφεσιν	1
παραδοσιν	1
γνωρισουσιν	1
επιγνωσιν	3
πιστιν	1
νεον	1
τελειον	1
κυριον	3
οικον	1
αποκεκρυμμενον	1
επιχορηγουμενον	1
πονον	1
καιρον	1
χριστον	3
πολυν	1
ιησουν	1
λαοδικεων	1
αγιων	1
αδικων	1
θελων	1
δεσμων	1
αιωνων	1
χαιρων	1
σαββατων	1
μελλοντων	1
πρωτευων	1

ποσει	1
βρωσει	1
σαρκι	3
ενι	3
οι	6
αγιοι	1
ανθρωπαρεσκοι	1
εμοι	1
ηγαπημενοι	1
χαριζομενοι	1
προσευχομενοι	3
δυναμουμενοι	1
αιτουμενοι	1
πεπληρωμενοι	1
θησαυροι	1
ευχαριστοι	1
επι	5
πατρι	3
θεληματι	1
σωματι	2
παντι	3
φωτι	1
αλλ	1
ενεργειαν	1
πορνειαν	1
οικονομιαν	1
διακονιαν	1
ακαθαρσιαν	1
φθοραν	1
εγενηθησαν	1
νυμφαν	1
ανηκεν	1
μεν	1
εχομεν	1
συνεζωοποιησεν	1
ηθελησεν	1
ην	5
κεφαλην	1
αποκειμενην	1
πλησμονην	1
την	27
ημιν	4
χαριν	1
παραπτωμασιν	1
εθνεσιν	1
αυξησιν	1
ανταποδοσιν	1
παρακληθωσιν	1
απολυτρωσιν	1
ον	2
δικαιον	1
κατενωπιον	1
υπεναντιον	1
θυμον	1
συνβιβαζομενον	1
ανακαινουμενον	1
ανθρωπον	4
τον	9
αυτον	5
νυν	2
συν	7
γενεων	1
στοιχειων	1
εικων	1
αλληλων	1
συνδεσμων	1
βλεπων	1
νεκρων	2
κρατων	1
αυτων	1
αφων	1

εξ	3	ο	28	απο	7
υπο	2	προ	1	το	13
εχαρισατο	1	ερρυσατο	1	αυτο	4
τουτο	4	γαρ	6	παρ	1
υπερ	7	καρδιας	2	ενεργειας	1
αληθειας	1	λαοδικειας	1	διδασκαλιας	1
κληρονομιας	1	νεομηνιας	1	πληροφοριας	1
εκκλησιας	1	εξουσιας	3	σοφιας	2
φιλοσοφιας	1	γυναικας	1	λουκας	1
εντολας	1	ημας	1	δημας	1
υμας	18	χαρας	1	ημερας	2
επαφρας	1	ειρηνοποιησας	1	θριαμβευσας	1
δηλωσας	1	προσηλωσας	1	τας	4
παντας	1	οντας	2	αυτας	1
αρχας	1	εξαλειψας	1	παρελαβες	1
γυναικες	1	οιτινες	1	ανδρες	1
πατερες	1	κυριοτητες	1	παντες	1
ακουσαντες	1	συνβιβασθεντες	1	συνταφεντες	1
οντες	1	αδοντες	1	διδασκοντες	2
περισσευοντες	1	γρηγορουντες	1	καρποφορουντες	1
νουθετουντες	2	ευχαριστουντες	2	ζωντες	1
ειδοτες	2	ης	3	γης	4
θιγης	1	σκυθης	1	περιτομης	1
κενης	1	δοξης	3	αγαπης	1
πασης	2	της	27	απατης	1
εορτης	1	αυτης	1	αρχης	1
ψυχης	1	ωδαις	1	καρδιαις	2
πνευματικαις	1	κολοσσαις	1	ταις	4
προσευχαις	1	εις	19	μηδεις	2
ημεις	2	υμεις	6	οις	2
εργοις	1	αγιοις	2	κυριοις	1
δουλοις	1	ψαλμοις	1	ουρανοις	3
υμνοις	1	ανθρωποις	1	πληροις	1
πονηροις	1	τοις	15	πιστοις	1
εαυτοις	1	τουτοις	2	αδελφοις	1
ελπις	1	χαρις	2	τις	3
ητις	1	ος	6	λογος	2
ελπιδος	1	θεος	2	τιμοθεος	1
παθος	1	ιουδαιος	1	κυριος	1
ανεψιος	1	τυχικος	1	πρωτοτοκος	2
μαρκος	1	σαρκος	5	αποστολος	1
παυλος	2	δουλος	2	συνδουλος	1
ασπασμος	1	συνδεσμος	1	χαρισαμενος	1
απεκδυσαμενος	1	καθημενος	1	λεγομενος	1
αγωνιζομενος	2	φυσιουμενος	1	ηρτυμενος	1
διακονος	4	νοος	1	βαρβαρος	1
ελευθερος	1	προς	6	ιατρος	1
πατρος	1	θεληματος	2	αιματος	1
στοματος	1	σωματος	4	κρατος	1
αγαπητος	2	θεοτητος	1	τελειοτητος	1
εγειραντος	1	κτισαντος	1	κηρυχθεντος	1
παροντος	1	πιστος	2	χριστος	4
ιουστος	1	αυτος	3	πλουτος	2
συναιχμαλωτος	1	αδελφος	2	αρισταρχος	1
αγιους	2	αλληλους	1	αμωμους	1
απηλλοτριωμενους	1	εχθρους	1	νεκρους	1
ιησους	1	τους	3	ανεγκλητους	1
σκοτους	1	αυτους	1	εαυτους	1
αδελφους	1	ως	7	συνεσεως	1
κτισεως	1	γνωσεως	1	πιστεως	2
καθως	5	αξιως	1	πλουσιως	1
σωματικως	1	πως	1	ουτως	1
κατ	3	ου	8	λογου	1
θεου	15	ευαγγελιου	2	μυστηριου	2
κυριου	4	υιου	1	παυλου	1
συνδουλου	1	μου	4	οικτιρμου	1
κοσμου	2	οπου	1	κληρου	1
σταυρου	1	μεσου	1	ιησου	4
του	48	θανατου	1	αορατου	1
αγαπητου	1	χριστου	11	αυτου	14
τουτου	1	αφ	2	ουχ	1

κολοσσαεις

ω	4	εγω	2	λεγω	1
λογω	2	εργω	2	θεω	4
αγαθω	1	κοπιω	1	κυριω	6
θελω	1	ονησιμω	1	βαπτισμω	1
κοσμω	2	ανω	2	ουρανω	1
εξω	1	αρχιππω	1	ανταναπληρω	1
χαιρω	1	σταυρω	1	μαρτυρω	1
φανερωσω	1	τω	18	κρινετω	1
βραβευετω	1	καταβραβευετω	1	αχειροποιητω	1
αγαπητω	1	ενοικειτω	1	εκαστω	1
πιστω	1	χριστω	7	αυτω	12
αδελφω	1	εχω	1		

PART II

WORD COUNT
FORWARD INDEX

WORD COUNT: FORWARD INDEX.

4	α
1	αγαπη
2	αγαπητος
1	αγγελων
2	αγιους
2	αγωνιζομενος
1	αδελφους
1	αδοντες
1	αιματος
1	αιωνων
2	ακροβυστια
1	αληθειας
1	αλληλους
1	αμαρτιων
1	αναγνωτε
1	ανδρες
1	ανεψιος
1	ανθρωποις
1	ανοιξη
2	ανω
1	αορατου
1	απειμι
1	απεκδυσει
7	απο
1	αποκατηλλαγητε
1	αποκρινεσθαι
1	απολυτρωσιν
1	αρεσκειαν
1	αρχας
1	αρχιππω
1	ασπασμος
1	αυξανομενον
1	αυτας
1	αυτης
3	αυτος
12	αυτω
1	αφειδια
1	αχειροποιητω
1	βαρβαρος
1	βεβαιουμενοι
1	βλεπετε
1	βρωσει
1	γενεων
4	γης
1	γνωρισει
1	γνωτε
1	γυναικας
1	δεδεμαι
1	δεξια
1	δημας
1	διακονιαν
1	διδασκαλιας
1	δογμασιν
1	δοξη
1	δουλοι
2	δυναμει
1	εαυτοις
1	εγενηθησαν
1	εδειγματισεν
1	εζητε
1	αγαθω
3	αγαπην
1	αγαπητου
1	αγιοι
1	αγιων
1	αδελφοις
1	αδελφω
1	αθυμωσιν
1	αισχρολογιαν
1	ακαθαρσιαν
1	αλατι
1	αλλ
1	αλληλων
1	αμωμους
1	ανακαινουμενον
1	ανεγκλητους
1	ανηκεν
4	ανθρωπον
1	ανταναπληρω
1	αξιως
1	απατης
1	απεκδυσαμενοι
1	απηλλοτριωμενους
1	αποθεσθε
1	αποκειμενην
1	αποκρυφοι
1	αποστολος
1	αρισταρχος
1	αρχη
3	ασπαζεται
1	ατινα
1	αυξει
1	αυτη
4	αυτο
14	αυτου
1	αυτων
1	αφεσιν
1	αψη
1	βαρναβα
1	βλασφημιαν
1	βλεπων
6	γαρ
1	γενηται
1	γινεσθε
1	γνωρισουσιν
1	γονευσιν
1	γυναικες
2	δει
1	δεσμων
5	δι
4	διακονος
2	διδασκοντες
1	δογματιζεσθε
3	δοξης
1	δουλοις
1	δυναμουμενοι
1	εαυτους
2	εγενομην
1	εδιδαχθητε
1	εθελοθρησκια
1	αγαπατε
1	αγαπης
1	αγαπητω
2	αγιοις
1	αγωνα
2	αδελφος
1	αδικων
2	αι
1	αιτουμενοι
1	ακουσαντες
1	αληθεια
2	αλλα
1	αμα
2	αναγνωσθη
1	ανδρασιν
1	ανεχομενοι
1	ανθρωπαρεσκοι
2	ανθρωπων
1	ανταποδοσιν
1	αορατα
2	απεθανετε
1	απεκδυσαμενος
1	απλοτητι
1	αποκαταλλαξαι
1	αποκεκρυμμενον
1	απολημψεσθε
1	αποχρησει
1	αρχαι
1	αρχης
1	ασπασασθε
1	αυξανομενοι
1	αυξησιν
1	αυτην
5	αυτον
1	αυτους
2	αφ
1	αφων
1	βαπτισμω
2	βασιλειαν
1	βλεπε
1	βραβευετω
1	γε
1	γευση
1	γνωρισαι
1	γνωσεως
1	γρηγορουντες
5	δε
1	δεξασθε
1	δηλωσας
8	δια
1	διανοια
1	δικαιον
1	δοθεισαν
1	δουλευετε
2	δουλος
4	εαν
1	εγειραντος
2	εγω
1	εδραιοι
1	εθνεσιν

4	ει	2	ειδεναι	2	ειδοτες
1	ειδωλολατρια	1	εικη	1	εικονα
1	εικων	1	ειμι	1	ειπατε
2	ειρηνη	1	ειρηνοποιησας	1	εισιν
19	εις	6	ειτε	8	εκ
1	εκαστω	2	εκκλησια	1	εκκλησιαν
1	εκκλησιας	1	εκλεκτοι	1	εκληθητε
1	εκτισθη	1	εκτισται	1	ελαβετε
1	ελευθερος	1	ελθη	1	ελλην
1	ελπιδα	1	ελπιδος	1	ελπις
1	εμαθετε	1	εμβατευων	1	εμε
1	εμη	1	εμοι	37	εν
1	ενδυσαμενοι	1	ενδυσασθε	1	ενεργειαν
1	ενεργειας	1	ενεργουμενην	3	ενι
1	ενοικειτω	1	ενταλματα	1	εντολας
3	εξ	1	εξαγοραζομενοι	1	εξαλειψας
1	εξουσιαι	3	εξουσιας	1	εξω
1	εορακαν	1	εορακεν	1	εορτης
1	επαφρα	1	επαφρας	1	επεγνωτε
1	επεμψα	5	επι	1	επιγνωσει
3	επιγνωσιν	1	επιθυμιαν	1	επιμενετε
1	επιστολη	1	επιχορηγουμενον	1	εποικοδομουμενοι
1	εργαζεσθε	1	εργοις	2	εργω
1	ερεθιζετε	1	ερριζωμενοι	1	ερρυσατο
1	ερχεται	1	εσται	1	εστε
18	εστιν	2	ευαγγελιου	1	ευαρεστον
1	ευδοκησεν	2	ευχαριστια	1	ευχαριστοι
1	ευχαριστουμεν	2	ευχαριστουντες	1	εφανερωθη
1	εχαρισατο	1	εχει	2	εχετε
1	εχη	1	εχθρους	1	εχομεν
1	εχοντα	1	εχω	1	ζητειτε
2	ζωη	1	ζωντες	14	η
1	ηγαπημενοι	1	ηδικησεν	1	ηθελησεν
1	ηκουσαμεν	2	ηκουσατε	1	ηλικον
1	ημας	2	ημεις	2	ημερας
4	ημιν	7	ημων	5	ην
1	ηρκεν	1	ηρτυμενος	3	ης
1	ητις	1	θανατου	1	θεληματι
2	θεληματος	1	θελω	1	θελων
2	θεος	1	θεοτητος	15	θεου
4	θεω	1	θησαυροι	1	θιγης
1	θλιψεων	1	θρησκεια	1	θριαμβευσας
1	θρονοι	1	θυμον	1	θυραν
1	ιατρος	1	ιεραπολει	4	ιησου
1	ιησουν	1	ιησους	1	ικανωσαντι
13	ινα	1	ιουδαιος	1	ιουστος
1	ισοτητα	1	καθ	1	καθημενος
5	καθως	101	και	1	καιρον
1	κακην	1	κακιαν	1	καρδιαι
2	καρδιαις	2	καρδιας	1	καρποφορουμενον
1	καρποφορουντες	3	κατ	10	κατα
1	καταβραβευετω	1	καταγγελλομεν	1	κατενωπιον
1	κατοικει	1	κατοικησαι	1	κεκρυπται
1	κενης	2	κεφαλη	1	κεφαλην
1	κηρυχθεντος	1	κληρονομιας	1	κληρου
1	κολοσσαις	1	κομισεται	1	κοπιω
2	κοσμου	2	κοσμω	1	κρατος
1	κρατων	1	κρινετω	1	κτισαντος
1	κτισει	1	κτισεως	1	κυριοι
1	κυριοις	3	κυριον	1	κυριος
1	κυριοτητες	4	κυριου	6	κυριω
2	λαλησαι	3	λαοδικεια	1	λαοδικειας
1	λαοδικεων	1	λεγομενος	1	λεγω
2	λογον	2	λογος	1	λογου
2	λογω	1	λουκας	2	μακροθυμιαν
1	μαρκος	1	μαρτυρω	1	με
1	μεθ	1	μελη	1	μελλοντων
1	μεν	1	μερει	1	μεριδα
1	μεσου	1	μετα	1	μετακινουμενοι
1	μετεστησεν	10	μη	1	μηδε
2	μηδεις	1	μνημονευετε	2	μοι

1	μομφην
2	μυστηριον
2	νεκρων
1	νεον
1	νυμφαν
28	ο
1	οικονομιαν
1	οιτινες
1	ονοματι
1	οπου
1	οργην
2	οταν
8	ου
3	ουρανοις
1	ουτοι
1	οφθαλμοδουλια
1	παλαιον
1	παντας
3	παντοτε
1	παραδοσιν
1	παραλογιζηται
1	παραστησαι
1	παρελαβετε
1	παροντος
5	παση
1	πατερες
2	παυλος
1	πεπληροφορημενοι
1	περιεπατησατε
1	περιπατησαι
1	περιτομης
2	πιστει
1	πιστοις
1	πλεονεξιαν
1	πληρωθητε
1	πλησμονην
2	πνευματι
1	ποιησατε
1	πονηροις
1	ποσει
1	πραυτητα
1	προσευχαις
1	προσηλωσας
1	προσωπον
2	πρωτοτοκος
1	σαρκα
1	σκια
4	σοφια
1	σταθητε
1	στερεωμα
1	στοματος
1	συναιχμαλωτος
1	συνδεσμος
1	συνδουλου
1	συνεσει
2	συνηγερθητε
2	σωματι
23	τα
2	ταπεινοφροσυνη
1	τεθεμελιωμενοι
1	τελειον
27	την
1	τιμη
1	τινι
15	τοις
48	του
2	τουτοις
18	τω
1	υιου
10	υμιν
2	υπακουετε

1	μονοι
2	μυστηριου
1	νεκρωσατε
1	νοος
2	νυν
6	οι
1	οικτιρμου
2	ον
2	οντας
1	ορατα
1	οσοι
1	οτε
4	ουκ
1	ουρανον
1	ουτως
1	παθημασιν
5	παν
1	παντες
1	παντων
1	παρακαλεση
1	παραπτωμασιν
1	παραστησωμεν
1	παρεχεσθε
1	παρρησια
2	πασης
3	πατρι
1	παυλου
1	πεπληρωμενοι
1	περιετμηθητε
1	περισσευοντες
1	πιθανολογια
2	πιστεως
2	πιστος
1	πληροις
2	πληρωμα
1	πλουσιως
1	πνευματικαις
2	ποιητε
1	πονον
2	ποτε
1	προ
1	προσευχη
1	προσκαρτερειτε
6	προς
1	πως
3	σαρκι
1	σκοτους
2	σοφιας
1	σταυρου
1	στοιχεια
1	συλαγωγων
1	συνβιβαζομενον
1	συνδεσμων
1	συνεζωοποιησεν
1	συνεσεως
1	συνταφεντες
1	σωματικως
4	ταις
1	ταπεινοφροσυνην
2	τεκνα
1	τελειοτητος
27	της
1	τιμοθεος
3	τις
9	τον
3	τους
1	τουτου
16	των
18	υμας
1	υμνοις
1	υπεναντιον

4	μου
1	νεκρους
1	νεομηνιας
2	νουθετουντες
2	νυνι
1	οικον
2	οις
1	ονησιμω
1	οντες
1	οργη
6	ος
5	οτι
5	ουν
1	ουρανω
1	ουχ
1	παθος
16	παντα
3	παντι
1	παρ
1	παρακληθωσιν
1	παραπτωματα
1	παρελαβες
1	παρηγορια
2	πασαν
3	πασιν
1	πατρος
1	παυομεθα
4	περι
2	περιπατειτε
3	περιτομη
1	πικραινεσθε
1	πιστιν
1	πιστω
1	πληροφοριας
1	πληρωσαι
2	πλουτος
1	πνευματικη
1	πολυν
1	πορνειαν
1	πραξεσιν
1	προηκουσατε
3	προσευχομενοι
1	προσωπολημψια
1	πρωτευων
1	σαββατων
5	σαρκος
1	σκυθης
1	σπλαγχνα
1	σταυρω
1	στοιχειων
7	συν
1	συνβιβασθεντες
1	συνδουλος
1	συνεργοι
1	συνεστηκεν
2	σωμα
4	σωματος
1	ταξιν
4	τας
1	τελειοι
14	τη
4	τι
1	τινα
13	το
1	τοτε
4	τουτο
1	τυχικος
1	υηδε
6	υμεις
22	υμων
7	υπερ

κολοσσαεις

2	υπο	1	υπομονην	1	υποτασσεσθε
1	υστερηματα	1	φανερωθη	1	φανερωθησεσθε
1	φανερωσω	1	φθοραν	1	φιλοσοφιας
1	φοβουμενοι	1	φρονειτε	1	φυσιουμενος
1	φωτι	1	χαιρω	1	χαιρων
1	χαρας	1	χαριζομενοι	1	χαριν
1	χαρισαμενος	2	χαρις	2	χαριτι
1	χειρι	1	χειρογραφον	1	χρηστοτητα
3	χριστον	4	χριστος	11	χριστου
7	χριστω	1	ψαλμοις	1	ψευδεσθε
1	ψυχης	4	ω	1	ωδαις
1	ωδε	7	ως		

PART III

WORD COUNT
WORDS CLASSIFIED BY
FREQUENCY BEFORE FORWARD INDEXING

WORD COUNT: WORDS CLASSIFIED BY FREQUENCY BEFORE FORWARD INDEXING.

101	και	87	εν	48	του
28	ο	27	την	27	της
23	τα	22	υμων	19	εις
18	εστιν	18	τω	18	υμας
16	παντα	16	των	15	θεου
15	τοις	14	αυτου	14	η
14	τη	13	ινα	13	το
12	αυτω	11	χριστου	10	κατα
10	μη	10	υμιν	9	τον
8	δια	8	εκ	8	ου
7	απο	7	ημων	7	συν
7	υπερ	7	χριστω	7	ως
6	γαρ	6	ειτε	6	κυριω
6	οι	6	ος	6	προς
6	υμεις	5	αυτον	5	δε
5	δι	5	επι	5	ην
5	καθως	5	οτι	5	ουν
5	παν	5	παση	5	σαρκος
4	α	4	ανθρωπον	4	αυτο
4	γης	4	διακονος	4	εαν
4	ει	4	ημιν	4	θεω
4	ιησου	4	κυριου	4	μου
4	ουκ	4	περι	4	σοφια
4	σωματος	4	ταις	4	τας
4	τι	4	τουτο	4	χριστος
4	ω	3	αγαπην	3	ασπαζεται
3	αυτος	3	δοξης	3	ενι
3	εξ	3	εξουσιας	3	επιγνωσιν
3	ης	3	κατ	3	κυριον
3	λαοδικεια	3	ουρανοις	3	παντι
3	παντοτε	3	πασιν	3	πατρι
3	περιτομη	3	προσευχομενοι	3	σαρκι
3	τις	3	τους	3	χριστον
2	αγαπητος	2	αγιοις	2	αγιους
2	αγωνιζομενος	2	αδελφος	2	αι
2	ακροβυστια	2	αλλα	2	αναγνωσθη
2	ανθρωπων	2	ανω	2	απεθανετε
2	αφ	2	βασιλειαν	2	δει
2	διδασκοντες	2	δουλος	2	δυναμει
2	εγενομην	2	εγω	2	ειδεναι
2	ειδοτες	2	ειρηνη	2	εκκλησια
2	εργω	2	ευαγγελιου	2	ευχαριστια
2	ευχαριστουντες	2	εχετε	2	ζωη
2	ηκουσατε	2	ημεις	2	ημερας
2	θεληματος	2	θεος	2	καρδιαις
2	καρδιας	2	κεφαλη	2	κοσμου
2	κοσμω	2	λαλησαι	2	λογον
2	λογος	2	λογω	2	μακροθυμιαν
2	μηδεις	2	μοι	2	μυστηριον
2	μυστηριου	2	νεκρων	2	νουθετουντες
2	νυν	2	νυνι	2	οις
2	ον	2	οντας	2	οταν
2	πασαν	2	πασης	2	παυλος
2	περιπατειτε	2	πιστει	2	πιστεως
2	πιστος	2	πληρωμα	2	πλουτος
2	πνευματι	2	ποιητε	2	ποτε
2	πρωτοτοκος	2	σοφιας	2	συνηγερθητε
2	σωμα	2	σωματι	2	ταπεινοφροσυνη
2	τεκνα	2	τουτοις	2	υπακουετε
2	υπο	2	χαρις	2	χαριτι

1 αγαθω
1 αγαπης
1 αγγελων
1 αγωνα
1 αδελφω
1 αθυμωσιν
1 αιτουμενοι
1 ακουσαντες
1 αληθειας
1 αλληλων
1 αμωμους
1 ανδρασιν
1 ανεχομενοι
1 ανθρωπαρεσκοι
1 ανταναπληρω
1 αορατα
1 απειμι
1 απεκδυσει
1 αποθεσθε
1 αποκειμενην
1 αποκρυφοι
1 αποστολος
1 αρισταρχος
1 αρχη
1 ασπασασθε
1 αυξανομενοι
1 αυξησιν
1 αυτην
1 αυτων
1 αφων
1 βαπτισμω
1 βεβαιουμενοι
1 βλεπετε
1 βρωσει
1 γενηται
1 γνωρισαι
1 γνωσεως
1 γρηγορουντες
1 δεδεμαι
1 δεσμων
1 διακονιαν
1 δικαιον
1 δοθεισαν
1 δουλοι
1 εαυτοις
1 εγενηθησαν
1 εδραιοι
1 εθνεσιν
1 εικονα
1 ειπατε
1 εκαστω
1 εκλεκτοι
1 εκτισται
1 ελθη
1 ελπιδος
1 εμβατευων
1 εμοι
1 ενεργειαν
1 ενοικειτω
1 εξαγοραζομενοι
1 εξω
1 εορτης
1 επεγνωτε
1 επιθυμιαν
1 επιχορηγουμενον
1 εργοις
1 ερρυσατο
1 εστε
1 ευχαριστοι
1 εχαρισατο
1 εχθρους
1 αγαπατε
1 αγαπητου
1 αγιοι
1 αδελφοις
1 αδικων
1 αιματος
1 αιωνων
1 αλατι
1 αλλ
1 αμα
1 αναγνωτε
1 ανδρες
1 ανεψιος
1 ανθρωποις
1 ανταποδοσιν
1 αορατου
1 απεκδυσαμενοι
1 απηλλοτριωμενους
1 αποκαταλλαξαι
1 αποκεκρυμμενον
1 απολημψεσθε
1 αποχρησει
1 αρχαι
1 αρχης
1 ασπασμος
1 αυξανομενον
1 αυτας
1 αυτης
1 αφειδια
1 αχειροποιητω
1 βαρβαρος
1 βλασφημιαν
1 βλεπων
1 γε
1 γευση
1 γνωρισει
1 γνωτε
1 γυναικας
1 δεξασθε
1 δηλωσας
1 διανοια
1 δογμασιν
1 δοξη
1 δουλοις
1 εαυτους
1 εδειγματισεν
1 εζητε
1 ειδωλολατρια
1 εικων
1 ειρηνοποιησας
1 εκκλησιαν
1 εκληθητε
1 ελαβετε
1 ελλην
1 ελπις
1 εμε
1 ενδυσαμενοι
1 ενεργειας
1 ενταλματα
1 εξαλειψας
1 εορακαν
1 επαφρα
1 επεμψα
1 επιμενετε
1 εποικοδομουμενοι
1 ερεθιζετε
1 ερχεται
1 ευαρεστον
1 ευχαριστουμεν
1 εχει
1 εχομεν
1 αγαπη
1 αγαπητω
1 αγιων
1 αδελφους
1 αδοντες
1 αισχρολογιαν
1 ακαθαρσιαν
1 αληθεια
1 αλληλους
1 αμαρτιων
1 ανακαινουμενον
1 ανεγκλητους
1 ανηκεν
1 ανοιξη
1 αξιως
1 απατης
1 απεκδυσαμενος
1 απλοτητι
1 αποκατηλλαγητε
1 αποκρινεσθαι
1 απολυτρωσιν
1 αρεσκειαν
1 αρχας
1 αρχιππω
1 ατινα
1 αυξει
1 αυτη
1 αυτους
1 αφεσιν
1 αψη
1 βαρναβα
1 βλεπε
1 βραβευετω
1 γενεων
1 γινεσθε
1 γνωρισουσιν
1 γονευσιν
1 γυναικες
1 δεξια
1 δημας
1 διδασκαλιας
1 δογματιζεσθε
1 δουλευετε
1 δυναμουμενοι
1 εγειραντος
1 εδιδαχθητε
1 εθελοθρησκια
1 εικη
1 ειμι
1 εισιν
1 εκκλησιας
1 εκτισθη
1 ελευθερος
1 ελπιδα
1 εμαθετε
1 εμη
1 ενδυσασθε
1 ενεργουμενην
1 εντολας
1 εξουσιαι
1 εορακεν
1 επαφρας
1 επιγνωσει
1 επιστολη
1 εργαζεσθε
1 ερριζωμενοι
1 εσται
1 ευδοκησεν
1 εφανερωθη
1 εχη
1 εχοντα

1 εχω
1 ηγαπημενοι
1 ηκουσαμεν
1 ηρκεν
1 θανατου
1 θελων
1 θιγης
1 θριαμβευσας
1 θυραν
1 ιησουν
1 ιουδαιος
1 καθ
1 κακην
1 καρποφορουμενον
1 καταγγελλομεν
1 κατοικησαι
1 κεφαλην
1 κληρου
1 κοπιω
1 κρινετω
1 κτισεως
1 κυριος
1 λαοδικεων
1 λογου
1 μαρτυρω
1 μελη
1 μερει
1 μετα
1 μηδε
1 μονοι
1 νεομηνιας
1 νυμφαν
1 οικτιρμου
1 ονοματι
1 ορατα
1 οσοι
1 ουρανω
1 ουχ
1 παθος
1 παντες
1 παραδοσιν
1 παραλογιζηται
1 παραστησαι
1 παρελαβετε
1 παροντος
1 πατρος
1 πεπληροφορημενοι
1 περιετμηθητε
1 περιτομης
1 πιστιν
1 πλεονεξιαν
1 πληρωθητε
1 πλουσιως
1 ποιησατε
1 πονον
1 πραξεσιν
1 προηκουσατε
1 προσηλωσας
1 προσωπον
1 σαββατων
1 σκοτους
1 σταθητε
1 στερεωμα
1 στοματος
1 συνβιβαζομενον
1 συνδεσμων
1 συνεζωοποιησεν
1 συνεσεως
1 σωματικως
1 τεθεμελιωμενοι
1 τελειοτητος

1 ζητειτε
1 ηδικησεν
1 ηλικον
1 ηρτυμενος
1 θεληματι
1 θεοτητος
1 θλιψεων
1 θρονοι
1 ιατρος
1 ιησους
1 ιουστος
1 καθημενος
1 κακιαν
1 καρποφορουντες
1 κατενωπιον
1 κεκρυπται
1 κηρυχθεντος
1 κολοσσαις
1 κρατος
1 κτισαντος
1 κυριοι
1 κυριοτητες
1 λεγομενος
1 λουκας
1 με
1 μελλοντων
1 μεριδα
1 μετακινουμενοι
1 μνημονευετε
1 νεκρους
1 νεον
1 οικον
1 οιτινες
1 οντες
1 οργη
1 οτε
1 ουτοι
1 οφθαλμοδουλια
1 παλαιον
1 παντων
1 παρακαλεση
1 παραπτωμασιν
1 παραστησωμεν
1 παρεχεσθε
1 παρρησια
1 παυλου
1 πεπληρωμενοι
1 περιπατησαι
1 πιθανολογια
1 πιστοις
1 πληροις
1 πληρωσαι
1 πνευματικαις
1 πολυν
1 πορνειαν
1 πραυτητα
1 προσευχαις
1 προσκαρτερειτε
1 πρωτευων
1 σαρκα
1 σκυθης
1 σταυρου
1 στοιχεια
1 συλαγωγων
1 συνβιβασθεντες
1 συνδουλος
1 συνεργοι
1 συνεστηκεν
1 ταξιν
1 τελειοι
1 τιμη

1 ζωντες
1 ηθελησεν
1 ημας
1 ητις
1 θελω
1 θησαυροι
1 θρησκεια
1 θυμον
1 ιεραπολει
1 ικανωσαντι
1 ισοτητα
1 καιρον
1 καρδιαι
1 καταβραβευετω
1 κατοικει
1 κενης
1 κληρονομιας
1 κομισεται
1 κρατων
1 κτισει
1 κυριοις
1 λαοδικειας
1 λεγω
1 μαρκος
1 μεθ
1 μεν
1 μεσου
1 μετεστησεν
1 μομφην
1 νεκρωσατε
1 νοος
1 οικονομιαν
1 ονησιμω
1 οπου
1 οργην
1 ουρανον
1 ουτως
1 παθημασιν
1 παντας
1 παρ
1 παρακληθωσιν
1 παραπτωματα
1 παρελαβες
1 παρηγορια
1 πατερες
1 παυομεθα
1 περιεπατησατε
1 περισσευοντες
1 πικραινεσθε
1 πιστω
1 πληροφοριας
1 πλησμονην
1 πνευματικη
1 πονηροις
1 ποσει
1 προ
1 προσευχη
1 προσωπολημψια
1 πως
1 σκια
1 σπλαγχνα
1 σταυρω
1 στοιχειων
1 συναιχμαλωτος
1 συνδεσμος
1 συνδουλου
1 συνεσει
1 συνταφεντες
1 ταπεινοφροσυνην
1 τελειον
1 τιμοθεος

κολοσσαεις

1 τινα
1 τουτου
1 υιου
1 υπομονην
1 φανερωθη
1 φθοραν
1 φρονειτε
1 χαιρω
1 χαριζομενοι
1 χειρι
1 ψαλμοις
1 ωδαις

1 τινι
1 τυχικος
1 υμνοις
1 υποτασσεσθε
1 φανερωθησεσθε
1 φιλοσοφιας
1 φυσιουμενος
1 χαιρων
1 χαριν
1 χειρογραφον
1 ψευδεσθε
1 ωδε

1 τοτε
1 υηδε
1 υπεναντιον
1 υστερηματα
1 φανερωσω
1 φοβουμενοι
1 φωτι
1 χαρας
1 χαρισαμενος
1 χρηστοτητα
1 ψυχης

PART IV

FREQUENCY PROFILE

FREQUENCY PROFILE.

WORD FREQ	NUMBER SUCH	VOCAB TOTAL	WORD TOTAL	% OF VOCAB	% OF WORDS
1	461	461	461	71.92	29.34
2	81	542	623	84.56	39.66
3	23	565	692	88.14	44.05
4	22	587	780	91.58	49.65
5	11	598	835	93.29	53.15
6	7	605	877	94.38	55.82
7	6	611	919	95.32	58.50
8	3	614	943	95.79	60.03
9	1	615	952	95.94	60.60
10	3	618	982	96.41	62.51
11	1	619	993	96.57	63.21
12	1	620	1005	96.72	63.97
13	2	622	1031	97.04	65.63
14	3	625	1073	97.50	68.30
15	2	627	1103	97.82	70.21
16	2	629	1135	98.13	72.25
18	3	632	1189	98.60	75.68
19	1	633	1208	98.75	76.89
22	1	634	1230	98.91	78.29
23	1	635	1253	99.06	79.76
27	2	637	1307	99.38	83.20
28	1	638	1335	99.53	84.98
48	1	639	1383	99.69	88.03
87	1	640	1470	99.84	93.57
101	1	641	1571	100.00	100.00

PART V
FORWARD CONCORDANCE

4 α

2:18 και θρησκεια των αγγελων, α εορακεν εμβατευων, εικη φυσιουμενος υπο του
3:6 ητις εστιν ειδωλολατρια, δι α ερχεται η οργη του θεου (επι τους υιους της
2:22 μη αψη μηδε γευση μηδε θιγης, α εστιν παντα εις φθοραν τη αποχρησει, κατα τα
2:17 μερει εορτης η νεομηνιας η σαββατων, α εστιν σκια των μελλοντων, το δε σωμα του

1 αγαθω

1:10 εις πασαν αρεσκειαν, εν παντι εργω αγαθω καρποφορουντες και αυξανομενοι τη

1 αγαπατε

3:19 ως ανηκεν εν κυριω· οι ανδρες, αγαπατε τας γυναικας και μη πικραινεσθε προς

1 αγαπη

2:2 αι καρδιαι αυτων, συνβιβασθεντες εν αγαπη και εις παν πλουτος της πληροφοριας της

3 αγαπην

1:8 χριστου, ο και δηλωσας ημιν την υμων αγαπην εν πνευματι· δια τουτο και ημεις, αφ ης
1:4 πιστιν υμων εν χριστω ιησου και την αγαπην ην εχετε εις παντας τους αγιους δια την
3:14 και υμεις· επι πασιν δε τουτοις την αγαπην, ο εστιν συνδεσμος της τελειοτητος· και

1 αγαπης

1:13 εις την βασιλειαν του υιου της αγαπης αυτου, εν ω εχομεν την απολυτρωσιν, την

2 αγαπητος

4:7 κατ εμε παντα γνωρισει υμιν τυχικος ο αγαπητος αδελφος και πιστος διακονος και
4:14 ασπαζεται υμας λουκας ο ιατρος ο αγαπητος και δημας· ασπασασθε τους εν

1 αγαπητου

1:7 αληθεια· καθως εμαθετε απο επαφρα του αγαπητου συνδουλου ημων, ος εστιν πιστος υπερ

1 αγαπητω

4:9 υμων, συν ονησιμω τω πιστω και αγαπητω αδελφω, ος εστιν εξ υμων· παντα υμιν

1 αγγελων

2:18 εν ταπεινοφροσυνη και θρησκεια των αγγελων, α εορακεν εμβατευων, εικη φυσιουμενος

1 αγιοι

3:12 ενδυσασθε ουν ως εκλεκτοι του θεου, αγιοι και ηγαπημενοι, σπλαγχνα οικτιρμου,

2 αγιοις

1:26 απο των γενεων-νυν δε εφανερωθη τοις αγιοις αυτου, οις ηθελησεν ο θεος γνωρισαι τι
1:2 τιμοθεος ο αδελφος τοις εν κολοσσαις αγιοις και πιστοις αδελφοις εν χριστω· χαρις

2 αγιους

1:4 την αγαπην ην εχετε εις παντας τους αγιους δια την ελπιδα την αποκειμενην υμιν εν
1:22 αυτου δια του θανατου, παραστησαι υμας αγιους και αμωμους και ανεγκλητους κατενωπιον

1 αγιων

1:12 υμας εις την μεριδα του κληρου των αγιων εν τω φωτι· ος ερρυσατο ημας εκ της

1 αγωνα

2:1 θελω γαρ υμας ειδεναι ηλικον αγωνα εχω υπερ υμων και των εν λαοδικεια και

2 αγωνιζομενος

1:29 τελειον εν χριστω· εις ο και κοπιω αγωνιζομενος κατα την ενεργειαν αυτου την
4:12 υμων, δουλος χριστου (ιησου), παντοτε αγωνιζομενος υπερ υμων εν ταις προσευχαις, ινα

1 αδελφοις

1:2 τοις εν κολοσσαις αγιοις και πιστοις αδελφοις εν χριστω· χαρις υμιν και ειρηνη απο

2 αδελφος

1:1 δια θεληματος θεου και τιμοθεος ο αδελφος τοις εν κολοσσαις αγιοις και πιστοις
4:7 παντα γνωρισει υμιν τυχικος ο αγαπητος αδελφος και πιστος διακονος και συνδουλος εν

1 αδελφους

4:15 δημας· ασπασασθε τους εν λαοδικεια αδελφους και νυμφαν και την κατ οικον αυτης

1 αδελφω

4:9 συν ονησιμω τω πιστω και αγαπητω αδελφω, ος εστιν εξ υμων· παντα υμιν

1 αδικων
3:25 τω κυριω χριστω δουλευετε. ο γαρ αδικων κομισεται ο ηδικησεν, και ουκ εστιν

1 αδοντες
3:16 υμνοις, ωδαις πνευματικαις εν χαριτι αδοντες εν ταις καρδιαις υμων τω θεω. και παν

1 αθυμωσιν
3:21 μη ερεθιζετε τα τεκνα υμων, ινα μη αθυμωσιν. οι δουλοι, υπακουετε κατα παντα τοις

1 αιματος
1:20 παντα εις αυτον, ειρηνοποιησας δια του αιματος του σταυρου αυτου, (δι αυτου) ειτε τα

1 αισχρολογιαν
3:8 οργην, θυμον, κακιαν, βλασφημιαν, αισχρολογιαν εκ του στοματος υμων. μη ψευδεσθε

1 αιτουμενοι
1:9 παυομεθα υπερ υμων προσευχομενοι και αιτουμενοι ινα πληρωθητε την επιγνωσιν του

1 αιωνων
1:26 το μυστηριον το αποκεκρυμμενον απο των αιωνων και απο των γενεων-νυν δε εφανερωθη τοις

1 ακαθαρσιαν
3:5 ουν τα μελη τα επι της γης, πορνειαν, ακαθαρσιαν, παθος, επιθυμιαν κακην, και την

1 ακουσαντες
1:4 παντοτε περι υμων προσευχομενοι, ακουσαντες την πιστιν υμων εν χριστω ιησου και

2 ακροβυστια
2:13 νεκρους οντας τοις παραπτωμασιν και τη ακροβυστια της σαρκος υμων, συνεζωοποιησεν υμας
3:11 ενι ελλην και ιουδαιος, περιτομη και ακροβυστια, βαρβαρος, σκυθης, δουλος,

1 αλατι
4:6 ο λογος υμων παντοτε εν χαριτι, αλατι ηρτυμενος, ειδεναι πως δει υμας ενι

1 αληθεια
1:6 και επεγνωτε την χαριν του θεου εν αληθεια. καθως εμαθετε απο επαφρα του αγαπητου

1 αληθειας
1:5 ην προηκουσατε εν τω λογω της αληθειας του ευαγγελιου του παροντος εις υμας,

1 αλλ
3:22 μη εν οφθαλμοδουλια ως ανθρωπαρεσκοι, αλλ εν απλοτητι καρδιας, φοβουμενοι τον κυριον.

2 αλλα
2:5 ει γαρ και τη σαρκι απειμι, αλλα τω πνευματι συν υμιν ειμι, χαιρων και
3:11 βαρβαρος, σκυθης, δουλος, ελευθερος, αλλα (τα) παντα και εν πασιν χριστος.

1 αλληλους
3:9 εκ του στοματος υμων. μη ψευδεσθε εις αλληλους, απεκδυσαμενοι τον παλαιον ανθρωπον

1 αλληλων
3:13 πραυτητα, μακροθυμιαν. ανεχομενοι αλληλων και χαριζομενοι εαυτοις, εαν τις προς

1 αμα
4:3 εν αυτη εν ευχαριστια, προσευχομενοι αμα και περι ημων, ινα ο θεος ανοιξη ημιν θυραν

1 αμαρτιων
1:14 εχομεν την απολυτρωσιν, την αφεσιν των αμαρτιων. ος εστιν εικων του θεου του αορατου,

1 αμωμους
1:22 θανατου, παραστησαι υμας αγιους και αμωμους και ανεγκλητους κατενωπιον αυτου, ει

2 αναγνωσθη
4:16 κατ οικον αυτης εκκλησιαν. και οταν αναγνωσθη παρ υμιν η επιστολη, ποιησατε ινα και
4:16 ινα και εν τη λαοδικεων εκκλησια αναγνωσθη, και την εκ λαοδικειας ινα και υμεις

1 αναγνωτε
4:16 και την εκ λαοδικειας ινα και υμεις αναγνωτε. και ειπατε αρχιππω, βλεπε την

1 ανακαινουμενον
3:10 αυτου, και ενδυσαμενοι τον νεον τον ανακαινουμενον εις επιγνωσιν κατ εικονα του

1 ανδρασιν

3:18 αυτου· αι γυναικες, υποτασσεσθε τοις ανδρασιν, ως ανηκεν εν κυριω. οι ανδρες,

1 ανδρες

3:19 τοις ανδρασιν, ως ανηκεν εν κυριω. οι ανδρες, αγαπατε τας γυναικας και μη πικραινεσθε

1 ανεγκλητους

1:22 παραστησαι υμας αγιους και αμωμους και ανεγκλητους κατενωπιον αυτου, ει γε επιμενετε

1 ανεχομενοι

3:13 πραυτητα, μακροθυμιαν, ανεχομενοι αλληλων και χαριζομενοι εαυτοις, εαν

1 ανεψιος

4:10 ο συναιχμαλωτος μου, και μαρκος ο ανεψιος βαρναβα, περι ου ελαβετε εντολας, εαν

1 ανηκεν

3:18 υποτασσεσθε τοις ανδρασιν, ως ανηκεν εν κυριω. οι ανδρες, αγαπατε τας

1 ανθρωπαρεσκοι

3:22 σαρκα κυριοις, μη εν οφθαλμοδουλια ως ανθρωπαρεσκοι, αλλ εν απλοτητι καρδιας,

1 ανθρωποις

3:23 ψυχης εργαζεσθε, ως τω κυριω και ουκ ανθρωποις, ειδοτες οτι απο κυριου απολημψεσθε

4 ανθρωπον

1:28 παντα ανθρωπον και διδασκοντες παντα ανθρωπον εν παση σοφια, ινα παραστησωμεν παντα
1:28 ημεις καταγγελλομεν νουθετουντες παντα ανθρωπον και διδασκοντες παντα ανθρωπον εν παση
3:9 αλληλους, απεκδυσαμενοι τον παλαιον ανθρωπον συν ταις πραξεσιν αυτου, και
1:28 εν παση σοφια, ινα παραστησωμεν παντα ανθρωπον τελειον εν χριστω. εις ο και κοπιω

2 ανθρωπων

2:22 κατα τα ενταλματα και διδασκαλιας των ανθρωπων; ατινα εστιν λογον μεν εχοντα σοφιας
2:8 κενης απατης κατα την παραδοσιν των ανθρωπων, κατα τα στοιχεια του κοσμου και ου

1 ανοιξη

4:3 αμα και περι ημων, ινα ο θεος ανοιξη ημιν θυραν του λογου, λαλησαι το

1 ανταναπληρω

1:24 χαιρω εν τοις παθημασιν υπερ υμων, και ανταναπληρω τα υστερηματα των θλιψεων του

1 ανταποδοσιν

3:24 ειδοτες οτι απο κυριου απολημψεσθε την ανταποδοσιν της κληρονομιας. τω κυριω χριστω

2 ανω

3:1 ει ουν συνηγερθητε τω χριστω, τα ανω ζητειτε, ου ο χριστος εστιν εν δεξια του
3:2 εστιν εν δεξια του θεου καθημενος. τα ανω φρονειτε, μη τα επι της γης. απεθανετε

1 αξιως

1:10 και συνεσει πνευματικη, περιπατησαι αξιως του κυριου εις πασαν αρεσκειαν, εν παντι

1 αορατα

1:16 και επι της γης, τα ορατα και τα αορατα, ειτε θρονοι ειτε κυριοτητες ειτε αρχαι

1 αορατου

1:15 αμαρτιων. ος εστιν εικων του θεου του αορατου, πρωτοτοκος πασης κτισεως, οτι εν αυτω

1 απατης

2:8 συλαγωγων δια της φιλοσοφιας και κενης απατης κατα την παραδοσιν των ανθρωπων, κατα τα

2 απεθανετε

3:3 τα ανω φρονειτε, μη τα επι της γης. απεθανετε γαρ, και η ζωη υμων κεκρυπται συν τω
2:20 αυξει την αυξησιν του θεου. ει απεθανετε συν χριστω απο των στοιχειων του

1 απειμι

2:5 εν πιθανολογια. ει γαρ και τη σαρκι απειμι, αλλα τω πνευματι συν υμιν ειμι, χαιρων

1 απεκδυσαμενοι

3:9 υμων. μη ψευδεσθε εις αλληλους, απεκδυσαμενοι τον παλαιον ανθρωπον συν ταις

1 απεκδυσαμενος

2:15 του μεσου προσηλωσας αυτο τω σταυρω. απεκδυσαμενος τας αρχας και τας εξουσιας

1 απεκδυσει
2:11 περιτομη αχειροποιητω εν τη απεκδυσει του σωματος της σαρκος, εν τη

1 απηλλοτριωμενου
1:21 εν τοις ουρανοις· και υμας ποτε οντας απηλλοτριωμενους και εχθρους τη διανοια εν τοις

1 απλοτητι
3:22 οφθαλμοδουλια ως ανθρωπαρεσκοι, αλλ εν απλοτητι καρδιας, φοβουμενοι τον κυριον· ο εαν

7 απο
1:7 του θεου εν αληθεια· καθως εμαθετε απο επαφρα του αγαπητου συνδουλου ημων, ος
1:2 εν χριστω· χαρις υμιν και ειρηνη απο θεου πατρος ημων· ευχαριστουμεν τω θεω
3:24 κυριω και ουκ ανθρωποις, ειδοτες οτι απο κυριου απολημψεσθε την ανταποδοσιν της
1:23 και εδραιοι και μη μετακινουμενοι απο της ελπιδος του ευαγγελιου ου ηκουσατε, του
1:26 θεου, το μυστηριον το αποκεκρυμμενον απο των αιωνων και απο των γενεων-νυν δε
1:26 το αποκεκρυμμενον απο των αιωνων και απο των γενεων-νυν δε εφανερωθη τοις αγιοις
2:20 του θεου· ει απεθανετε συν χριστω απο των στοιχειων του κοσμου, τι ως ζωντες εν

1 αποθεσθε
3:8 ποτε, οτε εζητε εν τουτοις· νυνι δε αποθεσθε και υμεις τα παντα, οργην, θυμον,

1 αποκαταλλαξαι
1:20 το πληρωμα κατοικησαι και δι αυτου αποκαταλλαξαι τα παντα εις αυτον, ειρηνοποιησας

1 αποκατηλλαγητε
1:22 εν τοις εργοις τοις πονηροις, νυνι δε αποκατηλλαγητε εν τω σωματι της σαρκος αυτου

1 αποκειμενην
1:5 παντας τους αγιους δια την ελπιδα την αποκειμενην υμιν εν τοις ουρανοις, ην

1 αποκεκρυμμενον
1:26 τον λογον του θεου, το μυστηριον το αποκεκρυμμενον απο των αιωνων και απο των

1 αποκρινεσθαι
4:6 ειδεναι πως δει υμας ενι εκαστω αποκρινεσθαι· τα κατ εμε παντα γνωρισει υμιν

1 αποκρυφοι
2:3 οι θησαυροι της σοφιας και γνωσεως αποκρυφοι· τουτο λεγω ινα μηδεις υμας

1 απολημψεσθε
3:24 ουκ ανθρωποις, ειδοτες οτι απο κυριου απολημψεσθε την ανταποδοσιν της κληρονομιας· τω

1 απολυτρωσιν
1:14 της αγαπης αυτου, εν ω εχομεν την απολυτρωσιν, την αφεσιν των αμαρτιων· ος εστιν

1 αποστολος
1:1 παυλος αποστολος χριστου ιησου δια θεληματος θεου και

1 αποχρησει
2:22 θιγης, α εστιν παντα εις φθοραν τη αποχρησει, κατα τα ενταλματα και διδασκαλιας

1 αρεσκειαν
1:10 περιπατησαι αξιως του κυριου εις πασαν αρεσκειαν, εν παντι εργω αγαθω καρποφορουντες

1 αρισταρχος
4:10 γνωρισουσιν τα ωδε· ασπαζεται υμας αρισταρχος ο συναιχμαλωτος μου, και μαρκος ο

1 αρχαι
1:16 ειτε θρονοι ειτε κυριοτητες ειτε αρχαι ειτε εξουσιαι· τα παντα δι αυτου και εις

1 αρχας
2:15 αυτο τω σταυρω· απεκδυσαμενος τας αρχας και τας εξουσιας εδειγματισεν εν

1 αρχη
1:18 του σωματος, της εκκλησιας· ος εστιν αρχη, πρωτοτοκος εκ των νεκρων, ινα γενηται εν

1 αρχης
2:10 πεπληρωμενοι, ος εστιν η κεφαλη πασης αρχης και εξουσιας, εν ω και περιετμηθητε

1 αρχιππω
4:17 ινα και υμεις αναγνωτε· και ειπατε αρχιππω, βλεπε την διακονιαν ην παρελαβες εν

3 ασπαζεται

4:10 υμων· παντα υμιν γνωρισουσιν τα ωδε· ασπαζεται υμας αρισταρχος ο συναιχμαλωτος μου,
4:12 οιτινες εγενηθησαν μοι παρηγορια· ασπαζεται υμας επαφρας ο εξ υμων, δουλος
4:14 εν λαοδικεια και των εν ιεραπολει· ασπαζεται υμας λουκας ο ιατρος ο αγαπητος και

1 ασπασασθε

4:15 λουκας ο ιατρος ο αγαπητος και δημας· ασπασασθε τους εν λαοδικεια αδελφους και νυμφαν

1 ασπασμος

4:18 εν κυριω, ινα αυτην πληροις· ο ασπασμος τη εμη χειρι παυλου· μνημονευετε μου

1 ατινα

2:23 και διδασκαλιας των ανθρωπων; ατινα εστιν λογον μεν εχοντα σοφιας εν

1 αυξανομενοι

1:10 εν παντι εργω αγαθω καρποφορουντες και αυξανομενοι τη επιγνωσει του θεου, εν παση

1 αυξανομενον

1:6 τω κοσμω εστιν καρποφορουμενον και αυξανομενον καθως και εν υμιν, αφ ης ημερας

1 αυξει

2:19 επιχορηγουμενον και συνβιβαζομενον αυξει την αυξησιν του θεου· ει απεθανετε συν

1 αυξησιν

2:19 και συνβιβαζομενον αυξει την αυξησιν του θεου· ει απεθανετε συν χριστω απο

1 αυτας

3:19 τας γυναικας και μη πικραινεσθε προς αυτας· τα τεκνα, υπακουετε τοις γονευσιν κατα

1 αυτη

4:2 προσκαρτερειτε, γρηγορουντες εν αυτη εν ευχαριστια, προσευχομενοι αμα και περι

1 αυτην

4:17 διακονιαν ην παρελαβες εν κυριω, ινα αυτην πληροις· ο ασπασμος τη εμη χειρι παυλου·

1 αυτης

4:15 αδελφους και νυμφαν και την κατ οικον αυτης εκκλησιαν· και οταν αναγνωσθη παρ υμιν η

4 αυτο

2:14 δογμασιν ο ην υπεναντιον ημιν, και αυτο ηρκεν εκ του μεσου προσηλωσας αυτο τω
4:8 εν κυριω, ον επεμψα προς υμας εις αυτο τουτο, ινα γνωτε τα περι ημων και
2:14 και αυτο ηρκεν εκ του μεσου προσηλωσας αυτο τω σταυρω· απεκδυσαμενος τας αρχας και
4:4 δι ο και δεδεμαι, ινα φανερωσω αυτο ως δει με λαλησαι. εν σοφια περιπατειτε

5 αυτον

2:12 της ενεργειας του θεου του εγειραντος αυτον εκ νεκρων· και υμας νεκρους οντας τοις
1:16 εξουσιαι· τα παντα δι αυτου και εις αυτον εκτισται, και αυτος εστιν προ παντων και
4:10 εντολας, εαν ελθη προς υμας, δεξασθε αυτον, και ιησους ο λεγομενος ιουστος, οι
3:10 εις επιγνωσιν κατ εικονα του κτισαντος αυτον, οπου ουκ ενι ελλην και ιουδαιος,
1:20 δι αυτου αποκαταλλαξαι τα παντα εις αυτον, ειρηνοποιησας δια του αιματος του

3 αυτος

1:18 και τα παντα εν αυτω συνεστηκεν· και αυτος εστιν η κεφαλη του σωματος, της
1:17 δι αυτου και εις αυτον εκτισται, και αυτος εστιν προ παντων και τα παντα εν αυτω
1:18 εκ των νεκρων, ινα γενηται εν πασιν αυτος πρωτευων, οτι εν αυτω ευδοκησεν παν το

14 αυτου

1:20 παν το πληρωμα κατοικησαι και δι αυτου αποκαταλλαξαι τα παντα εις αυτον,
1:22 αποκατηλλαγητε εν τω σωματι της σαρκος αυτου δια του θανατου, παραστησαι υμας αγιους
1:11 δυναμουμενοι κατα το κρατος της δοξης αυτου εις πασαν υπομονην και μακροθυμιαν, μετα
1:9 πληρωθητε την επιγνωσιν του θεληματος αυτου εν παση σοφια και συνεσει πνευματικη,
1:16 ειτε αρχαι ειτε εξουσιαι· τα παντα δι αυτου και εις αυτον εκτισται, και αυτος εστιν
1:29 κοπιω αγωνιζομενος κατα την ενεργειαν αυτου την ενεργουμενην εν εμοι εν δυναμει.
3:17 ιησου, ευχαριστουντες τω θεω πατρι δι αυτου. αι γυναικες, υποτασσεσθε τοις ανδρασιν,
1:22 και αμωμους και ανεγκλητους κατενωπιον αυτου, ει γε επιμενετε τη πιστει
1:13 εις την βασιλειαν του υιου της αγαπης αυτου, εν ω εχομεν την απολυτρωσιν, την αφεσιν
3:9 τον παλαιον ανθρωπον συν ταις πραξεσιν αυτου, και ενδυσαμενοι τον νεον τον
2:18 φυσιουμενος υπο του νοος της σαρκος αυτου, και ου κρατων την κεφαλην, εξ ου παν το
1:26 γενεων-νυν δε εφανερωθη τοις αγιοις αυτου, οις ηθελησεν ο θεος γνωρισαι τι το
1:24 εν τη σαρκι μου υπερ του σωματος αυτου, ο εστιν η εκκλησια, ης εγενομην εγω
1:20 δια του αιματος του σταυρου αυτου, (δι αυτου) ειτε τα επι της γης ειτε τα

1 αυτους

2:15 εδειγματισεν εν παρρησια, θριαμβευσας αυτους εν αυτω· μη ουν τις υμας κρινετω εν

12 αυτω

4:13 παντι θεληματι του θεου· μαρτυρω γαρ αυτω τι εχει πολυν πονον υπερ υμων και των εν
1:16 πρωτοτοκος πασης κτισεως, οτι εν αυτω εκτισθη τα παντα εν τοις ουρανοις και επι
2:12 τη περιτομη του χριστου, συνταφεντες αυτω εν τω βαπτισμω, εν ω και συνηγερθητε δια
1:19 εν πασιν αυτος πρωτευων, οτι εν αυτω ευδοκησεν παν το πληρωμα κατοικησαι και
2:7 ερριζωμενοι και εποικοδομουμενοι εν αυτω και βεβαιουμενοι (εν) τη πιστει καθως
2:9 κοσμου και ου κατα χριστον· οτι εν αυτω κατοικει παν το πληρωμα της θεοτητος
2:10 της θεοτητος σωματικως, και εστε εν αυτω πεπληρωμενοι, ος εστιν η κεφαλη πασης
2:6 τον χριστον ιησουν τον κυριον, εν αυτω περιπατειτε, ερριζωμενοι και
1:17 αυτος εστιν προ παντων και τα παντα εν αυτω συνεστηκεν· και αυτος εστιν η κεφαλη του
3:4 η ζωη ημων, τοτε και υμεις συν αυτω φανερωθησεσθε εν δοξη· νεκρωσατε ουν τα
2:15 εν παρρησια, θριαμβευσας αυτους εν αυτω· μη ουν τις υμας κρινετω εν βρωσει και εν
2:13 σαρκος υμων, συνεζωοποιησεν υμας συν αυτω, χαρισαμενος ημιν παντα τα παραπτωματα,

1 αυτων

2:2 εν σαρκι, ινα παρακληθωσιν αι καρδιαι αυτων, συνβιβασθεντες εν αγαπη και εις παν

2 αφ

1:9 εν πνευματι· δια τουτο και ημεις, αφ ης ημερας ηκουσαμεν, ου παυομεθα υπερ υμων
1:6 και αυξανομενον καθως και εν υμιν, αφ ης ημερας ηκουσατε και επεγνωτε την χαριν

1 αφειδια

2:23 εν εθελοθρησκια και ταπεινοφροσυνη και αφειδια σωματος, ουκ εν τιμη τινι προς

1 αφεσιν

1:14 εν ω εχομεν την απολυτρωσιν, την αφεσιν των αμαρτιων· ος εστιν εικων του θεου

1 αφων

2:19 την κεφαλην, εξ ου παν το σωμα δια των αφων και συνδεσμων επιχορηγουμενον και

1 αχειροποιητω

2:11 εν ω και περιετμηθητε περιτομη αχειροποιητω εν τη απεκδυσει του σωματος της

1 αψη

2:21 ως ζωντες εν κοσμω δογματιζεσθε, μη αψη μηδε γευση μηδε θιγης, α εστιν παντα εις

1 βαπτισμω

2:12 του χριστου, συνταφεντες αυτω εν τω βαπτισμω, εν ω και συνηγερθητε δια της πιστεως

1 βαρβαρος

3:11 και ιουδαιος, περιτομη και ακροβυστια, βαρβαρος, σκυθης, δουλος, ελευθερος, αλλα (τα)

1 βαρναβα

4:10 μου, και μαρκος ο ανεψιος βαρναβα, περι ου ελαβετε εντολας, εαν ελθη προς

2 βασιλειαν

4:11 περιτομης ουτοι μονοι συνεργοι εις την βασιλειαν του θεου, οιτινες εγενηθησαν μοι
1:13 του σκοτους και μετεστησεν εις την βασιλειαν του υιου της αγαπης αυτου, εν ω

1 βεβαιουμενοι

2:7 και εποικοδομουμενοι εν αυτω και βεβαιουμενοι (εν) τη πιστει καθως εδιδαχθητε,

1 βλασφημιαν

3:8 υμεις τα παντα, οργην, θυμον, κακιαν, βλασφημιαν, αισχρολογιαν εκ του στοματος υμων·

1 βλεπε

4:17 υμεις αναγνωτε· και ειπατε αρχιππω, βλεπε την διακονιαν ην παρελαβες εν κυριω, ινα

1 βλεπετε

2:8 περισσευοντες εν ευχαριστια· βλεπετε μη τις υμας εσται ο συλαγωγων δια της

1 βλεπων

2:5 τω πνευματι συν υμιν ειμι, χαιρων και βλεπων υμων την ταξιν και το στερεωμα της εις

1 βραβευετω

3:15 τελειοτητος· και η ειρηνη του χριστου βραβευετω εν ταις καρδιαις υμων, εις ην και

1 βρωσει
2:16 εν αυτω. μη ουν τις υμας κρινετω εν βρωσει και εν ποσει η εν μερει εορτης η

6 γαρ
3:25 τω κυριω χριστω δουλευετε. ο γαρ αδικων κομισεται ο ηδικησεν, και ουκ εστιν
4:13 εν παντι θεληματι του θεου. μαρτυρω γαρ αυτω τι εχει πολυν πονον υπερ υμων και των
3:20 τοις γονευσιν κατα παντα, τουτο γαρ ευαρεστον εστιν εν κυριω. οι πατερες, μη
2:5 υμας παραλογιζηται εν πιθανολογια. ει γαρ και τη σαρκι απειμι, αλλα τω πνευματι συν
2:1 εν εμοι εν δυναμει. θελω γαρ υμας ειδεναι ηλικον αγωνα εχω υπερ υμων και
3:3 μη τα επι της γης. απεθανετε γαρ, και η ζωη υμων κεκρυπται συν τω χριστω εν

1 γε
1:23 και ανεγκλητους κατενωπιον αυτου, ει γε επιμενετε τη πιστει τεθεμελιωμενοι και

1 γενεων
1:26 απο των αιωνων και απο των γενεων-νυν δε εφανερωθη τοις αγιοις αυτου, οις

1 γενηται
1:18 αρχη, πρωτοτοκος εκ των νεκρων, ινα γενηται εν πασιν αυτος πρωτευων, οτι εν αυτω

1 γευση
2:21 εν κοσμω δογματιζεσθε, μη αψη μηδε γευση μηδε θιγης, α εστιν παντα εις φθοραν τη

4 γης
1:20 αυτου, (δι αυτου) ειτε τα επι της γης ειτε τα εν τοις ουρανοις. και υμας ποτε
3:2 τα ανω φρονειτε, μη τα επι της γης. απεθανετε γαρ, και η ζωη υμων κεκρυπται
3:5 νεκρωσατε ουν τα μελη τα επι της γης, πορνειαν, ακαθαρσιαν, παθος, επιθυμιαν
1:16 τα παντα εν τοις ουρανοις και επι της γης, τα ορατα και τα αορατα, ειτε θρονοι ειτε

1 γινεσθε
3:15 εκληθητε εν ενι σωματι. και ευχαριστοι γινεσθε. ο λογος του χριστου ενοικειτω εν υμιν

1 γνωρισαι
1:27 αγιοις αυτου, οις ηθελησεν ο θεος γνωρισαι τι το πλουτος της δοξης του μυστηριου

1 γνωρισει
4:7 εκαστω αποκρινεσθαι. τα κατ εμε παντα γνωρισει υμιν τυχικος ο αγαπητος αδελφος και

1 γνωρισουσιν
4:9 αδελφω, ος εστιν εξ υμων. παντα υμιν γνωρισουσιν τα ωδε. ασπαζεται υμας αρισταρχος

1 γνωσεως
2:3 παντες οι θησαυροι της σοφιας και γνωσεως αποκρυφοι. τουτο λεγω ινα μηδεις υμας

1 γνωτε
4:8 επεμψα προς υμας εις αυτο τουτο, ινα γνωτε τα περι ημων και παρακαλεση τας καρδιας

1 γονευσιν
3:20 προς αυτας. τα τεκνα, υπακουετε τοις γονευσιν κατα παντα, τουτο γαρ ευαρεστον εστιν

1 γρηγορουντες
4:2 ουρανω. τη προσευχη προσκαρτερειτε, γρηγορουντες εν αυτη εν ευχαριστια,

1 γυναικας
3:19 εν κυριω. οι ανδρες, αγαπατε τας γυναικας και μη πικραινεσθε προς αυτας. τα

1 γυναικες
3:18 τω θεω πατρι δι αυτου. αι γυναικες, υποτασσεσθε τοις ανδρασιν, ως ανηκεν

5 δε
3:8 ποτε, οτε εζητε εν τουτοις. νυνι δε αποθεσθε και υμεις τα παντα, οργην, θυμον,
1:22 εν τοις εργοις τοις πονηροις, νυνι δε αποκατηλλαγητε εν τω σωματι της σαρκος αυτου
1:26 απο των αιωνων και απο των γενεων-νυν δε εφανερωθη τοις αγιοις αυτου, οις ηθελησεν ο
2:17 α εστιν σκια των μελλοντων, το δε σωμα του χριστου. μηδεις υμας καταβραβευετω
3:14 υμιν ουτως και υμεις. επι πασιν δε τουτοις την αγαπην, ο εστιν συνδεσμος της

1 δεδεμαι
4:3 το μυστηριον του χριστου, δι ο και δεδεμαι, ινα φανερωσω αυτο ως δει με λαλησαι.

2 δει
4:4 ο και δεδεμαι, ινα φανερωσω αυτο ως δει με λαλησαι. εν σοφια περιπατειτε προς τους
4:6 χαριτι, αλατι ηρτυμενος, ειδεναι πως δει υμας ενι εκαστω αποκρινεσθαι. τα κατ εμε

	1	δεξασθε
4:10	ελαβετε εντολας, εαν ελθη προς υμας,	δεξασθε αυτον, και ιησους ο λεγομενος ιουστος,
	1	δεξια
3:1	τα ανω ζητειτε, ου ο χριστος εστιν εν	δεξια του θεου καθημενος· τα ανω φρονειτε, μη
	1	δεσμων
4:18	εμη χειρι παυλου· μνημονευετε μου των	δεσμων· η χαρις μεθ υμων·
	1	δηλωσας
1:8	υπερ υμων διακονος του χριστου, ο και	δηλωσας ημιν την υμων αγαπην εν πνευματι· δια
	1	δημας
4:14	υμας λουκας ο ιατρος ο αγαπητος και	δημας· ασπασασθε τους εν λαοδικεια αδελφους
	5	δι
3:6	πλεονεξιαν ητις εστιν ειδωλολατρια,	δι α ερχεται η οργη του θεου [επι τους υιους
1:20	παν το πληρωμα κατοικησαι και	δι αυτου αποκαταλλαξαι τα παντα εις αυτον,
1:16	ειτε αρχαι ειτε εξουσιαι· τα παντα	δι αυτου και εις αυτον εκτισται, και αυτος
3:17	ιησου, ευχαριστουντες τω θεω πατρι	δι αυτου· αι γυναικες, υποτασσεσθε τοις
4:3	λαλησαι το μυστηριον του χριστου,	δι ο και δεδεμαι, ινα φανερωσω αυτο ως δει με
	8	δια
1:1	παυλος αποστολος χριστου ιησου	δια θεληματος θεου και τιμοθεος ο αδελφος τοις
1:5	ην εχετε εις παντας τους αγιους	δια την ελπιδα την αποκειμενην υμιν εν τοις
2:12	εν τω βαπτισμω, εν ω και συνηγερθητε	δια της πιστεως της ενεργειας του θεου του
2:8	βλεπετε μη τις υμας εσται ο συλαγωγων	δια της φιλοσοφιας και κενης απατης κατα την
1:20	τα παντα εις αυτον, ειρηνοποιησας	δια του αιματος του σταυρου αυτου, (δι αυτου)
1:22	εν τω σωματι της σαρκος αυτου	δια του θανατου, παραστησαι υμας αγιους και
1:9	ημιν την υμων αγαπην εν πνευματι·	δια τουτο και ημεις, αφ ης ημερας ηκουσαμεν, ου
2:19	κρατων την κεφαλην, εξ ου παν το σωμα	δια των αφων και συνδεσμων επιχορηγουμενον και
	1	διακονιαν
4:17	και ειπατε αρχιππω, βλεπε την	διακονιαν ην παρελαβες εν κυριω, ινα αυτην
	4	διακονος
4:7	τυχικος ο αγαπητος αδελφος και πιστος	διακονος και συνδουλος εν κυριω, ον επεμψα
1:25	ο εστιν η εκκλησια, ης εγενομην εγω	διακονος κατα την οικονομιαν του θεου την
1:7	ημων, ος εστιν πιστος υπερ υμων	διακονος του χριστου, ο και δηλωσας ημιν την
1:23	τον ουρανον, ου εγενομην εγω παυλος	διακονος· νυν χαιρω εν τοις παθημασιν υπερ
	1	διανοια
1:21	οντας απηλλοτριωμενους και εχθρους τη	διανοια εν τοις εργοις τοις πονηροις, νυνι δε
	1	διδασκαλιας
2:22	τη αποχρησει, κατα τα ενταλματα και	διδασκαλιας των ανθρωπων; ατινα εστιν λογον
	2	διδασκοντες
3:16	εν υμιν πλουσιως, εν παση σοφια	διδασκοντες και νουθετουντες εαυτους, ψαλμοις,
1:28	νουθετουντες παντα ανθρωπον και	διδασκοντες παντα ανθρωπον εν παση σοφια, ινα
	1	δικαιον
4:1	εστιν προσωπολημψια· οι κυριοι, το	δικαιον και την ισοτητα τοις δουλοις παρεχεσθε,
	1	δογμασιν
2:14	εξαλειψας το καθ ημων χειρογραφον τοις	δογμασιν ο ην υπεναντιον ημιν, και αυτο ηρκεν
	1	δογματιζεσθε
2:20	του κοσμου, τι ως ζωντες εν κοσμω	δογματιζεσθε, μη αψη μηδε γευση μηδε θιγης, α
	1	δοθεισαν
1:25	κατα την οικονομιαν του θεου την	δοθεισαν μοι εις υμας πληρωσαι τον λογον του
	1	δοξη
3:4	και υμεις συν αυτω φανερωθησεσθε εν	δοξη· νεκρωσατε ουν τα μελη τα επι της γης,
	3	δοξης
1:11	δυναμουμενοι κατα το κρατος της	δοξης αυτου εις πασαν υπομονην και μακροθυμιαν,
1:27	ο θεος γνωρισαι τι το πλουτος της	δοξης του μυστηριου τουτου εν τοις εθνεσιν, ο
1:27	ο εστιν χριστος εν υμιν, η ελπις της	δοξης· ον ημεις καταγγελλομεν νουθετουντες

1 δουλευετε
3:24 της κληρονομιας· τω κυριω χριστω δουλευετε. ο γαρ αδικων κομισεται ο ηδικησεν,

1 δουλοι
3:22 τα τεκνα υμων, ινα μη αθυμωσιν. οι δουλοι, υπακουετε κατα παντα τοις κατα σαρκα

1 δουλοις
4:1 το δικαιον και την ισοτητα τοις δουλοις παρεχεσθε, ειδοτες οτι και υμεις εχετε

2 δουλος
4:12 ασπαζεται υμας επαφρας ο εξ υμων, δουλος χριστου (ιησου), παντοτε αγωνιζομενος
3:11 και ακροβυστια, βαρβαρος, σκυθης, δουλος, ελευθερος, αλλα (τα) παντα και εν πασιν

2 δυναμει
1:11 τη επιγνωσει του θεου, εν παση δυναμει δυναμουμενοι κατα το κρατος της δοξης
1:29 αυτου την ενεργουμενην εν εμοι εν δυναμει. θελω γαρ υμας ειδεναι ηλικον αγωνα

1 δυναμουμενοι
1:11 επιγνωσει του θεου, εν παση δυναμει δυναμουμενοι κατα το κρατος της δοξης αυτου εις

4 εαν
4:10 βαρναβα, περι ου ελαβετε εντολας, εαν ελθη προς υμας, δεξασθε αυτον, και ιησους
3:17 καρδιαις υμων τω θεω. και παν ο τι εαν ποιητε εν λογω η εν εργω, παντα εν ονοματι
3:23 καρδιας, φοβουμενοι τον κυριον. ο εαν ποιητε, εκ ψυχης εργαζεσθε, ως τω κυριω και
3:13 αλληλων και χαριζομενοι εαυτοις, εαν τις προς τινα εχη μομφην. καθως και ο

1 εαυτοις
3:13 ανεχομενοι αλληλων και χαριζομενοι εαυτοις, εαν τις προς τινα εχη μομφην. καθως

1 εαυτους
3:16 σοφια διδασκοντες και νουθετουντες εαυτους, ψαλμοις, υμνοις, ωδαις πνευματικαις εν

1 εγειραντος
2:12 της πιστεως της ενεργειας του θεου του εγειραντος αυτον εκ νεκρων. και υμας νεκρους

1 εγενηθησαν
4:11 εις την βασιλειαν του θεου, οιτινες εγενηθησαν μοι παρηγορια. ασπαζεται υμας

2 εγενομην
1:25 σωματος αυτου, ο εστιν η εκκλησια, ης εγενομην εγω διακονος κατα την οικονομιαν του
1:23 εν παση κτισει τη υπο τον ουρανον, ου εγενομην εγω παυλος διακονος. νυν χαιρω εν

2 εγω
1:25 ο εστιν η εκκλησια, ης εγενομην εγω διακονος κατα την οικονομιαν του θεου την
1:23 κτισει τη υπο τον ουρανον, ου εγενομην εγω παυλος διακονος. νυν χαιρω εν τοις

1 εδειγματισεν
2:15 τας αρχας και τας εξουσιας εδειγματισεν εν παρρησια, θριαμβευσας αυτους εν

1 εδιδαχθητε
2:7 και βεβαιουμενοι (εν) τη πιστει καθως εδιδαχθητε, περισσευοντες εν ευχαριστια.

1 εδραιοι
1:23 επιμενετε τη πιστει τεθεμελιωμενοι και εδραιοι και μη μετακινουμενοι απο της ελπιδος

1 εζητε
3:7 οις και υμεις περιεπατησατε ποτε, οτε εζητε εν τουτοις. νυνι δε αποθεσθε και υμεις

1 εθελοθρησκια
2:23 ατινα εστιν λογον μεν εχοντα σοφιας εν εθελοθρησκια και ταπεινοφροσυνη και αφειδια

1 εθνεσιν
1:27 της δοξης του μυστηριου τουτου εν τοις εθνεσιν, ο εστιν χριστος εν υμιν, η ελπις της

4 ει
2:20 αυξει την αυξησιν του θεου. ει απεθανετε συν χριστω απο των στοιχειων του
2:5 υμας παραλογιζηται εν πιθανολογια. ει γαρ και τη σαρκι απειμι, αλλα τω πνευματι
1:23 και ανεγκλητους κατενωπιον αυτου, ει γε επιμενετε τη πιστει τεθεμελιωμενοι και
3:1 τιμη τινι προς πλησμονην της σαρκος. ει ουν συνηγερθητε τω χριστω, τα ανω ζητειτε,

2 ειδεναι

2:1 εν εμοι εν δυναμει. θελω γαρ υμας ειδεναι ηλικον αγωνα εχω υπερ υμων και των εν
4:6 παντοτε εν χαριτι, αλατι ηρτυμενος, ειδεναι πως δει υμας ενι εκαστω αποκρινεσθαι.

2 ειδοτες

3:24 ως τω κυριω και ουκ ανθρωποις, ειδοτες οτι απο κυριου απολημψεσθε την
4:1 την ισοτητα τοις δουλοις παρεχεσθε, ειδοτες οτι και υμεις εχετε κυριον εν ουρανω.

1 ειδωλολατρια

3:5 κακην, και την πλεονεξιαν ητις εστιν ειδωλολατρια, δι α ερχεται η οργη του θεου

1 εικη

2:18 των αγγελων, α εορακεν εμβατευων, εικη φυσιουμενος υπο του νοος της σαρκος αυτου,

1 εικονα

3:10 τον ανακαινουμενον εις επιγνωσιν κατ εικονα του κτισαντος αυτον, οπου ουκ ενι ελλην

1 εικων

1:15 την αφεσιν των αμαρτιων. ος εστιν εικων του θεου του αορατου, πρωτοτοκος πασης

1 ειμι

2:5 απειμι, αλλα τω πνευματι συν υμιν ειμι, χαιρων και βλεπων υμων την ταξιν και το

1 ειπατε

4:17 ινα και υμεις αναγνωτε. και ειπατε αρχιππω, βλεπε την διακονιαν ην

2 ειρηνη

1:2 αδελφοις εν χριστω. χαρις υμιν και ειρηνη απο θεου πατρος ημων. ευχαριστουμεν τω
3:15 συνδεσμος της τελειοτητος. και η ειρηνη του χριστου βραβευετω εν ταις καρδιαις

1 ειρηνοποιησας

1:20 αποκαταλλαξαι τα παντα εις αυτον, ειρηνοποιησας δια του αιματος του σταυρου

1 εισιν

2:3 του μυστηριου του θεου, χριστου, εν ω εισιν παντες οι θησαυροι της σοφιας και γνωσεως

19 εις

3:9 εκ του στοματος υμων. μη ψευδεσθε εις αλληλους, απεκδυσαμενοι τον παλαιον
4:8 εν κυριω, ον επεμψα προς υμας εις αυτο τουτο, ινα γνωτε τα περι ημων και
1:16 ειτε εξουσιαι. τα παντα δι αυτου και εις αυτον εκτισται, και αυτος εστιν προ παντων
1:20 και δι αυτου αποκαταλλαξαι τα παντα εις αυτον, ειρηνοποιησας δια του αιματος του
3:10 τον νεον τον ανακαινουμενον εις επιγνωσιν κατ εικονα του κτισαντος αυτον,
2:2 πλουτος της πληροφοριας της συνεσεως, εις επιγνωσιν του μυστηριου του θεου, χριστου,
3:15 βραβευετω εν ταις καρδιαις υμων, εις ην και εκληθητε εν ενι σωματι. και
1:29 παντα ανθρωπον τελειον εν χριστω. εις ο και κοπιω αγωνιζομενος κατα την ενεργειαν
2:2 αυτων, συνβιβασθεντες εν αγαπη και εις παν πλουτος της πληροφοριας της συνεσεως,
1:4 χριστω ιησου και την αγαπην ην εχετε εις παντας τους αγιους δια την ελπιδα την
1:10 περιπατησαι αξιως του κυριου εις πασαν αρεσκειαν, εν παντι εργω αγαθω
1:11 κατα το κρατος της δοξης αυτου εις πασαν υπομονην και μακροθυμιαν, μετα χαρας
4:11 εκ περιτομης ουτοι μονοι συνεργοι εις την βασιλειαν του θεου, οιτινες εγενηθησαν
1:13 εξουσιας του σκοτους και μετεστησεν εις την βασιλειαν του υιου της αγαπης αυτου,
1:12 τω πατρι τω ικανωσαντι υμας εις την μεριδα του κληρου των αγιων εν τω φωτι.
1:25 οικονομιαν του θεου την δοθεισαν μοι εις υμας πληρωσαι τον λογον του θεου, το
1:6 αληθειας του ευαγγελιου του παροντος εις υμας, καθως και εν παντι τω κοσμω εστιν
2:22 μηδε γευση μηδε θιγης, α εστιν παντα εις φθοραν τη αποχρησει, κατα τα ενταλματα και
2:5 υμων την ταξιν και το στερεωμα της εις χριστον πιστεως υμων. ως ουν παρελαβετε

6 ειτε

1:16 τα αορατα, ειτε θρονοι ειτε κυριοτητες ειτε αρχαι ειτε εξουσιαι. τα παντα δι αυτου και
1:16 ειτε θρονοι ειτε κυριοτητες ειτε αρχαι ειτε εξουσιαι. τα παντα δι αυτου και εις αυτον
1:16 επι της γης, τα ορατα και τα αορατα, ειτε θρονοι ειτε κυριοτητες ειτε αρχαι ειτε
1:16 τα ορατα και τα αορατα, ειτε θρονοι ειτε κυριοτητες ειτε αρχαι ειτε εξουσιαι. τα
1:20 αυτου, (δι αυτου) ειτε τα επι της γης ειτε τα εν τοις ουρανοις. και υμας ποτε οντας
1:20 αιματος του σταυρου αυτου, (δι αυτου) ειτε τα επι της γης ειτε τα εν τοις ουρανοις.

8 εκ

4:16 λαοδικεων εκκλησια αναγνωσθη, και την εκ λαοδικειας ινα και υμεις αναγνωτε. και
2:12 του θεου του εγειραντος αυτον εκ νεκρων. και υμας νεκρους οντας τοις
4:11 ιησους ο λεγομενος ιουστος, οι οντες εκ περιτομης ουτοι μονοι συνεργοι εις την
1:13 αγιων εν τω φωτι. ος ερρυσατο ημας εκ της εξουσιας του σκοτους και μετεστησεν εις
2:14 ο ην υπεναντιον ημιν, και αυτο ηρκεν εκ του μεσου προσηλωσας αυτο τω σταυρω.
3:8 κακιαν, βλασφημιαν, αισχρολογιαν εκ του στοματος υμων. μη ψευδεσθε εις

1:18 εκκλησιας· ος εστιν αρχη, πρωτοτοκος εκ των νεκρων, ινα γενηται εν πασιν αυτος
3:23 φοβουμενοι τον κυριον. ο εαν ποιητε, εκ ψυχης εργαζεσθε, ως τω κυριω και ουκ

1 εκαστω
4:6 ηρτυμενος, ειδεναι πως δει υμας ενι εκαστω αποκρινεσθαι. τα κατ εμε παντα γνωρισει

2 εκκλησια
4:16 ποιησατε ινα και εν τη λαοδικεων εκκλησια αναγνωσθη, και την εκ λαοδικειας ινα
1:24 μου υπερ του σωματος αυτου, ο εστιν η εκκλησια, ης εγενομην εγω διακονος κατα την

1 εκκλησιαν
4:15 και νυμφαν και την κατ οικον αυτης εκκλησιαν. και οταν αναγνωσθη παρ υμιν η

1 εκκλησιας
1:18 αυτος εστιν η κεφαλη του σωματος, της εκκλησιας· ος εστιν αρχη, πρωτοτοκος εκ των

1 εκλεκτοι
3:12 εν πασιν χριστος. ενδυσασθε ουν ως εκλεκτοι του θεου, αγιοι και ηγαπημενοι,

1 εκληθητε
3:15 εν ταις καρδιαις υμων, εις ην και εκληθητε εν ενι σωματι· και ευχαριστοι γινεσθε.

1 εκτισθη
1:16 πρωτοτοκος πασης κτισεως, οτι εν αυτω εκτισθη τα παντα εν τοις ουρανοις και επι της

1 εκτισται
1:16 τα παντα δι αυτου και εις αυτον εκτισται, και αυτος εστιν προ παντων και τα

1 ελαβετε
4:10 και μαρκος ο ανεψιος βαρναβα, περι ου ελαβετε εντολας, εαν ελθη προς υμας, δεξασθε

1 ελευθερος
3:11 ακροβυστια, βαρβαρος, σκυθης, δουλος, ελευθερος, αλλα (τα) παντα και εν πασιν

1 ελθη
4:10 βαρναβα, περι ου ελαβετε εντολας, εαν ελθη προς υμας, δεξασθε αυτον, και ιησους ο

1 ελλην
3:11 του κτισαντος αυτον, οπου ουκ ενι ελλην και ιουδαιος, περιτομη και ακροβυστια,

1 ελπιδα
1:5 εχετε εις παντας τους αγιους δια την ελπιδα την αποκειμενην υμιν εν τοις ουρανοις.

1 ελπιδος
1:23 εδραιοι και μη μετακινουμενοι απο της ελπιδος του ευαγγελιου ου ηκουσατε, του

1 ελπις
1:27 εθνεσιν, ο εστιν χριστος εν υμιν, η ελπις της δοξης. ον ημεις καταγγελλομεν

1 εμαθετε
1:7 την χαριν του θεου εν αληθεια. καθως εμαθετε απο επαφρα του αγαπητου συνδουλου ημων,

1 εμβατευων
2:18 και θρησκεια των αγγελων, α εορακεν εμβατευων, εικη φυσιουμενος υπο του νοος της

1 εμε
4:7 υμας ενι εκαστω αποκρινεσθαι. τα κατ εμε παντα γνωρισει υμιν τυχικος ο αγαπητος

1 εμη
4:18 ινα αυτην πληροις. ο ασπασμος τη εμη χειρι παυλου. μνημονευετε μου των δεσμων. η.

1 εμοι
1:29 ενεργειαν αυτου την ενεργουμενην εν εμοι εν δυναμει. θελω γαρ υμας ειδεναι ηλικον

87 εν
2:2 αι καρδιαι αυτων, συνβιβασθεντες εν αγαπη και εις παν πλουτος της πληροφοριας
1:6 και επεγνωτε την χαριν του θεου εν αληθεια. καθως εμαθετε απο επαφρα του
3:22 εν οφθαλμοδουλια ως ανθρωπαρεσκοι, αλλ εν απλοτητι καρδιας, φοβουμενοι τον κυριον. ο
4:2 προσευχη προσκαρτερειτε, γρηγορουντες εν αυτη εν ευχαριστια, προσευχομενοι αμα και
1:16 πρωτοτοκος πασης κτισεως, οτι εν αυτω εκτισθη τα παντα εν τοις ουρανοις και
1:19 γενηται εν πασιν αυτος πρωτευων, οτι εν αυτω ευδοκησεν παν το πληρωμα κατοικησαι
2:7 ερριζωμενοι και εποικοδομουμενοι εν αυτω και βεβαιουμενοι (εν) τη πιστει καθως
2:9 του κοσμου και ου κατα χριστον. οτι εν αυτω κατοικει παν το πληρωμα της θεοτητος

2:10 της θεοτητος σωματικως, και εστε εν αυτω πεπληρωμενοι, ος εστιν η κεφαλη πασης
2:6 τον χριστον ιησουν τον κυριον, εν αυτω περιπατειτε, ερριζωμενοι και
1:17 αυτος εστιν προ παντων και τα παντα εν αυτω συνεστηκεν· και αυτος εστιν η κεφαλη
2:15 εν παρρησια, θριαμβευσας αυτους εν αυτω· μη ουν τις υμας κρινετω εν βρωσει και
2:16 εν αυτω· μη ουν τις υμας κρινετω εν βρωσει και εν ποσει η εν μερει εορτης η
3:1 τα ανω ζητειτε, ου ο χριστος εστιν εν δεξια του θεου καθημενος· τα ανω φρονειτε,
3:4 τοτε και υμεις συν αυτω φανερωθησεσθε εν δοξη· νεκρωσατε ουν τα μελη τα επι της γης,
1:29 αυτου την ενεργουμενην εν εμοι εν δυναμει· θελω γαρ υμας ειδεναι ηλικον
2:23 ατινα εστιν λογον μεν εχοντα σοφιας εν εθελοθρησκια και ταπεινοφροσυνη και αφειδια
1:29 την ενεργειαν αυτου την ενεργουμενην εν εμοι εν δυναμει· θελω γαρ υμας ειδεναι
3:15 καρδιαις υμων, εις ην και εκληθητε εν ενι σωματι· και ευχαριστοι γινεσθε· ο λογος
3:17 και παν ο τι εαν ποιητε εν λογω η εν εργω, παντα εν ονοματι κυριου ιησου,
2:7 πιστει καθως εδιδαχθητε, περισσευοντες εν ευχαριστια. βλεπετε μη τις υμας εσται ο
4:2 προσκαρτερειτε, γρηγορουντες εν αυτη εν ευχαριστια, προσευχομενοι αμα και περι
4:13 υπερ υμων και των εν λαοδικεια και των εν ιεραπολει· ασπαζεται υμας λουκας ο ιατρος ο
1:2 θεου και τιμοθεος ο αδελφος τοις εν κολοσσαις αγιοις και πιστοις αδελφοις εν
2:20 των στοιχειων του κοσμου, τι ως ζωντες εν κοσμω δογματιζεσθε, μη αψη μηδε γευση μηδε
3:18 υποτασσεσθε τοις ανδρασιν, ως ανηκεν εν κυριω· οι ανδρες, αγαπατε τας γυναικας και
3:20 κατα παντα, τουτο γαρ ευαρεστον εστιν εν κυριω· οι πατερες, μη ερεθιζετε τα τεκνα
4:7 και πιστος διακονος και συνδουλος εν κυριω, ον επεμψα προς υμας εις αυτο τουτο,
4:17 βλεπε την διακονιαν ην παρελαβες εν κυριω, ινα αυτην πληροις· ο ασπασμος τη εμη
4:15 ο αγαπητος και δημας· ασπασασθε τους εν λαοδικεια αδελφους και νυμφαν και την κατ
2:1 ηλικον αγωνα εχω υπερ υμων και των εν λαοδικεια και οσοι ουχ εορακαν το προσωπον
4:13 τι εχει πολυν πονον υπερ υμων και των εν λαοδικεια και των εν ιεραπολει· ασπαζεται
3:17 υμων τω θεω· και παν ο τι εαν ποιητε εν λογω η εν εργω, παντα εν ονοματι κυριου
2:16 υμας κρινετω εν βρωσει και εν ποσει η εν μερει εορτης η νεομηνιας η σαββατων, α
3:7 θεου (επι τους υιους της απειθειας). εν οις και υμεις περιεπατησατε ποτε, οτε εζητε
3:17 τι εαν ποιητε εν λογω η εν εργω, παντα εν ονοματι κυριου ιησου, ευχαριστουντες τω θεω
4:1 ειδοτες οτι και υμεις εχετε κυριον εν ουρανω· τη προσευχη προσκαρτερειτε,
3:22 κατα παντα τοις κατα σαρκα κυριοις, μη εν οφθαλμοδουλια ως ανθρωπαρεσκοι, αλλ εν
1:10 αξιως του κυριου εις πασαν αρεσκειαν, εν παντι εργω αγαθω καρποφορουντες και
4:12 σταθητε τελειοι και πεπληροφορημενοι εν παντι θεληματι του θεου· μαρτυρω γαρ αυτω
1:6 του παροντος εις υμας, καθως και εν παντι τω κοσμω εστιν καρποφορουμενον και
2:15 αρχας και τας εξουσιας εδειγματισεν εν παρρησια, θριαμβευσας αυτους εν αυτω· μη
1:11 αυξανομενοι τη επιγνωσει του θεου, εν παση δυναμει δυναμουμενοι κατα το κρατος της
1:23 ου ηκουσατε, του κηρυχθεντος εν παση κτισει τη υπο τον ουρανον, ου εγενομην
3:16 χριστου ενοικειτω εν υμιν πλουσιως, εν παση σοφια διδασκοντες και νουθετουντες
1:9 την επιγνωσιν του θεληματος αυτου εν παση σοφια και συνεσει πνευματικη,
1:28 και διδασκοντες παντα ανθρωπον εν παση σοφια, ινα παραστησωμεν παντα ανθρωπον
1:18 πρωτοτοκος εκ των νεκρων, ινα γενηται εν πασιν αυτος πρωτευων, οτι εν αυτω ευδοκησεν
3:11 δουλος, ελευθερος, αλλα (τα) παντα και εν πασιν χριστος· ενδυσασθε ουν ως εκλεκτοι
2:4 λεγω ινα μηδεις υμας παραλογιζηται εν πιθανολογια· ει γαρ και τη σαρκι απειμι,
1:8 ο και δηλωσας ημιν την υμων αγαπην εν πνευματι· δια τουτο και ημεις, αφ ης ημερας
2:16 μη ουν τις υμας κρινετω εν βρωσει και εν ποσει η εν μερει εορτης η νεομηνιας η
2:1 και οσοι ουχ εορακαν το προσωπον μου εν σαρκι, ινα παρακληθωσιν αι καρδιαι αυτων,
4:5 ινα φανερωσω αυτο ως δει με λαλησαι· εν σοφια περιπατειτε προς τους εξω, τον καιρον
3:16 ωδαις πνευματικαις εν χαριτι αδοντες εν ταις καρδιαις υμων τω θεω· και παν ο τι εαν
3:15 και η ειρηνη του χριστου βραβευετω εν ταις καρδιαις υμων, εις ην και εκληθητε εν
4:12 παντοτε αγωνιζομενος υπερ υμων εν ταις προσευχαις, ινα σταθητε τελειοι και
2:18 μηδεις υμας καταβραβευετω θελων εν ταπεινοφροσυνη και θρησκεια των αγγελων, α
2:11 και περιετμηθητε περιτομη αχειροποιητω εν τη απεκδυσει του σωματος της σαρκος, εν τη
4:16 παρ υμιν η επιστολη, ποιησατε ινα και εν τη λαοδικεων εκκλησια αναγνωσθη, και την εκ
2:11 τη απεκδυσει του σωματος της σαρκος, εν τη περιτομη του χριστου, συνταφεντες αυτω
1:24 τα υστερηματα των θλιψεων του χριστου εν τη σαρκι μου υπερ του σωματος αυτου, ο εστιν
2:23 και αφειδια σωματος, ουκ εν τιμη τινι προς πλησμονην της σαρκος· ει
1:27 πλουτος της δοξης του μυστηριου τουτου εν τοις εθνεσιν, ο εστιν χριστος εν υμιν, η
1:21 και εχθρους τη διανοια εν τοις εργοις τοις πονηροις, νυνι δε
1:16 κτισεως, οτι εν αυτω εκτισθη τα παντα εν τοις ουρανοις και επι της γης, τα ορατα και
1:20 (δι αυτου) ειτε τα επι της γης ειτε τα εν τοις ουρανοις· και υμας ποτε οντας
1:5 δια την ελπιδα την αποκειμενην υμιν εν τοις ουρανοις, ην προηκουσατε εν τω λογω της
1:24 εγω παυλος διακονος· νυν χαιρω εν τοις παθημασιν υπερ υμων, και ανταναπληρω τα
3:7 υμεις περιεπατησατε ποτε, οτε εζητε εν τουτοις· νυνι δε αποθεσθε και υμεις τα
2:12 του χριστου, συνταφεντες αυτω εν τω βαπτισμω, εν ω και συνηγερθητε δια της
3:3 και η ζωη υμων κεκρυπται συν τω χριστω εν τω θεω· οταν ο χριστος φανερωθη, η ζωη
1:5 υμιν εν τοις ουρανοις, ην προηκουσατε εν τω λογω της αληθειας του ευαγγελιου του
1:22 τοις πονηροις, νυνι δε αποκατηλλαγητε εν τω σωματι της σαρκος αυτου δια του θανατου,
1:12 εις την μεριδα του κληρου των αγιων εν τω φωτι· ος ερρυσατο ημας εκ της εξουσιας
3:16 ο λογος του χριστου ενοικειτω εν υμιν πλουσιως, εν παση σοφια διδασκοντες και
1:6 και αυξανομενον καθως και εν υμιν, αφ ης ημερας ηκουσατε και επεγνωτε την
1:27 εν τοις εθνεσιν, ο εστιν χριστος εν υμιν, η ελπις της δοξης· ον ημεις
3:16 ψαλμοις, υμνοις, ωδαις πνευματικαις εν χαριτι αδοντες εν ταις καρδιαις υμων τω θεω·
4:6 εξαγοραζομενοι· ο λογος υμων παντοτε εν χαριτι, αλατι ηρτυμενος, ειδεναι πως δει
1:4 ακουσαντες την πιστιν υμων εν χριστω ιησου και την αγαπην ην εχετε εις

1:28 παραστησωμεν παντα ανθρωπον τελειον εν χριστω· εις ο και κοπιω αγωνιζομενος κατα
1:2 κολοσσαις αγιοις και πιστοις αδελφοις εν χριστω· χαρις υμιν και ειρηνη απο θεου
2:3 του μυστηριου του θεου, χριστου, εν ω εισιν παντες οι θησαυροι της σοφιας και
1:14 βασιλειαν του υιου της αγαπης αυτου, εν ω εχομεν την απολυτρωσιν, την αφεσιν των
2:11 η κεφαλη πασης αρχης και εξουσιας, εν ω και περιετμηθητε περιτομη αχειροποιητω εν
2:12 συνταφεντες αυτω εν τω βαπτισμω, εν ω και συνηγερθητε δια της πιστεως της

1 ενδυσαμενοι
3:10 ανθρωπον συν ταις πραξεσιν αυτου, και ενδυσαμενοι τον νεον τον ανακαινουμενον εις

1 ενδυσασθε
3:12 αλλα (τα) παντα και εν πασιν χριστος· ενδυσασθε ουν ως εκλεκτοι του θεου, αγιοι και

1 ενεργειαν
1:29 εις ο και κοπιω αγωνιζομενος κατα την ενεργειαν αυτου την ενεργουμενην εν εμοι εν

1 ενεργειας
2:12 ω και συνηγερθητε δια της πιστεως της ενεργειας του θεου του εγειραντος αυτον εκ

1 ενεργουμενην
1:29 κατα την ενεργειαν αυτου την ενεργουμενην εν εμοι εν δυναμει· θελω γαρ

3 ενι
4:6 αλατι ηρτυμενος, ειδεναι πως δει υμας ενι εκαστω αποκρινεσθαι· τα κατ εμε παντα
3:11 εικονα του κτισαντος αυτον, οπου ουκ ενι ελλην και ιουδαιος, περιτομη και
3:15 καρδιαις υμων, εις ην και εκληθητε εν ενι σωματι· και ευχαριστοι γινεσθε· ο λογος

1 ενοικειτω
3:16 γινεσθε· ο λογος του χριστου ενοικειτω εν υμιν πλουσιως, εν παση σοφια

1 ενταλματα
2:22 παντα εις φθοραν τη αποχρησει, κατα τα ενταλματα και διδασκαλιας των ανθρωπων; ατινα

1 εντολας
4:10 ο ανεψιος βαρναβα, περι ου ελαβετε εντολας, εαν ελθη προς υμας, δεξασθε αυτον,

3 εξ
2:19 αυτου, και ου κρατων την κεφαλην, εξ ου παν το σωμα δια των αφων και συνδεσμων
4:9 τω πιστω και αγαπητω αδελφω, ος εστιν εξ υμων· παντα υμιν γνωρισουσιν τα ωδε·
4:12 παρηγορια· ασπαζεται υμας επαφρας ο εξ υμων, δουλος χριστου (ιησου), παντοτε

1 εξαγοραζομενοι
4:5 περιπατειτε προς τους εξω, τον καιρον εξαγοραζομενοι· ο λογος υμων παντοτε εν

1 εξαλειψας
2:14 ημιν παντα τα παραπτωματα, εξαλειψας το καθ ημων χειρογραφον τοις δογμασιν

1 εξουσιαι
1:16 θρονοι ειτε κυριοτητες ειτε αρχαι ειτε εξουσιαι· τα παντα δι αυτου και εις αυτον

3 εξουσιας
2:15 απεκδυσαμενος τας αρχας και τας εξουσιας εδειγματισεν εν παρρησια, θριαμβευσας
1:13 εν τω φωτι· ος ερρυσατο ημας εκ της εξουσιας του σκοτους και μετεστησεν εις την
2:10 ος εστιν η κεφαλη πασης αρχης και εξουσιας, εν ω και περιετμηθητε περιτομη

1 εξω
4:5 εν σοφια περιπατειτε προς τους εξω, τον καιρον εξαγοραζομενοι· ο λογος υμων

1 εορακαν
2:1 υμων και των εν λαοδικεια και οσοι ουχ εορακαν το προσωπον μου εν σαρκι, ινα

1 εορακεν
2:18 και θρησκεια των αγγελων, α εορακεν εμβατευων, εικη φυσιουμενος υπο του

1 εορτης
2:16 εν βρωσει και εν ποσει η εν μερει εορτης η νεομηνιας η σαββατων, α εστιν σκια

1 επαφρα
1:7 θεου εν αληθεια· καθως εμαθετε απο επαφρα του αγαπητου συνδουλου ημων, ος εστιν

1 επαφρας
4:12 μοι παρηγορια· ασπαζεται υμας επαφρας ο εξ υμων, δουλος χριστου (ιησου),

1 επεγνωτε

1:6 και εν υμιν, αφ ης ημερας ηκουσατε και επεγνωτε την χαριν του θεου εν αληθεια· καθως

1 επεμψα

4:8 διακονος και συνδουλος εν κυριω, ον επεμψα προς υμας εις αυτο τουτο, ινα γνωτε τα

5 επι

3:14 εχαρισατο υμιν ουτως και υμεις· επι πασιν δε τουτοις την αγαπην, ο εστιν
1:20 του σταυρου αυτου, (δι αυτου) ειτε τα επι της γης ειτε τα εν τοις ουρανοις· και υμας
3:2 καθημενος· τα ανω φρονειτε, μη τα επι της γης· απεθανετε γαρ, και η ζωη υμων
3:5 εν δοξη· νεκρωσατε ουν τα μελη τα επι της γης, πορνειαν, ακαθαρσιαν, παθος,
1:16 εκτισθη τα παντα εν τοις ουρανοις και επι της γης, τα ορατα και τα αορατα, ειτε

1 επιγνωσει

1:10 καρποφορουντες και αυξανομενοι τη επιγνωσει του θεου, εν παση δυναμει

3 επιγνωσιν

3:10 τον νεον τον ανακαινουμενον εις επιγνωσιν κατ εικονα του κτισαντος αυτον, οπου
1:9 και αιτουμενοι ινα πληρωθητε την επιγνωσιν του θεληματος αυτου εν παση σοφια και
2:2 της πληροφοριας της συνεσεως, εις επιγνωσιν του μυστηριου του θεου, χριστου, εν

1 επιθυμιαν

3:5 της γης, πορνειαν, ακαθαρσιαν, παθος, επιθυμιαν κακην, και την πλεονεξιαν ητις εστιν

1 επιμενετε

1:23 ανεγκλητους κατενωπιον αυτου, ει γε επιμενετε τη πιστει τεθεμελιωμενοι και εδραιοι

1 επιστολη

4:16 και οταν αναγνωσθη παρ υμιν η επιστολη, ποιησατε ινα και εν τη λαοδικεων

1 επιχορηγουμενον

2:19 παν το σωμα δια των αφων και συνδεσμων επιχορηγουμενον και συνβιβαζομενον αυξει την

1 εποικοδομουμενο

2:7 εν αυτω περιπατειτε, ερριζωμενοι και εποικοδομουμενοι εν αυτω και βεβαιουμενοι (εν)

1 εργαζεσθε

3:23 τον κυριον· ο εαν ποιητε, εκ ψυχης εργαζεσθε, ως τω κυριω και ουκ ανθρωποις,

1 εργοις

1:21 και εχθρους τη διανοια εν τοις εργοις τοις πονηροις, νυνι δε αποκατηλλαγητε

2 εργω

1:10 κυριου εις πασαν αρεσκειαν, εν παντι εργω αγαθω καρποφορουντες και αυξανομενοι τη
3:17 και παν ο τι εαν ποιητε εν λογω η εν εργω, παντα εν ονοματι κυριου ιησου,

1 ερεθιζετε

3:21 εστιν εν κυριω· οι πατερες, μη ερεθιζετε τα τεκνα υμων, ινα μη αθυμωσιν· οι

1 ερριζωμενοι

2:7 τον κυριον, εν αυτω περιπατειτε, ερριζωμενοι και εποικοδομουμενοι εν αυτω και

1 ερρυσατο

1:13 του κληρου των αγιων εν τω φωτι· ος ερρυσατο ημας εκ της εξουσιας του σκοτους και

1 ερχεται

3:6 ητις εστιν ειδωλολατρια, δι α ερχεται η οργη του θεου (επι τους υιους της

1 εσται

2:8 εν ευχαριστια· βλεπετε μη τις υμας εσται ο συλαγωγων δια της φιλοσοφιας και κενης

1 εστε

2:10 πληρωμα της θεοτητος σωματικως, και εστε εν αυτω πεπληρωμενοι, ος εστιν η κεφαλη

18 εστιν

1:18 κεφαλη του σωματος, της εκκλησιας· ος εστιν αρχη, πρωτοτοκος εκ των νεκρων, ινα
3:5 κακην, και την πλεονεξιαν ητις εστιν ειδωλολατρια, δι α ερχεται η οργη του
1:15 την αφεσιν των αμαρτιων· ος εστιν εικων του θεου του αορατου, πρωτοτοκος
3:1 χριστω, τα ανω ζητειτε, ου ο χριστος εστιν εν δεξια του θεου καθημενος· τα ανω
3:20 κατα παντα, τουτο γαρ ευαρεστον εστιν εν κυριω· οι πατερες, μη ερεθιζετε τα
4:9 τω πιστω και αγαπητω αδελφω, ος εστιν εξ υμων· παντα υμιν γνωρισουσιν τα ωδε·
1:24 τη σαρκι μου υπερ του σωματος αυτου, ο εστιν η εκκλησια, ης εγενομην εγω διακονος

2:10 και εστε εν αυτω πεπληρωμενοι, ος εστιν η κεφαλη πασης αρχης και εξουσιας. εν ω
1:18 παντα εν αυτω συνεστηκεν. και αυτος εστιν η κεφαλη του σωματος, της εκκλησιας. ος
1:6 εις υμας, καθως και εν παντι τω κοσμω εστιν καρποφορουμενον και αυξανομενον καθως και
2:23 και διδασκαλιας των ανθρωπων; ατινα εστιν λογον μεν εχοντα σοφιας εν εθελοθρησκια
2:22 μη αψη μηδε γευση μηδε θιγης, α εστιν παντα εις φθοραν τη αποχρησει, κατα τα
1:7 επαφρα του αγαπητου συνδουλου ημων, ος εστιν πιστος υπερ υμων διακονος του χριστου, ο
1:17 και εις αυτον εκτισται. και αυτος εστιν προ παντων και τα παντα εν αυτω
3:25 αδικων κομισεται ο ηδικησεν, και ουκ εστιν προσωπολημψια. οι κυριοι, το δικαιον
2:17 εορτης η νεομηνιας η σαββατων, α εστιν σκια των μελλοντων, το δε σωμα του
3:14 επι πασιν δε τουτοις την αγαπην, ο εστιν συνδεσμος της τελειοτητος. και η ειρηνη
1:27 μυστηριου τουτου εν τοις εθνεσιν, ο εστιν χριστος εν υμιν, η ελπις της δοξης. ον

2 ευαγγελιου

1:5 εν τω λογω της αληθειας του ευαγγελιου του παροντος εις υμας, καθως και εν
1:23 μη μετακινουμενοι απο της ελπιδος του ευαγγελιου ου ηκουσατε, του κηρυχθεντος εν παση

1 ευαρεστον

3:20 τοις γονευσιν κατα παντα, τουτο γαρ ευαρεστον εστιν εν κυριω. οι πατερες, μη

1 ευδοκησεν

1:19 εν πασιν αυτος πρωτευων, οτι εν αυτω ευδοκησεν παν το πληρωμα κατοικησαι και δι

2 ευχαριστια

2:7 καθως εδιδαχθητε, περισσευοντες εν ευχαριστια. βλεπετε μη τις υμας εσται ο
4:2 γρηγορουντες εν αυτη εν ευχαριστια, προσευχομενοι αμα και περι ημων,

1 ευχαριστοι

3:15 εις ην και εκληθητε εν ενι σωματι. και ευχαριστοι γινεσθε. ο λογος του χριστου

1 ευχαριστουμεν

1:3 υμιν και ειρηνη απο θεου πατρος ημων. ευχαριστουμεν τω θεω πατρι του κυριου ημων

2 ευχαριστουντες

3:17 εργω, παντα εν ονοματι κυριου ιησου, ευχαριστουντες τω θεω πατρι δι αυτου. αι
1:12 υπομονην και μακροθυμιαν, μετα χαρας ευχαριστουντες τω πατρι τω ικανωσαντι υμας εις

1 εφανερωθη

1:26 των αιωνων και απο των γενεων-νυν δε εφανερωθη τοις αγιοις αυτου, οις ηθελησεν ο

1 εχαρισατο

3:13 τινα εχη μομφην. καθως και ο κυριος εχαρισατο υμιν ουτως και υμεις. επι πασιν δε

1 εχει

4:13 του θεου. μαρτυρω γαρ αυτω τι εχει πολυν πονον υπερ υμων και των εν λαοδικεια

2 εχετε

1:4 υμων εν χριστω ιησου και την αγαπην ην εχετε εις παντας τους αγιους δια την ελπιδα
4:1 παρεχεσθε, ειδοτες οτι και υμεις εχετε κυριον εν ουρανω. τη προσευχη

1 εχη

3:13 χαριζομενοι εαυτοις, εαν τις προς τινα εχη μομφην. καθως και ο κυριος εχαρισατο υμιν

1 εχθρους

1:21 υμας ποτε οντας απηλλοτριωμενους και εχθρους τη διανοια εν τοις εργοις τοις

1 εχομεν

1:14 του υιου της αγαπης αυτου, εν ω εχομεν την απολυτρωσιν, την αφεσιν των

1 εχοντα

2:23 των ανθρωπων; ατινα εστιν λογον μεν εχοντα σοφιας εν εθελοθρησκια και

1 εχω

2:1 θελω γαρ υμας ειδεναι ηλικον αγωνα εχω υπερ υμων και των εν λαοδικεια και οσοι ουχ

1 ζητειτε

3:1 ει ουν συνηγερθητε τω χριστω, τα ανω ζητειτε, ου ο χριστος εστιν εν δεξια του θεου

2 ζωη

3:4 εν τω θεω. οταν ο χριστος φανερωθη, η ζωη ημων, τοτε και υμεις συν αυτω φανερωθησεσθε
3:3 τα επι της γης. απεθανετε γαρ, και η ζωη υμων κεκρυπται συν τω χριστω εν τω θεω.

1 ζωντες
2:20 απο των στοιχειων του κοσμου, τι ως ζωντες εν κοσμω δογματιζεσθε, μη αψη μηδε

1 ηγαπημενοι
3:12 ουν ως εκλεκτοι του θεου, αγιοι και ηγαπημενοι, σπλαγχνα οικτιρμου, χρηστοτητα,

1 ηδικησεν
3:25 δουλευετε. ο γαρ αδικων κομισεται ο ηδικησεν, και ουκ εστιν προσωπολημψια. οι

1 ηθελησεν
1:27 δε εφανερωθη τοις αγιοις αυτου, οις ηθελησεν ο θεος γνωρισαι τι το πλουτος της

1 ηκουσαμεν
1:9 δια τουτο και ημεις, αφ ης ημερας ηκουσαμεν, ου παυομεθα υπερ υμων προσευχομενοι

2 ηκουσατε
1:6 καθως και εν υμιν, αφ ης ημερας ηκουσατε και επεγνωτε την χαριν του θεου εν
1:23 απο της ελπιδος του ευαγγελιου ου ηκουσατε, του κηρυχθεντος εν παση κτισει τη υπο

1 ηλικον
2:1 εν δυναμει. θελω γαρ υμας ειδεναι ηλικον αγωνα εχω υπερ υμων και των εν λαοδικεια

1 ημας
1:13 των αγιων εν τω φωτι. ος ερρυσατο ημας εκ της εξουσιας του σκοτους και μετεστησεν

2 ημεις
1:28 εν υμιν, η ελπις της δοξης. ον ημεις καταγγελλομεν νουθετουντες παντα ανθρωπον
1:9 αγαπην εν πνευματι. δια τουτο και ημεις, αφ ης ημερας ηκουσαμεν, ου παυομεθα υπερ

2 ημερας
1:9 πνευματι. δια τουτο και ημεις, αφ ης ημερας ηκουσαμεν, ου παυομεθα υπερ υμων
1:6 αυξανομενον καθως και εν υμιν, αφ ης ημερας ηκουσατε και επεγνωτε την χαριν του θεου

4 ημιν
4:3 αμα και περι ημων, ινα ο θεος ανοιξη ημιν θυραν του λογου, λαλησαι το μυστηριον του
2:13 υμας συν αυτω, χαρισαμενος ημιν παντα τα παραπτωματα, εξαλειψας το καθ
1:8 διακονος του χριστου, ο και δηλωσας ημιν την υμων αγαπην εν πνευματι. δια τουτο
2:14 τοις δογμασιν ο ην υπεναντιον ημιν, και αυτο ηρκεν εκ του μεσου προσηλωσας

7 ημων
1:3 ευχαριστουμεν τω θεω πατρι του κυριου ημων ιησου χριστου παντοτε περι υμων
4:8 υμας εις αυτο τουτο, ινα γνωτε τα περι ημων και παρακαλεση τας καρδιας υμων, συν
2:14 τα παραπτωματα, εξαλειψας το καθ ημων χειρογραφον τοις δογμασιν ο ην υπεναντιον
1:2 χαρις υμιν και ειρηνη απο θεου πατρος ημων. ευχαριστουμεν τω θεω πατρι του κυριου
4:3 προσευχομενοι αμα και περι ημων, ινα ο θεος ανοιξη ημιν θυραν του λογου,
1:7 απο επαφρα του αγαπητου συνδουλου ημων, ος εστιν πιστος υπερ υμων διακονος του
3:4 θεω. οταν ο χριστος φανερωθη, η ζωη ημων, τοτε και υμεις συν αυτω φανερωθησεσθε εν

5 ην
1:4 υμων εν χριστω ιησου και την αγαπην ην εχετε εις παντας τους αγιους δια την ελπιδα
3:15 βραβευετω εν ταις καρδιαις υμων, εις ην και εκληθητε εν ενι σωματι. και ευχαριστοι
4:17 ειπατε αρχιππω, βλεπε την διακονιαν ην παρελαβες εν κυριω, ινα αυτην πληροις. ο
1:5 την αποκειμενην υμιν εν τοις ουρανοις, ην προηκουσατε εν τω λογω της αληθειας του
2:14 καθ ημων χειρογραφον τοις δογμασιν ο ην υπεναντιον ημιν, και αυτο ηρκεν εκ του μεσου

1 ηρκεν
2:14 ο ην υπεναντιον ημιν, και αυτο ηρκεν εκ του μεσου προσηλωσας αυτο τω σταυρω.

1 ηρτυμενος
4:6 ο λογος υμων παντοτε εν χαριτι, αλατι ηρτυμενος, ειδεναι πως δει υμας ενι εκαστω

3 ης
1:25 σωματος αυτου, ο εστιν η εκκλησια, ης εγενομην εγω διακονος κατα την οικονομιαν
1:9 εν πνευματι. δια τουτο και ημεις, αφ ης ημερας ηκουσαμεν, ου παυομεθα υπερ υμων
1:6 και αυξανομενον καθως και εν υμιν, αφ ης ημερας ηκουσατε και επεγνωτε την χαριν του

1 ητις
3:5 επιθυμιαν κακην, και την πλεονεξιαν ητις εστιν ειδωλολατρια, δι α ερχεται η οργη

1 θανατου
1:22 εν τω σωματι της σαρκος αυτου δια του θανατου, παραστησαι υμας αγιους και αμωμους και

1 θεληματι
4:12 τελειοι και πεπληροφορημενοι εν παντι θεληματι του θεου. μαρτυρω γαρ αυτω τι εχει

2 θεληματος
1:9 ινα πληρωθητε την επιγνωσιν του θεληματος αυτου εν παση σοφια και συνεσει
1:1 παυλος αποστολος χριστου ιησου δια θεληματος θεου και τιμοθεος ο αδελφος τοις εν

1 θελω
2:1 την ενεργουμενην εν εμοι εν δυναμει. θελω γαρ υμας ειδεναι ηλικον αγωνα εχω υπερ

1 θελων
2:18 χριστου. μηδεις υμας καταβραβευετω θελων εν ταπεινοφροσυνη και θρησκεια των

2 θεος
4:3 προσευχομενοι αμα και περι ημων, ινα ο θεος ανοιξη ημιν θυραν του λογου, λαλησαι το
1:27 τοις αγιοις αυτου, οις ηθελησεν ο θεος γνωρισαι τι το πλουτος της δοξης του

1 θεοτητος
2:9 εν αυτω κατοικει παν το πληρωμα της θεοτητος σωματικως, και εστε εν αυτω

15 θεου
1:6 ηκουσατε και επεγνωτε την χαριν του θεου εν αληθεια. καθως εμαθετε απο επαφρα του
3:1 ου ο χριστος εστιν εν δεξια του θεου καθημενος. τα ανω φρονειτε, μη τα επι της
1:1 αποστολος χριστου ιησου δια θεληματος θεου και τιμοθεος ο αδελφος τοις εν κολοσσαις
1:2 εν χριστω. χαρις υμιν και ειρηνη απο θεου πατρος ημων. ευχαριστουμεν τω θεω πατρι
1:25 εγω διακονος κατα την οικονομιαν του θεου την δοθεισαν μοι εις υμας πληρωσαι τον
1:15 των αμαρτιων. ος εστιν εικων του θεου του αορατου, πρωτοτοκος πασης κτισεως,
2:12 δια της πιστεως της ενεργειας του θεου του εγειραντος αυτον εκ νεκρων. και υμας
3:6 ειδωλολατρια, δι α ερχεται η οργη του θεου (επι τους υιους της απειθειας). εν οις
2:19 συνβιβαζομενον αυξει την αυξησιν του θεου. ει απεθανετε συν χριστω απο των
4:12 πεπληροφορημενοι εν παντι θεληματι του θεου. μαρτυρω γαρ αυτω τι εχει πολυν πονον
1:10 και αυξανομενοι τη επιγνωσει του θεου, εν παση δυναμει δυναμουμενοι κατα το
1:25 μοι εις υμας πληρωσαι τον λογον του θεου, το μυστηριον το αποκεκρυμμενον απο των
3:12 ενδυσασθε ουν ως εκλεκτοι του θεου, αγιοι και ηγαπημενοι, σπλαγχνα οικτιρμου,
4:11 μονοι συνεργοι εις την βασιλειαν του θεου, οιτινες εγενηθησαν μοι παρηγορια.
2:2 εις επιγνωσιν του μυστηριου του θεου, χριστου, εν ω εισιν παντες οι θησαυροι

4 θεω
3:17 κυριου ιησου, ευχαριστουντες τω θεω πατρι δι αυτου. αι γυναικες, υποτασσεσθε
1:3 θεου πατρος ημων. ευχαριστουμεν τω θεω πατρι του κυριου ημων ιησου χριστου παντοτε
3:16 αδοντες εν ταις καρδιαις υμων τω θεω. και παν ο τι εαν ποιητε εν λογω η εν
3:3 ζωη υμων κεκρυπται συν τω χριστω εν τω θεω. οταν ο χριστος φανερωθη, η ζωη ημων, τοτε

1 θησαυροι
2:3 θεου, χριστου, εν ω εισιν παντες οι θησαυροι της σοφιας και γνωσεως αποκρυφοι.

1 θιγης
2:21 δογματιζεσθε, μη αψη μηδε γευση μηδε θιγης, α εστιν παντα εις φθοραν τη αποχρησει,

1 θλιψεων
1:24 και ανταναπληρω τα υστερηματα των θλιψεων του χριστου εν τη σαρκι μου υπερ του

1 θρησκεια
2:18 θελων εν ταπεινοφροσυνη και θρησκεια των αγγελων, α εορακεν εμβατευων, εικη

1 θριαμβευσας
2:15 τας εξουσιας εδειγματισεν εν παρρησια, θριαμβευσας αυτους εν αυτω. μη ουν τις υμας

1 θρονοι
1:16 της γης, τα ορατα και τα αορατα, ειτε θρονοι ειτε κυριοτητες ειτε αρχαι ειτε

1 θυμον
3:8 δε αποθεσθε και υμεις τα παντα, οργην, θυμον, κακιαν, βλασφημιαν, αισχρολογιαν εκ του

1 θυραν
4:3 και περι ημων, ινα ο θεος ανοιξη ημιν θυραν του λογου, λαλησαι το μυστηριον του

1 ιατρος
4:14 εν ιεραπολει. ασπαζεται υμας λουκας ο ιατρος ο αγαπητος και δημας. ασπασασθε τους εν

	1	ιεραπολει	
4:13	υμων και των εν λαοδικεια και των εν	ιεραπολει·	ασπαζεται υμας λουκας ο ιατρος ο
	4	ιησου	
1:1	παυλος αποστολος χριστου	ιησου	δια θεληματος θεου και τιμοθεος ο αδελφος
1:4	ακουσαντες την πιστιν υμων εν χριστω	ιησου	και την αγαπην ην εχετε εις παντας τους
1:3	τω θεω πατρι του κυριου ημων	ιησου	χριστου παντοτε περι υμων προσευχομενοι,
3:17	η εν εργω, παντα εν ονοματι κυριου	ιησου,	ευχαριστουντες τω θεω πατρι δι αυτου·
	1	ιησουν	
2:6	υμων· ως ουν παρελαβετε τον χριστον	ιησουν	τον κυριον, εν αυτω περιπατειτε,
	1	ιησους	
4:11	ελθη προς υμας, δεξασθε αυτον, και	ιησους	ο λεγομενος ιουστος, οι οντες εκ
	1	ικανωσαντι	
1:12	μετα χαρας ευχαριστουντες τω πατρι τω	ικανωσαντι	υμας εις την μεριδα του κληρου των
	13	ινα	
4:17	την διακονιαν ην παρελαβες εν κυριω,	ινα	αυτην πληροις· ο ασπασμος τη εμη χειρι
1:18	εστιν αρχη, πρωτοτοκος εκ των νεκρων,	ινα	γενηται εν πασιν αυτος πρωτευων, οτι εν
4:8	ον επεμψα προς υμας εις αυτο τουτο,	ινα	γνωτε τα περι ημων και παρακαλεση τας
4:16	παρ υμιν η επιστολη, ποιησατε	ινα	και εν τη λαοδικεων εκκλησια αναγνωσθη, και
4:16	αναγνωσθη, και την εκ λαοδικειας	ινα	και υμεις αναγνωτε· και ειπατε αρχιππω,
3:21	πατερες, μη ερεθιζετε τα τεκνα υμων,	ινα	μη αθυμωσιν· οι δουλοι, υπακουετε κατα
2:4	και γνωσεως αποκρυφοι· τουτο λεγω	ινα	μηδεις υμας παραλογιζηται εν πιθανολογια·
4:3	προσευχομενοι αμα και περι ημων,	ινα	ο θεος ανοιξη ημιν θυραν του λογου, λαλησαι
2:2	ουχ εορακαν το προσωπον μου εν σαρκι,	ινα	παρακληθωσιν αι καρδιαι αυτων,
1:28	παντα ανθρωπον εν παση σοφια,	ινα	παραστησωμεν παντα ανθρωπον τελειον εν
1:9	υπερ υμων προσευχομενοι και αιτουμενοι	ινα	πληρωθητε την επιγνωσιν του θεληματος αυτου
4:12	υπερ υμων εν ταις προσευχαις,	ινα	σταθητε τελειοι και πεπληροφορημενοι εν
4:4	του χριστου, δι ο και δεδεμαι,	ινα	φανερωσω αυτο ως δει με λαλησαι· εν σοφια
	1	ιουδαιος	
3:11	αυτον, οπου ουκ ενι ελλην και	ιουδαιος,	περιτομη και ακροβυστια, βαρβαρος,
	1	ιουστος	
4:11	δεξασθε αυτον, και ιησους ο λεγομενος	ιουστος,	οι οντες εκ περιτομης ουτοι μονοι
	1	ισοτητα	
4:1	οι κυριοι, το δικαιον και την	ισοτητα	τοις δουλοις παρεχεσθε, ειδοτες οτι και
	1	καθ	
2:14	παντα τα παραπτωματα. εξαλειψας το	καθ	ημων χειρογραφον τοις δογμασιν ο ην
	1	καθημενος	
3:1	ου ο χριστος εστιν εν δεξια του θεου	καθημενος·	τα ανω φρονειτε, μη τα επι της γης·
	5	καθως	
2:7	αυτω και βεβαιουμενοι (εν) τη πιστει	καθως	εδιδαχθητε, περισσευοντες εν ευχαριστια·
1:7	την χαριν του θεου εν αληθεια·	καθως	εμαθετε απο επαφρα του αγαπητου συνδουλου
1:6	του ευαγγελιου του παροντος εις υμας,	καθως	και εν παντι τω κοσμω εστιν
1:6	εστιν καρποφορουμενον και αυξανομενον	καθως	και εν υμιν, αφ ης ημερας ηκουσατε και
3:13	εαυτοις, εαν τις προς τινα εχη μομφην·	καθως	και ο κυριος εχαρισατο υμιν ουτως και
	01	και	
4:9	καρδιας υμων, συν ονησιμω τω πιστω	και	αγαπητω αδελφω, ος εστιν εξ υμων· παντα
1:9	ου παυομεθα υπερ υμων προσευχομενοι	και	αιτουμενοι ινα πληρωθητε την επιγνωσιν του
3:11	ουκ ενι ελλην και ιουδαιος, περιτομη	και	ακροβυστια, βαρβαρος, σκυθης, δουλος,
1:22	του θανατου, παραστησαι υμας αγιους	και	αμωμους και ανεγκλητους κατενωπιον αυτου,
1:22	παραστησαι υμας αγιους και αμωμους	και	ανεγκλητους κατενωπιον αυτου, ει γε
1:24	νυν χαιρω εν τοις παθημασιν υπερ υμων,	και	ανταναπληρω τα υστερηματα των θλιψεων του
1:26	το αποκεκρυμμενον απο των αιωνων	και	απο των γενεων-νυν δε εφανερωθη τοις αγιοις
1:10	εν παντι εργω αγαθω καρποφορουντες	και	αυξανομενοι τη επιγνωσει του θεου, εν παση
1:6	παντι τω κοσμω εστιν καρποφορουμενον	και	αυξανομενον καθως και εν υμιν, αφ ης ημερας
2:14	τοις δογμασιν ο ην υπεναντιον ημιν,	και	αυτο ηρκεν εκ του μεσου προσηλωσας αυτο τω
1:18	και τα παντα εν αυτω συνεστηκεν·	και	αυτος εστιν η κεφαλη του σωματος, της
1:17	δι αυτου και εις αυτον εκτισται,	και	αυτος εστιν προ παντων και τα παντα εν αυτω
2:23	εν εθελοθρησκια και ταπεινοφροσυνη	και	αφειδια σωματος, ουκ εν τιμη τινι προς
2:7	και εποικοδομουμενοι εν αυτω	και	βεβαιουμενοι (εν) τη πιστει καθως
2:5	αλλα τω πνευματι συν υμιν ειμι, χαιρων	και	βλεπων υμων την ταξιν και το στερεωμα της
2:3	ω εισιν παντες οι θησαυροι της σοφιας	και	γνωσεως αποκρυφοι· τουτο λεγω ινα μηδεις

4:3 λαλησαι το μυστηριον του χριστου, δι ο και δεδεμαι, ινα φανερωσω αυτο ως δει με

1:8 υπερ υμων διακονος του χριστου, ο και δηλωσας ημιν την υμων αγαπην εν πνευματι.

4:14 υμας λουκας ο ιατρος ο αγαπητος και δημας. ασπασασθε τους εν λαοδικεια

1:20 ευδοκησεν παν το πληρωμα κατοικησαι και δι αυτου αποκαταλλαξαι τα παντα εις αυτον,

2:22 φθοραν τη αποχρησει, κατα τα ενταλματα και διδασκαλιας των ανθρωπων; ατινα εστιν

1:28 νουθετουντες παντα ανθρωπον και διδασκοντες παντα ανθρωπον εν παση σοφια,

1:23 γε επιμενετε τη πιστει τεθεμελιωμενοι και εδραιοι και μη μετακινουμενοι απο της

4:17 εκ λαοδικειας ινα και υμεις αναγνωτε. και ειπατε αρχιππω, βλεπε την διακονιαν ην

1:2 πιστοις αδελφοις εν χριστω. χαρις υμιν και ειρηνη απο θεου πατρος ημων. ευχαριστουμεν

1:16 αρχαι ειτε εξουσιαι. τα παντα δι αυτου και εις αυτον εκτισται. και αυτος εστιν προ

2:2 καρδιαι αυτων, συνβιβασθεντες εν αγαπη και εις παν πλουτος της πληροφοριας της

3:15 εν ταις καρδιαις υμων, εις ην και εκληθητε εν ενι σωματι. και ευχαριστοι

1:6 του παροντος εις υμας, καθως και εν παντι τω κοσμω εστιν καρποφορουμενον και

3:11 δουλος, ελευθερος, αλλα (τα) παντα και εν πασιν χριστος. ενδυσασθε ουν ως

2:16 μη ουν τις υμας κρινετω εν βρωσει και εν ποσει η εν μερει εορτης η νεομηνιας η

4:16 παρ υμιν η επιστολη, ποιησατε ινα και εν τη λαοδικεων εκκλησια αναγνωσθη, και την

1:6 καρποφορουμενον και αυξανομενον καθως και εν υμιν, αφ ης ημερας ηκουσατε και επεγνωτε

3:10 ανθρωπον συν ταις πραξεσιν αυτου, και ενδυσαμενοι τον νεον τον ανακαινουμενον εις

2:10 ος εστιν η κεφαλη πασης αρχης και εξουσιας, εν ω και περιετμηθητε περιτομη

1:6 και εν υμιν, αφ ης ημερας ηκουσατε και επεγνωτε την χαριν του θεου εν αληθεια.

1:16 αυτω εκτισθη τα παντα εν τοις ουρανοις και επι της γης, τα ορατα και τα αορατα, ειτε

2:7 εν αυτω περιπατειτε, ερριζωμενοι και εποικοδομουμενοι εν αυτω και βεβαιουμενοι

2:10 το πληρωμα της θεοτητος σωματικως, και εστε εν αυτω πεπληρωμενοι, ος εστιν η

3:15 εις ην και εκληθητε εν ενι σωματι. και ευχαριστοι γινεσθε. ο λογος του χριστου

1:21 και υμας ποτε οντας απηλλοτριωμενους και εχθρους τη διανοια εν τοις εργοις τοις

3:15 ο εστιν συνδεσμος της τελειοτητος. και η ειρηνη του χριστου βραβευετω εν ταις

3:3 μη τα επι της γης. απεθανετε γαρ, και η ζωη υμων κεκρυπται συν τω χριστω εν τω

3:12 ουν ως εκλεκτοι του θεου, αγιοι και ηγαπημενοι, σπλαγχνα οικτιρμου, χρηστοτητα,

1:9 υμων αγαπην εν πνευματι. δια τουτο και ημεις, αφ ης ημερας ηκουσαμεν, ου παυομεθα

2:18 καταβραβευετω θελων εν ταπεινοφροσυνη και θρησκεια των αγγελων, α εορακεν εμβατευων,

4:11 εαν ελθη προς υμας, δεξασθε αυτον, και ιησους ο λεγομενος ιουστος, οι οντες εκ

3:11 κτισαντος αυτον. οπου ουκ ενι ελλην και ιουδαιος, περιτομη και ακροβυστια,

2:8 εσται ο συλαγωγων δια της φιλοσοφιας και κενης απατης κατα την παραδοσιν των

1:29 ανθρωπον τελειον εν χριστω. εις ο και κοπιω αγωνιζομενος κατα την ενεργειαν αυτου

1:11 της δοξης αυτου εις πασαν υπομονην και μακροθυμιαν, μετα χαρας ευχαριστουντες τω

4:10 υμας αρισταρχος ο συναιχμαλωτος μου, και μαρκος ο ανεψιος βαρναβα, περι ου ελαβετε

1:13 ημας εκ της εξουσιας του σκοτους και μετεστησεν εις την βασιλειαν του υιου της

1:23 τη πιστει τεθεμελιωμενοι και εδραιοι και μη μετακινουμενοι απο της ελπιδος του

3:19 οι ανδρες, αγαπατε τας γυναικας και μη πικραινεσθε προς αυτας. τα τεκνα,

3:16 πλουσιως, εν παση σοφια διδασκοντες και νουθετουντες εαυτους, ψαλμοις, υμνοις,

4:15 ασπασασθε τους εν λαοδικεια αδελφους και νυμφαν και την κατ οικον αυτης εκκλησιαν.

3:13 εαν τις προς τινα εχη μομφην. καθως και ο κυριος εχαρισατο υμιν ουτως και υμεις.

2:1 εχω υπερ υμων και των εν λαοδικεια και οσοι ουχ εορακαν το προσωπον μου εν σαρκι,

4:16 και την κατ οικον αυτης εκκλησιαν. και οταν αναγνωσθη παρ υμιν η επιστολη,

2:8 ανθρωπων, κατα τα στοιχεια του κοσμου και ου κατα χριστον. οτι εν αυτω κατοικει παν

2:19 υπο του νοος της σαρκος αυτου, και ου κρατων την κεφαλην, εξ ου παν το σωμα

3:23 εκ ψυχης εργαζεσθε, ως τω κυριω και ουκ ανθρωποις, ειδοτες οτι απο κυριου

3:25 ο γαρ αδικων κομισεται ο ηδικησεν, και ουκ εστιν προσωπολημψια. οι κυριοι, το

3:17 αδοντες εν ταις καρδιαις υμων τω θεω. και παν ο τι εαν ποιητε εν λογω η εν εργω,

4:8 εις αυτο τουτο, ινα γνωτε τα περι ημων και παρακαλεση τας καρδιας υμων, συν ονησιμω

4:12 ταις προσευχαις, ινα σταθητε τελειοι και πεπληροφορημενοι εν παντι θεληματι του

4:3 αυτη εν ευχαριστια, προσευχομενοι αμα και περι ημων, ινα ο θεος ανοιξη ημιν θυραν του

2:11 κεφαλη πασης αρχης και εξουσιας, εν ω και περιετμηθητε περιτομη αχειροποιητω εν τη

1:2 ο αδελφος τοις εν κολοσσαις αγιοις και πιστοις αδελφοις εν χριστω. χαρις υμιν και

4:7 υμιν τυχικος ο αγαπητος αδελφος και πιστος διακονος και συνδουλος εν κυριω, ον

2:19 των αφων και συνδεσμων επιχορηγουμενον και συνβιβαζομενον αυξει την αυξησιν του θεου.

2:19 εξ ου παν το σωμα δια των αφων και συνδεσμων επιχορηγουμενον και

4:7 ο αγαπητος αδελφος και πιστος διακονος και συνδουλος εν κυριω, ον επεμψα προς υμας

1:9 του θεληματος αυτου εν παση σοφια και συνεσει πνευματικη, περιπατησαι αξιως του

2:12 συνταφεντες αυτω εν τω βαπτισμω, εν ω και συνηγερθητε δια της πιστεως της ενεργειας

1:16 ουρανοις και επι της γης, τα ορατα και τα αορατα, ειτε θρονοι ειτε κυριοτητες ειτε

1:17 εκτισται. και αυτος εστιν προ παντων και τα παντα εν αυτω συνεστηκεν. και αυτος

2:23 μεν εχοντα σοφιας εν εθελοθρησκια και ταπεινοφροσυνη και αφειδια σωματος, ουκ εν

2:15 τω σταυρω. απεκδυσαμενος τας αρχας και τας εξουσιας εδειγματισεν εν παρρησια,

2:13 υμας νεκρους οντας τοις παραπτωμασιν και τη ακροβυστια της σαρκος υμων,

2:5 παραλογιζηται εν πιθανολογια. ει γαρ και τη σαρκι απειμι, αλλα τω πνευματι συν υμιν

1:4 την πιστιν υμων εν χριστω ιησου και την αγαπην ην εχετε εις παντας τους αγιους

4:16 εν τη λαοδικεων εκκλησια αναγνωσθη, και την εκ λαοδικειας ινα και υμεις αναγνωτε.

4:1 προσωπολημψια. οι κυριοι, το δικαιον και την ισοτητα τοις δουλοις παρεχεσθε, ειδοτες

4:15 τους εν λαοδικεια αδελφους και νυμφαν και την κατ οικον αυτης εκκλησιαν. και οταν

3:5 ακαθαρσιαν, παθος, επιθυμιαν κακην, και την πλεονεξιαν ητις εστιν ειδωλολατρια, δι

1:1 χριστου ιησου δια θεληματος θεου και τιμοθεος ο αδελφος τοις εν κολοσσαις

2:5 ειμι, χαιρων και βλεπων υμων την ταξιν και το στερεωμα της εις χριστον πιστεως υμων.

4:13 πονον υπερ υμων και των εν λαοδικεια και των εν ιερατολει· ασπαζεται υμας λουκας ο
2:1 ειδεναι ηλικον αγωνα εχω υπερ υμων και των εν λαοδικεια και οσοι ουχ εορακαν το
4:13 αυτω τι εχει πολυν πονον υπερ υμων και των εν λαοδικεια και των εν ιεραπολει·
2:13 θεου του εγειραντος αυτον εκ νεκρων· και υμας νεκρους οντας τοις παραπτωμασιν και τη
1:21 επι της γης ειτε τα εν τοις ουρανοις· και υμας ποτε οντας απηλλοτριωμενους και
4:16 αναγνωσθη, και την εκ λαοδικειας ινα και υμεις αναγνωτε· και ειπατε αρχιππω, βλεπε
4:1 τοις δουλοις παρεχεσθε, ειδοτες οτι και υμεις εχετε κυριον εν ουρανω· τη προσευχη
3:7 τους υιους της απειθειας)· εν οις και υμεις περιεπατησατε ποτε, οτε εζητε εν
3:4 ο χριστος φανερωθη, η ζωη ημων, τοτε και υμεις συν αυτω φανερωθησεσθε εν δοξη·
3:8 εζητε εν τουτοις· νυνι δε αποθεσθε και υμεις τα παντα, οργην, θυμον, κακιαν,
3:13 και ο κυριος εχαρισατο υμιν ουτως και υμεις· επι πασιν δε τουτοις την αγαπην, ο
3:13 μακροθυμιαν, ανεχομενοι αλληλων και χαριζομενοι εαυτοις, εαν τις προς τινα εχη

1 καιρον
4:5 σοφια περιπατειτε προς τους εξω, τον καιρον εξαγοραζομενοι· ο λογος υμων παντοτε εν

1 κακην
3:5 πορνειαν, ακαθαρσιαν, παθος, επιθυμιαν κακην, και την πλεονεξιαν ητις εστιν

1 κακιαν
3:8 και υμεις τα παντα, οργην, θυμον, κακιαν, βλασφημιαν, αισχρολογιαν εκ του

1 καρδιαι
2:2 μου εν σαρκι, ινα παρακληθωσιν αι καρδιαι αυτων, συνβιβασθεντες εν αγαπη και εις

2 καρδιαις
3:16 πνευματικαις εν χαριτι αδοντες εν ταις καρδιαις υμων τω θεω· και παν ο τι εαν ποιητε
3:15 η ειρηνη του χριστου βραβευετω εν ταις καρδιαις υμων, εις ην και εκληθητε εν ενι

2 καρδιας
4:8 γνωτε τα περι ημων και παρακαλεση τας καρδιας υμων, συν ονησιμω τω πιστω και αγαπητω
3:22 ως ανθρωπαρεσκοι, αλλ εν απλοτητι καρδιας, φοβουμενοι τον κυριον· ο εαν ποιητε,

1 καρποφορουμενον
1:6 καθως και εν παντι τω κοσμω εστιν καρποφορουμενον και αυξανομενον καθως και εν

1 καρποφορουντες
1:10 πασαν αρεσκειαν, εν παντι εργω αγαθω καρποφορουντες και αυξανομενοι τη επιγνωσει του

3 κατ
3:10 νεον τον ανακαινουμενον εις επιγνωσιν κατ εικονα του κτισαντος αυτον, οπου ουκ ενι
4:7 δει υμας ενι εκαστω αποκρινεσθαι· τα κατ εμε παντα γνωρισει υμιν τυχικος ο αγαπητος
4:15 λαοδικεια αδελφους και νυμφαν και την κατ οικον αυτης εκκλησιαν· και οταν αναγνωσθη

10 κατα
3:22 ινα μη αθυμωσιν· οι δουλοι, υπακουετε κατα παντα τοις κατα σαρκα κυριοις, μη εν
3:20 τα τεκνα, υπακουετε τοις γονευσιν κατα παντα, τουτο γαρ ευαρεστον εστιν εν κυριω·
3:22 οι δουλοι, υπακουετε κατα παντα τοις κατα σαρκα κυριοις, μη εν οφθαλμοδουλια ως
2:22 α εστιν παντα εις φθοραν τη αποχρησει, κατα τα ενταλματα και διδασκαλιας των ανθρωπων;
2:8 κατα την παραδοσιν των ανθρωπων, κατα τα στοιχεια του κοσμου και ου κατα
1:29 χριστω· εις ο και κοπιω αγωνιζομενος κατα την ενεργειαν αυτου την ενεργουμενην εν
1:25 η εκκλησια, ης εγενομην εγω διακονος κατα την οικονομιαν του θεου την δοθεισαν μοι
2:8 δια της φιλοσοφιας και κενης απατης κατα την παραδοσιν των ανθρωπων, κατα τα
1:11 θεου, εν παση δυναμει δυναμουμενοι κατα το κρατος της δοξης αυτου εις πασαν
2:8 κατα τα στοιχεια του κοσμου και ου κατα χριστον· οτι εν αυτω κατοικει παν το

1 καταβραβευετω
2:18 το δε σωμα του χριστου· μηδεις υμας καταβραβευετω θελων εν ταπεινοφροσυνη και

1 καταγγελλομεν
1:28 εν υμιν, η ελπις της δοξης· ον ημεις καταγγελλομεν νουθετουντες παντα ανθρωπον και

1 κατενωπιον
1:22 αγιους και αμωμους και ανεγκλητους κατενωπιον αυτου, ει γε επιμενετε τη πιστει

1 κατοικει
2:9 και ου κατα χριστον· οτι εν αυτω κατοικει παν το πληρωμα της θεοτητος σωματικως,

1 κατοικησαι
1:19 οτι εν αυτω ευδοκησεν παν το πληρωμα κατοικησαι και δι αυτου αποκαταλλαξαι τα παντα

1 κεκρυπται
3:3 γης· απεθανετε γαρ, και η ζωη υμων κεκρυπται συν τω χριστω εν τω θεω· οταν ο

1 κενης
2:8 ο συλαγωγων δια της φιλοσοφιας και κενης απατης κατα την παραδοσιν των ανθρωπων,

2 κεφαλη
2:10 εστε εν αυτω πεπληρωμενοι, ος εστιν η κεφαλη πασης αρχης και εξουσιας, εν ω και
1:18 εν αυτω συνεστηκεν· και αυτος εστιν η κεφαλη του σωματος, της εκκλησιας· ος εστιν

1 κεφαλην
2:19 της σαρκος αυτου, και ου κρατων την κεφαλην, εξ ου παν το σωμα δια των αφων και

1 κηρυχθεντος
1:23 του ευαγγελιου ου ηκουσατε, του κηρυχθεντος εν παση κτισει τη υπο τον ουρανον,

1 κληρονομιας
3:24 κυριου απολημψεσθε την ανταποδοσιν της κληρονομιας· τω κυριω χριστω δουλευετε· ο γαρ

1 κληρου
1:12 τω ικανωσαντι υμας εις την μεριδα του κληρου των αγιων εν τω φωτι· ος ερρυσατο ημας

1 κολοσσαις
1:2 θεου και τιμοθεος ο αδελφος τοις εν κολοσσαις αγιοις και πιστοις αδελφοις εν

1 κομισεται
3:25 κυριω χριστω δουλευετε· ο γαρ αδικων κομισεται ο ηδικησεν, και ουκ εστιν

1 κοπιω
1:29 ανθρωπον τελειον εν χριστω· εις ο και κοπιω αγωνιζομενος κατα την ενεργειαν αυτου την

2 κοσμου
2:8 των ανθρωπων, κατα τα στοιχεια του κοσμου και ου κατα χριστον· οτι εν αυτω
2:20 συν χριστω απο των στοιχειων του κοσμου, τι ως ζωντες εν κοσμω δογματιζεσθε, μη

2 κοσμω
2:20 στοιχειων του κοσμου, τι ως ζωντες εν κοσμω δογματιζεσθε, μη αψη μηδε γευση μηδε
1:6 εις υμας, καθως και εν παντι τω κοσμω εστιν καρποφορουμενον και αυξανομενον

1 κρατος
1:11 εν παση δυναμει δυναμουμενοι κατα το κρατος της δοξης αυτου εις πασαν υπομονην και

1 κρατων
2:19 υπο του νοος της σαρκος αυτου, και ου κρατων την κεφαλην, εξ ου παν το σωμα δια των

1 κρινετω
2:16 αυτους εν αυτω· μη ουν τις υμας κρινετω εν βρωσει και εν ποσει η εν μερει

1 κτισαντος
3:10 εις επιγνωσιν κατ εικονα του κτισαντος αυτον, οπου ουκ ενι ελλην και

1 κτισει
1:23 ου ηκουσατε, του κηρυχθεντος εν παση κτισει τη υπο τον ουρανον, ου εγενομην εγω

1 κτισεως
1:15 του θεου του αορατου, πρωτοτοκος πασης κτισεως, οτι εν αυτω εκτισθη τα παντα εν τοις

1 κυριοι
4:1 και ουκ εστιν προσωπολημψια· οι κυριοι, το δικαιον και την ισοτητα τοις δουλοις

1 κυριοις
3:22 υπακουετε κατα παντα τοις κατα σαρκα κυριοις, μη εν οφθαλμοδουλια ως ανθρωπαρεσκοι,

3 κυριον
4:1 παρεχεσθε, ειδοτες οτι και υμεις εχετε κυριον εν ουρανω· τη προσευχη προσκαρτερειτε,
3:22 εν απλοτητι καρδιας, φοβουμενοι τον κυριον· ο εαν ποιητε, εκ ψυχης εργαζεσθε, ως
2:6 ουν παρελαβετε τον χριστον ιησουν τον κυριον, εν αυτω περιπατειτε, ερριζωμενοι και

1 κυριος
3:13 τις προς τινα εχη μομφην· καθως και ο κυριος εχαρισατο υμιν ουτως και υμεις· επι

1 κυριοτητες

1:16 ορατα και τα αορατα, ειτε θρονοι ειτε κυριοτητες ειτε αρχαι ειτε εξουσιαι· τα παντα

4 κυριου

3:24 και ουκ ανθρωποις, ειδοτες οτι απο κυριου απολημψεσθε την ανταποδοσιν της
1:10 πνευματικη, περιπατησαι αξιως του κυριου εις πασαν αρεσκειαν, εν παντι εργω αγαθω
1:3 ημων. ευχαριστουμεν τω θεω πατρι του κυριου ημων ιησου χριστου παντοτε περι υμων
3:17 εν λογω η εν εργω, παντα εν ονοματι κυριου ιησου, ευχαριστουντες τω θεω πατρι δι

6 κυριω

3:23 εαν ποιητε, εκ ψυχης εργαζεσθε, ως τω κυριω και ουκ ανθρωποις, ειδοτες οτι απο
3:24 την ανταποδοσιν της κληρονομιας. τω κυριω χριστω δουλευετε. ο γαρ αδικων κομισεται
3:18 τοις ανδρασιν, ως ανηκεν εν κυριω. οι ανδρες, αγαπατε τας γυναικας και μη
3:20 παντα, τουτο γαρ ευαρεστον εστιν εν κυριω. οι πατερες, μη ερεθιζετε τα τεκνα υμων,
4:7 και πιστος διακονος και συνδουλος εν κυριω, ον επεμψα προς υμας εις αυτο τουτο, ινα
4:17 βλεπε την διακονιαν ην παρελαβες εν κυριω, ινα αυτην πληροις. ο ασπασμος τη εμη

2 λαλησαι

4:3 ο θεος ανοιξη ημιν θυραν του λογου, λαλησαι το μυστηριον του χριστου, δι ο και
4:4 δεδεμαι, ινα φανερωσω αυτο ως δει με λαλησαι. εν σοφια περιπατειτε προς τους εξω,

3 λαοδικεια

4:15 αγαπητος και δημας. ασπασασθε τους εν λαοδικεια αδελφους και νυμφαν και την κατ οικον
2:1 ηλικον αγωνα εχω υπερ υμων και των εν λαοδικεια και οσοι ουχ εορακαν το προσωπον μου
4:13 εχει πολυν πονον υπερ υμων και των εν λαοδικεια και των εν ιεραπολει. ασπαζεται υμας

1 λαοδικειας

4:16 εκκλησια αναγνωσθη, και την εκ λαοδικειας ινα και υμεις αναγνωτε. και ειπατε

1 λαοδικεων

4:16 η επιστολη, ποιησατε ινα και εν τη λαοδικεων εκκλησια αναγνωσθη, και την εκ

1 λεγομενος

4:11 υμας, δεξασθε αυτον, και ιησους ο λεγομενος ιουστος, οι οντες εκ περιτομης ουτοι

1 λεγω

2:4 σοφιας και γνωσεως αποκρυφοι. τουτο λεγω ινα μηδεις υμας παραλογιζηται εν

2 λογον

2:23 διδασκαλιας των ανθρωπων; ατινα εστιν λογον μεν εχοντα σοφιας εν εθελοθρησκια και
1:25 την δοθεισαν μοι εις υμας πληρωσαι τον λογον του θεου, το μυστηριον το αποκεκρυμμενον

2 λογος

3:16 ενι σωματι. και ευχαριστοι γινεσθε. ο λογος του χριστου ενοικειτω εν υμιν πλουσιως,
4:6 εξω, τον καιρον εξαγοραζομενοι. ο λογος υμων παντοτε εν χαριτι, αλατι ηρτυμενος,

1 λογου

4:3 ημων, ινα ο θεος ανοιξη ημιν θυραν του λογου, λαλησαι το μυστηριον του χριστου, δι ο

2 λογω

3:17 τω θεω. και παν ο τι εαν ποιητε εν λογω η εν εργω, παντα εν ονοματι κυριου ιησου,
1:5 εν τοις ουρανοις, ην προηκουσατε εν τω λογω της αληθειας του ευαγγελιου του παροντος

1 λουκας

4:14 και των εν ιεραπολει. ασπαζεται υμας λουκας ο ιατρος ο αγαπητος και δημας.

2 μακροθυμιαν

3:12 χρηστοτητα, ταπεινοφροσυνην, πραυτητα, μακροθυμιαν, ανεχομενοι αλληλων και
1:11 της δοξης αυτου εις πασαν υπομονην και μακροθυμιαν, μετα χαρας ευχαριστουντες τω

1 μαρκος

4:10 αρισταρχος ο συναιχμαλωτος μου, και μαρκος ο ανεψιος βαρναβα, περι ου ελαβετε

1 μαρτυρω

4:13 εν παντι θεληματι του θεου. μαρτυρω γαρ αυτω οτι εχει πολυν πονον υπερ υμων

1 με

4:4 και δεδεμαι, ινα φανερωσω αυτο ως δει με λαλησαι. εν σοφια περιπατειτε προς τους

1 μεθ

4:18 μνημονευετε μου των δεσμων. η χαρις μεθ υμων.

1 μελη
3:5 εν δοξη. νεκρωσατε ουν τα μελη τα επι της γης. πορνειαν. ακαθαρσιαν.

1 μελλοντων
2:17 η σαββατων. α εστιν σκια των μελλοντων. το δε σωμα του χριστου. μηδεις υμας

1 μεν
2:23 των ανθρωπων; ατινα εστιν λογον μεν εχοντα σοφιας εν εθελοθρησκια και

1 μερει
2:16 κρινετω εν βρωσει και εν ποσει η εν μερει εορτης η νεομηνιας η σαββατων. α εστιν

1 μεριδα
1:12 τω πατρι τω ικανωσαντι υμας εις την μεριδα του κληρου των αγιων εν τω φωτι. ος

1 μεσου
2:14 υπεναντιον ημιν. και αυτο ηρκεν εκ του μεσου προσηλωσας αυτο τω σταυρω. απεκδυσαμενος

1 μετα
1:11 εις πασαν υπομονην και μακροθυμιαν. μετα χαρας ευχαριστουντες τω πατρι τω

1 μετακινουμενοι
1:23 τεθεμελιωμενοι και εδραιοι και μη μετακινουμενοι απο της ελπιδος του ευαγγελιου

1 μετεστησεν
1:13 ημας εκ της εξουσιας του σκοτους και μετεστησεν εις την βασιλειαν του υιου της

10 μη
3:21 μη ερεθιζετε τα τεκνα υμων. ινα μη αθυμωσιν. οι δουλοι. υπακουετε κατα παντα
2:21 τι ως ζωντες εν κοσμω δογματιζεσθε. μη αψη μηδε γευση μηδε θιγης. α εστιν παντα
3:22 κατα παντα τοις κατα σαρκα κυριοις. μη εν οφθαλμοδουλια ως ανθρωπαρεσκοι. αλλ εν
3:21 ευαρεστον εστιν εν κυριω. οι πατερες. μη ερεθιζετε τα τεκνα υμων. ινα μη αθυμωσιν.
1:23 πιστει τεθεμελιωμενοι και εδραιοι και μη μετακινουμενοι απο της ελπιδος του
2:16 παρρησια. θριαμβευσας αυτους εν αυτω. μη ουν τις υμας κρινετω εν βρωσει και εν ποσει
3:19 οι ανδρες. αγαπατε τας γυναικας και μη πικραινεσθε προς αυτας. τα τεκνα. υπακουετε
3:2 του θεου καθημενος. τα ανω φρονειτε. μη τα επι της γης. απεθανετε γαρ. και η ζωη
2:8 περισσευοντες εν ευχαριστια. βλεπετε μη τις υμας εσται ο συλαγωγων δια της
3:9 αισχρολογιαν εκ του στοματος υμων. μη ψευδεσθε εις αλληλους. απεκδυσαμενοι τον

1 μηδε
2:21 ζωντες εν κοσμω δογματιζεσθε. μη αψη μηδε γευση μηδε θιγης. α εστιν παντα εις

2 μηδεις
2:18 μελλοντων. το δε σωμα του χριστου. μηδεις υμας καταβραβευετω θελων εν
2:4 και γνωσεως αποκρυφοι. τουτο λεγω ινα μηδεις υμας παραλογιζηται εν πιθανολογια. ει

1 μνημονευετε
4:18 ο ασπασμος τη εμη χειρι παυλου. μνημονευετε μου των δεσμων. η χαρις μεθ υμων.

2 μοι
1:25 την οικονομιαν του θεου την δοθεισαν μοι εις υμας πληρωσαι τον λογον του θεου. το
4:11 βασιλειαν του θεου. οιτινες εγενηθησαν μοι παρηγορια. ασπαζεται υμας επαφρας ο εξ

1 μομφην
3:13 εαυτοις. εαν τις προς τινα εχη μομφην. καθως και ο κυριος εχαρισατο υμιν ουτως

1 μονοι
4:11 ιουστος. οι οντες εκ περιτομης ουτοι μονοι συνεργοι εις την βασιλειαν του θεου.

4 μου
2:1 και οσοι ουχ εορακαν το προσωπον μου εν σαρκι. ινα παρακληθωσιν αι καρδιαι
4:18 τη εμη χειρι παυλου. μνημονευετε μου των δεσμων. η χαρις μεθ υμων.
1:24 των θλιψεων του χριστου εν τη σαρκι μου υπερ του σωματος αυτου. ο εστιν η εκκλησια.
4:10 υμας αρισταρχος ο συναιχμαλωτος μου. και μαρκος ο ανεψιος βαρναβα. περι ου

2 μυστηριον
1:26 υμας πληρωσαι τον λογον του θεου. το μυστηριον το αποκεκρυμμενον απο των αιωνων και
4:3 ημιν θυραν του λογου. λαλησαι το μυστηριον του χριστου. δι ο και δεδεμαι. ινα

2 μυστηριου
2:2 της συνεσεως. εις επιγνωσιν του μυστηριου του θεου. χριστου. εν ω εισιν παντες
1:27 γνωρισαι τι το πλουτος της δοξης του μυστηριου τουτου εν τοις εθνεσιν. ο εστιν

1 νεκρους
2:13 εγειραντος αυτον εκ νεκρων. και υμας νεκρους οντας τοις παραπτωμασιν και τη

2 νεκρων
2:12 του θεου του εγειραντος αυτον εκ νεκρων. και υμας νεκρους οντας τοις
1:18 ος εστιν αρχη, πρωτοτοκος εκ των νεκρων, ινα γενηται εν πασιν αυτος πρωτευων,

1 νεκρωσατε
3:5 υμεις συν αυτω φανερωθησεσθε εν δοξη. νεκρωσατε ουν τα μελη τα επι της γης, πορνειαν,

1 νεομηνιας
2:16 και εν ποσει η εν μερει εορτης η νεομηνιας η σαββατων, α εστιν σκια των

1 νεον
3:10 πραξεσιν αυτου, και ενδυσαμενοι τον νεον τον ανακαινουμενον εις επιγνωσιν κατ

1 νοος
2:18 εμβατευων, εικη φυσιουμενος υπο του νοος της σαρκος αυτου, και ου κρατων την

2 νουθετουντες
3:16 εν παση σοφια διδασκοντες και νουθετουντες εαυτους, ψαλμοις, υμνοις, ωδαις
1:28 της δοξης. ον ημεις καταγγελλομεν νουθετουντες παντα ανθρωπον και διδασκοντες

1 νυμφαν
4:15 τους εν λαοδικεια αδελφους και νυμφαν και την κατ οικον αυτης εκκλησιαν. και

2 νυν
1:26 απο των αιωνων και απο των γενεων νυν δε εφανερωθη τοις αγιοις αυτου, οις
1:24 ου εγενομην εγω παυλος διακονος. νυν χαιρω εν τοις παθημασιν υπερ υμων, και

2 νυνι
3:8 ποτε, οτε εζητε εν τουτοις. νυνι δε αποθεσθε και υμεις τα παντα, οργην,
1:22 διανοια εν τοις εργοις τοις πονηροις, νυνι δε αποκατηλλαγητε εν τω σωματι της σαρκος

1 οικον
4:15 αδελφους και νυμφαν και την κατ οικον αυτης εκκλησιαν. και οταν αναγνωσθη παρ

1 οικονομιαν
1:25 ης εγενομην εγω διακονος κατα την οικονομιαν του θεου την δοθεισαν μοι εις υμας

1 οικτιρμου
3:12 θεου, αγιοι και ηγαπημενοι, σπλαγχνα οικτιρμου, χρηστοτητα, ταπεινοφροσυνην,

2 οις
1:27 δε εφανερωθη τοις αγιοις αυτου, οις ηθελησεν ο θεος γνωρισαι τι το πλουτος της
3:7 (επι τους υιους της απειθειας). εν οις και υμεις περιεπατησατε ποτε, οτε εζητε εν

1 οιτινες
4:11 συνεργοι εις την βασιλειαν του θεου, οιτινες εγενηθησαν μοι παρηγορια. ασπαζεται

2 ον
4:8 διακονος και συνδουλος εν κυριω, ον επεμψα προς υμας εις αυτο τουτο, ινα γνωτε
1:28 χριστος εν υμιν, η ελπις της δοξης. ον ημεις καταγγελλομεν νουθετουντες παντα

1 ονησιμω
4:9 και παρακαλεση τας καρδιας υμων, συν ονησιμω τω πιστω και αγαπητω αδελφω, ος εστιν

1 ονοματι
3:17 εαν ποιητε εν λογω η εν εργω, παντα εν ονοματι κυριου ιησου, ευχαριστουντες τω θεω

2 οντας
1:21 τα εν τοις ουρανοις. και υμας ποτε οντας απηλλοτριωμενους και εχθρους τη διανοια
2:13 αυτον εκ νεκρων. και υμας νεκρους οντας τοις παραπτωμασιν και τη ακροβυστια της

1 οντες
4:11 και ιησους ο λεγομενος ιουστος, οι οντες εκ περιτομης ουτοι μονοι συνεργοι εις την

1 οπου
3:11 κατ εικονα του κτισαντος αυτον, οπου ουκ ενι ελλην και ιουδαιος, περιτομη και

1 ορατα
1:16 εν τοις ουρανοις και επι της γης, τα ορατα και τα αορατα, ειτε θρονοι ειτε

1 οργη
3:6 εστιν ειδωλολατρια, δι α ερχεται η οργη του θεου (επι τους υιους της απειθειας).

1 οργην
3:8 νυνι δε αποθεσθε και υμεις τα παντα, οργην, θυμον, κακιαν, βλασφημιαν, αισχρολογιαν

1 οσοι
2:1 εχω υπερ υμων και των εν λαοδικεια και οσοι ουχ εορακαν το προσωπον μου εν σαρκι, ινα

6 ος
1:13 του κληρου των αγιων εν τω φωτι. ος ερρυσατο ημας εκ της εξουσιας του σκοτους
1:18 η κεφαλη του σωματος, της εκκλησιας. ος εστιν αρχη, πρωτοτοκος εκ των νεκρων, ινα
1:15 απολυτρωσιν, την αφεσιν των αμαρτιων. ος εστιν εικων του θεου του αορατου, πρωτοτοκος
4:9 ονησιμω τω πιστω και αγαπητω αδελφω, ος εστιν εξ υμων. παντα υμιν γνωρισουσιν τα
2:10 και εστε εν αυτω πεπληρωμενοι, ος εστιν η κεφαλη πασης αρχης και εξουσιας, εν
1:7 επαφρα του αγαπητου συνδουλου ημων, ος εστιν πιστος υπερ υμων διακονος του χριστου,

2 οταν
4:16 την κατ οικον αυτης εκκλησιαν. και οταν αναγνωσθη παρ υμιν η επιστολη, ποιησατε
3:4 κεκρυπται συν τω χριστω εν τω θεω. οταν ο χριστος φανερωθη, η ζωη ημων, τοτε και

1 οτε
3:7 εν οις και υμεις περιεπατησατε ποτε, οτε εζητε εν τουτοις. νυνι δε αποθεσθε και

5 οτι
3:24 τω κυριω και ουκ ανθρωποις, ειδοτες οτι απο κυριου απολημψεσθε την ανταποδοσιν της
1:16 αορατου, πρωτοτοκος πασης κτισεως, οτι εν αυτω εκτισθη τα παντα εν τοις ουρανοις
1:19 ινα γενηται εν πασιν αυτος πρωτευων, οτι εν αυτω ευδοκησεν παν το πληρωμα κατοικησαι
2:9 του κοσμου και ου κατα χριστον. οτι εν αυτω κατοικει παν το πληρωμα της
4:1 τοις δουλοις παρεχεσθε, ειδοτες οτι και υμεις εχετε κυριον εν ουρανω. τη

8 ου
1:23 εν παση κτισει τη υπο τον ουρανον, ου εγενομην εγω παυλος διακονος. νυν χαιρω εν
4:10 και μαρκος ο ανεψιος βαρναβα, περι ου ελαβετε εντολας, εαν ελθη προς υμας, δεξασθε
1:23 απο της ελπιδος του ευαγγελιου ου ηκουσατε, του κηρυχθεντος εν παση κτισει τη
2:8 κατα τα στοιχεια του κοσμου και ου κατα χριστον. οτι εν αυτω κατοικει παν το
2:19 υπο του νοος της σαρκος αυτου, και ου κρατων την κεφαλην, εξ ου παν το σωμα δια
3:1 συνηγερθητε τω χριστω, τα ανω ζητειτε, ου ο χριστος εστιν εν δεξια του θεου καθημενος.
2:19 αυτου, και ου κρατων την κεφαλην, εξ ου παν το σωμα δια των αφων και συνδεσμων
1:9 και ημεις, αφ ης ημερας ηκουσαμεν, ου παυομεθα υπερ υμων προσευχομενοι και

4 ουκ
3:23 εκ ψυχης εργαζεσθε, ως τω κυριω και ουκ ανθρωποις, ειδοτες οτι απο κυριου
2:23 ταπεινοφροσυνη και αφειδια σωματος, ουκ εν τιμη τινι προς πλησμονην της σαρκος.
3:11 κατ εικονα του κτισαντος αυτον, οπου ουκ ενι ελλην και ιουδαιος, περιτομη και
3:25 ο γαρ αδικων κομισεται ο ηδικησεν, και ουκ εστιν προσωπολημψια. οι κυριοι, το

5 ουν
2:6 της εις χριστον πιστεως υμων. ως ουν παρελαβετε τον χριστον ιησουν τον κυριον,
3:1 τινι προς πλησμονην της σαρκος. ει ουν συνηγερθητε τω χριστω, τα ανω ζητειτε, ου ο
3:5 αυτω φανερωθησεσθε εν δοξη. νεκρωσατε ουν τα μελη τα επι της γης, πορνειαν,
2:16 θριαμβευσας αυτους εν αυτω. μη ουν τις υμας κρινετω εν βρωσει και εν ποσει η
3:12 παντα και εν πασιν χριστος. ενδυσασθε ουν ως εκλεκτοι του θεου, αγιοι και ηγαπημενοι,

3 ουρανοις
1:16 οτι εν αυτω εκτισθη τα παντα εν τοις ουρανοις και επι της γης, τα ορατα και τα
1:20 ειτε τα επι της γης ειτε τα εν τοις ουρανοις. και υμας ποτε οντας απηλλοτριωμενους
1:5 ελπιδα την αποκειμενην υμιν εν τοις ουρανοις, ην προηκουσατε εν τω λογω της

1 ουρανον
1:23 κηρυχθεντος εν παση κτισει τη υπο τον ουρανον, ου εγενομην εγω παυλος διακονος. νυν

1 ουρανω
4:1 ειδοτες οτι και υμεις εχετε κυριον εν ουρανω. τη προσευχη προσκαρτερειτε,

1 ουτοι
4:11 ιουστος, οι οντες εκ περιτομης ουτοι μονοι συνεργοι εις την βασιλειαν του

1 ουτως
3:13 καθως και ο κυριος εχαρισατο υμιν ουτως και υμεις· επι πασιν δε τουτοις την

1 ουχ
2:1 υμων και των εν λαοδικεια και οσοι ουχ εορακαν το προσωπον μου εν σαρκι, ινα

1 οφθαλμοδουλια
3:22 παντα τοις κατα σαρκα κυριοις, μη εν οφθαλμοδουλια ως ανθρωπαρεσκοι, αλλ εν απλοτητι

1 παθημασιν
1:24 παυλος διακονος· νυν χαιρω εν τοις παθημασιν υπερ υμων, και ανταναπληρω τα

1 παθος
3:5 τα επι της γης, πορνειαν, ακαθαρσιαν, παθος, επιθυμιαν κακην, και την πλεονεξιαν ητις

1 παλαιον
3:9 εις αλληλους, απεκδυσαμενοι τον παλαιον ανθρωπον συν ταις πραξεσιν αυτου, και

5 παν
3:17 εν ταις καρδιαις υμων τω θεω· και παν ο τι εαν ποιητε εν λογω η εν εργω, παντα εν
2:2 αυτων, συνβιβασθεντες εν αγαπη και εις παν πλουτος της πληροφοριας της συνεσεως, εις
1:19 αυτος πρωτευων, οτι εν αυτω ευδοκησεν παν το πληρωμα κατοικησαι και δι αυτου
2:9 ου κατα χριστον· οτι εν αυτω κατοικει παν το πληρωμα της θεοτητος σωματικως, και
2:19 και ου κρατων την κεφαλην, εξ ου παν το σωμα δια των αφων και συνδεσμων

16 παντα
1:28 παντα ανθρωπον και διδασκοντες παντα ανθρωπον εν παση σοφια, ινα παραστησωμεν
1:28 ον ημεις καταγγελλομεν νουθετουντες παντα ανθρωπον και διδασκοντες παντα ανθρωπον
1:28 εν παση σοφια, ινα παραστησωμεν παντα ανθρωπον τελειον εν χριστω· εις ο και
4:7 ενι εκαστω αποκρινεσθαι· τα κατ εμε παντα γνωρισει υμιν τυχικος ο αγαπητος αδελφος
1:16 ειτε αρχαι ειτε εξουσιαι· τα παντα δι αυτου και εις αυτον εκτισται, και
1:20 και δι αυτου αποκαταλλαξαι τα παντα εις αυτον, ειρηνοποιησας δια του αιματος
2:22 μη αψη μηδε γευση μηδε θιγης, α εστιν παντα εις φθοραν τη αποχρησει, κατα τα
1:17 και αυτος εστιν προ παντων και τα παντα εν αυτω συνεστηκεν· και αυτος εστιν η
3:17 παν ο τι εαν ποιητε εν λογω η εν εργω, παντα εν ονοματι κυριου ιησου, ευχαριστουντες
1:16 πασης κτισεως, οτι εν αυτω εκτισθη τα παντα εν τοις ουρανοις και επι της γης, τα
3:11 σκυθης, δουλος, ελευθερος, αλλα (τα) παντα και εν πασιν χριστος· ενδυσασθε ουν ως
2:13 υμας συν αυτω, χαρισαμενος ημιν παντα τα παραπτωματα, εξαλειψας το καθ ημων
3:22 αθυμωσιν. οι δουλοι, υπακουετε κατα παντα τοις κατα σαρκα κυριοις, μη εν
4:9 και αγαπητω αδελφω, ος εστιν εξ υμων· παντα υμιν γνωρισουσιν τα ωδε· ασπαζεται υμας
3:8 νυνι δε αποθεσθε και υμεις τα παντα, οργην, θυμον, κακιαν, βλασφημιαν,
3:20 τα τεκνα, υπακουετε τοις γονευσιν κατα παντα, τουτο γαρ ευαρεστον εστιν εν κυριω· οι

1 παντας
1:4 ιησου και την αγαπην ην εχετε εις παντας τους αγιους δια την ελπιδα την

1 παντες
2:3 του θεου, χριστου, εν ω εισιν παντες οι θησαυροι της σοφιας και γνωσεως

3 παντι
1:10 του κυριου εις πασαν αρεσκειαν, εν παντι εργω αγαθω καρποφορουντες και αυξανομενοι
4:12 τελειοι και πεπληροφορημενοι εν παντι θεληματι του θεου· μαρτυρω γαρ αυτω οτι
1:6 του παροντος εις υμας, καθως και εν παντι τω κοσμω εστιν καρποφορουμενον και

3 παντοτε
4:12 ο εξ υμων, δουλος χριστου (ιησου), παντοτε αγωνιζομενος υπερ υμων εν ταις
4:6 καιρον εξαγοραζομενοι· ο λογος υμων παντοτε εν χαριτι, αλατι ηρτυμενος, ειδεναι πως
1:3 πατρι του κυριου ημων ιησου χριστου παντοτε περι υμων προσευχομενοι, ακουσαντες

1 παντων
1:17 αυτον εκτισται, και αυτος εστιν προ παντων και τα παντα εν αυτω συνεστηκεν· και

1 παρ
4:16 αυτης εκκλησιαν· και οταν αναγνωσθη παρ υμιν η επιστολη, ποιησατε ινα και εν τη

1 παραδοσιν
2:8 φιλοσοφιας και κενης απατης κατα την παραδοσιν των ανθρωπων, κατα τα στοιχεια του

1 παρακαλεση
4:8 αυτο τουτο, ινα γνωτε τα περι ημων και παρακαλεση τας καρδιας υμων, συν ονησιμω τω

1 παρακληθωσιν

2:2 εορακαν το προσωπον μου εν σαρκι, ινα παρακληθωσιν αι καρδιαι αυτων, συνβιβασθεντες

1 παραλογιζηται

2:4 αποκρυφοι. τουτο λεγω ινα μηδεις υμας παραλογιζηται εν πιθανολογια. ει γαρ και τη

1 παραπτωμασιν

2:13 νεκρων. και υμας νεκρους οντας τοις παραπτωμασιν και τη ακροβυστια της σαρκος υμων,

1 παραπτωματα

2:13 συν αυτω, χαρισαμενος ημιν παντα τα παραπτωματα, εξαλειψας το καθ ημων χειρογραφον

1 παραστησαι

1:22 της σαρκος αυτου δια του θανατου, παραστησαι υμας αγιους και αμωμους και

1 παραστησωμεν

1:28 παντα ανθρωπον εν παση σοφια, ινα παραστησωμεν παντα ανθρωπον τελειον εν χριστω.

1 παρελαβες

4:17 ειπατε αρχιππω, βλεπε την διακονιαν ην παρελαβες εν κυριω, ινα αυτην πληροις. ο

1 παρελαβετε

2:6 της εις χριστον πιστεως υμων. ως ουν παρελαβετε τον χριστον ιησουν τον κυριον, εν

1 παρεχεσθε

4:1 δικαιον και την ισοτητα τοις δουλοις παρεχεσθε, ειδοτες οτι και υμεις εχετε κυριον

1 παρηγορια

4:11 του θεου, οιτινες εγενηθησαν μοι παρηγορια. ασπαζεται υμας επαφρας ο εξ υμων,

1 παροντος

1:6 λογω της αληθειας του ευαγγελιου του παροντος εις υμας, καθως και εν παντι τω κοσμω

1 παρρησια

2:15 αρχας και τας εξουσιας εδειγματισεν εν παρρησια, θριαμβευσας αυτους εν αυτω. μη ουν

2 πασαν

1:10 περιπατησαι αξιως του κυριου εις πασαν αρεσκειαν, εν παντι εργω αγαθω
1:11 κατα το κρατος της δοξης αυτου εις πασαν υπομονην και μακροθυμιαν, μετα χαρας

5 παση

1:11 αυξανομενοι τη επιγνωσει του θεου, εν παση δυναμει δυναμουμενοι κατα το κρατος της
1:23 ου ηκουσατε, του κηρυχθεντος εν παση κτισει τη υπο τον ουρανον, ου εγενομην εγω
3:16 χριστου ενοικειτω εν υμιν πλουσιως, εν παση σοφια διδασκοντες και νουθετουντες
1:9 την επιγνωσιν του θεληματος αυτου εν παση σοφια και συνεσει πνευματικη, περιπατησαι
1:28 και διδασκοντες παντα ανθρωπον εν παση σοφια, ινα παραστησωμεν παντα ανθρωπον

2 πασης

2:10 αυτω πεπληρωμενοι, ος εστιν η κεφαλη πασης αρχης και εξουσιας. εν ω και
1:15 εικων του θεου του αορατου, πρωτοτοκος πασης κτισεως, οτι εν αυτω εκτισθη τα παντα εν

3 πασιν

1:18 εκ των νεκρων, ινα γενηται εν πασιν αυτος πρωτευων, οτι εν αυτω ευδοκησεν
3:14 εχαρισατο υμιν ουτως και υμεις. επι πασιν δε τουτοις την αγαπην, ο εστιν συνδεσμος
3:11 ελευθερος, αλλα (τα) παντα και εν πασιν χριστος. ενδυσασθε ουν ως εκλεκτοι του

1 πατερες

3:21 γαρ ευαρεστον εστιν εν κυριω. οι πατερες, μη ερεθιζετε τα τεκνα υμων, ινα μη

3 πατρι

3:17 κυριου ιησου, ευχαριστουντες τω θεω πατρι δι αυτου. αι γυναικες, υποτασσεσθε τοις
1:3 πατρος ημων. ευχαριστουμεν τω θεω πατρι του κυριου ημων ιησου χριστου παντοτε
1:12 μετα χαρας ευχαριστουντες τω πατρι τω ικανωσαντι υμας εις την μεριδα του

1 πατρος

1:2 χριστω. χαρις υμιν και ειρηνη απο θεου πατρος ημων. ευχαριστουμεν τω θεω πατρι του

2 παυλος

1:1 κα παυλος αποστολος χριστου ιησου δια θεληματος
1:23 τη υπο τον ουρανον, ου εγενομην εγω παυλος διακονος. νυν χαιρω εν τοις παθημασιν

1 παυλου
4:18 πληροις· ο ασπασμος τη εμη χειρι παυλου· μνημονευετε μου των δεσμων· η χαρις μεθ

1 παυομεθα
1:9 και ημεις, αφ ης ημερας ηκουσαμεν, ου παυομεθα υπερ υμων προσευχομενοι και αιτουμενοι

1 πεπληροφορημενο
4:12 προσευχαις, ινα σταθητε τελειοι και πεπληροφορημενοι εν παντι θεληματι του θεου·

1 πεπληρωμενοι
2:10 θεοτητος σωματικως, και εστε εν αυτω πεπληρωμενοι, ος εστιν η κεφαλη πασης αρχης και

4 περι
4:8 προς υμας εις αυτο τουτο, ινα γνωτε τα περι ημων και παρακαλεση τας καρδιας υμων, συν
4:3 εν ευχαριστια, προσευχομενοι αμα και περι ημων, ινα ο θεος ανοιξη ημιν θυραν του
4:10 μου, και μαρκος ο ανεψιος βαρναβα, περι ου ελαβετε εντολας, εαν ελθη προς υμας,
1:3 του κυριου ημων ιησου χριστου παντοτε περι υμων προσευχομενοι, ακουσαντες την πιστιν

1 περιεπατησατε
3:7 της απειθειας). εν οις και υμεις περιεπατησατε ποτε, οτε εζητε εν τουτοις· νυνι

1 περιετμηθητε
2:11 τασης αρχης και εξουσιας, εν ω και περιετμηθητε περιτομη αχειροποιητω εν τη

2 περιπατειτε
4:5 αυτο ως δει με λαλησαι· εν σοφια περιπατειτε προς τους εξω, τον καιρον
2:6 τον χριστον ιησουν τον κυριον, εν αυτω περιπατειτε, ερριζωμενοι και εποικοδομουμενοι

1 περιπατησαι
1:10 εν παση σοφια και συνεσει πνευματικη, περιπατησαι αξιως του κυριου εις πασαν

1 περισσευοντες
2:7 (εν) τη πιστει καθως εδιδαχθητε, περισσευοντες εν ευχαριστια· βλεπετε μη τις

3 περιτομη
2:11 και εξουσιας, εν ω και περιετμηθητε περιτομη αχειροποιητω εν τη απεκδυσει του
3:11 οπου ουκ ενι ελλην και ιουδαιος, περιτομη και ακροβυστια, βαρβαρος, σκυθης,
2:11 του σωματος της σαρκος, εν τη περιτομη του χριστου, συνταφεντες αυτω εν τω

1 περιτομης
4:11 ο λεγομενος ιουστος, οι οντες εκ περιτομης ουτοι μονοι συνεργοι εις την

1 πιθανολογια
2:4 λεγω ινα μηδεις υμας παραλογιζηται εν πιθανολογια· ει γαρ και τη σαρκι απειμι, αλλα

1 πικραινεσθε
3:19 οι ανδρες, αγαπατε τας γυναικας και μη πικραινεσθε προς αυτας· τα τεκνα, υπακουετε

2 πιστει
2:7 εν αυτω και βεβαιουμενοι (εν) τη πιστει καθως εδιδαχθητε, περισσευοντες εν
1:23 κατενωπιον αυτου, ει γε επιμενετε τη πιστει τεθεμελιωμενοι και εδραιοι και μη

2 πιστεως
2:12 βαπτισμω, εν ω και συνηγερθητε δια της πιστεως της ενεργειας του θεου του εγειραντος
2:5 ταξιν και το στερεωμα της εις χριστον πιστεως υμων· ως ουν παρελαβετε τον χριστον

1 πιστιν
1:4 υμων προσευχομενοι, ακουσαντες την πιστιν υμων εν χριστω ιησου και την αγαπην ην

1 πιστοις
1:2 αδελφος τοις εν κολοσσαις αγιοις και πιστοις αδελφοις εν χριστω· χαρις υμιν και

2 πιστος
4:7 υμιν τυχικος ο αγατητος αδελφος και πιστος διακονος και συνδουλος εν κυριω, ον
1:7 του αγαπητου συνδουλου ημων, ος εστιν πιστος υπερ υμων διακονος του χριστου, ο και

1 πιστω
4:9 τας καρδιας υμων, συν ονησιμω τω πιστω και αγαπητω αδελφω, ος εστιν εξ υμων·

1 πλεονεξιαν
3:5 ταθος, επιθυμιαν κακην, και την πλεονεξιαν ητις εστιν ειδωλολατρια, δι α

1 πληροις
4:17 ην παρελαβες εν κυριω, ινα αυτην πληροις. ο ασπασμος τη εμη χειρι παυλου.

1 πληροφοριας
2:2 εν αγαπη και εις παν πλουτος της πληροφοριας της συνεσεως, εις επιγνωσιν του

1 πληρωθητε
1:9 υμων προσευχομενοι και αιτουμενοι ινα πληρωθητε την επιγνωσιν του θεληματος αυτου εν

2 πληρωμα
1:19 οτι εν αυτω ευδοκησεν παν το πληρωμα κατοικησαι και δι αυτου αποκαταλλαξαι
2:9 χριστον. οτι εν αυτω κατοικει παν το πληρωμα της θεοτητος σωματικως, και εστε εν

1 πληρωσαι
1:25 του θεου την δοθεισαν μοι εις υμας πληρωσαι τον λογον του θεου, το μυστηριον το

1 πλησμονην
2:23 αφειδια σωματος, ουκ εν τιμη τινι προς πλησμονην της σαρκος. ει ουν συνηγερθητε τω

1 πλουσιως
3:16 ο λογος του χριστου ενοικειτω εν υμιν πλουσιως, εν παση σοφια διδασκοντες και

2 πλουτος
1:27 οις ηθελησεν ο θεος γνωρισαι τι το πλουτος της δοξης του μυστηριου τουτου εν τοις
2:2 συνβιβασθεντες εν αγαπη και εις παν πλουτος της πληροφοριας της συνεσεως, εις

2 πνευματι
2:5 ει γαρ και τη σαρκι απειμι, αλλα τω πνευματι συν υμιν ειμι, χαιρων και βλεπων υμων
1:8 ο και δηλωσας ημιν την υμων αγαπην εν πνευματι. δια τουτο και ημεις, αφ ης ημερας

1 πνευματικαις
3:16 εαυτους, ψαλμοις, υμνοις, ωδαις πνευματικαις εν χαριτι αδοντες εν ταις καρδιαις

1 πνευματικη
1:9 αυτου εν παση σοφια και συνεσει πνευματικη, περιπατησαι αξιως του κυριου εις

1 ποιησατε
4:16 οταν αναγνωσθη παρ υμιν η επιστολη, ποιησατε ινα και εν τη λαοδικεων εκκλησια

2 ποιητε
3:17 υμων τω θεω. και παν ο τι εαν ποιητε εν λογω η εν εργω, παντα εν ονοματι
3:23 καρδιας, φοβουμενοι τον κυριον. ο εαν ποιητε, εκ ψυχης εργαζεσθε, ως τω κυριω και ουκ

1 πολυν
4:13 του θεου. μαρτυρω γαρ αυτω τι εχει πολυν πονον υπερ υμων και των εν λαοδικεια και

1 πονηροις
1:21 εχθρους τη διανοια εν τοις εργοις τοις πονηροις, νυνι δε αποκατηλλαγητε εν τω σωματι

1 πονον
4:13 θεου. μαρτυρω γαρ αυτω τι εχει πολυν πονον υπερ υμων και των εν λαοδικεια και των εν

1 πορνειαν
3:5 νεκρωσατε ουν τα μελη τα επι της γης, πορνειαν, ακαθαρσιαν, παθος, επιθυμιαν κακην,

1 ποσει
2:16 ουν τις υμας κρινετω εν βρωσει και εν ποσει η εν μερει εορτης η νεομηνιας η σαββατων,

2 ποτε
1:21 ειτε τα εν τοις ουρανοις. και υμας ποτε οντας απηλλοτριωμενους και εχθρους τη
3:7 εν οις και υμεις περιεπατησατε ποτε, οτε εζητε εν τουτοις. νυνι δε αποθεσθε

1 πραξεσιν
3:9 τον παλαιον ανθρωπον συν ταις πραξεσιν αυτου, και ενδυσαμενοι τον νεον τον

1 πραυτητα
3:12 χρηστοτητα, ταπεινοφροσυνην, πραυτητα, μακροθυμιαν, ανεχομενοι αλληλων και

1 προ
1:17 εις αυτον εκτισται, και αυτος εστιν προ παντων και τα παντα εν αυτω συνεστηκεν.

1 προηκουσατε
1:5 αποκειμενην υμιν εν τοις ουρανοις, ην προηκουσατε εν τω λογω της αληθειας του

1 προσευχαις
4:12 παντοτε αγωνιζομενος υπερ υμων εν ταις προσευχαις, ινα σταθητε τελειοι και

1 προσευχη
4:2 και υμεις εχετε κυριον εν ουρανω. τη προσευχη προσκαρτερειτε, γρηγορουντες εν αυτη

3 προσευχομενοι
4:3 γρηγορουντες εν αυτη εν ευχαριστια, προσευχομενοι αμα και περι ημων, ινα ο θεος
1:9 ηκουσαμεν, ου παυομεθα υπερ υμων προσευχομενοι και αιτουμενοι ινα πληρωθητε την
1:3 ημων ιησου χριστου παντοτε περι υμων προσευχομενοι, ακουσαντες την πιστιν υμων εν

1 προσηλωσας
2:14 ημιν, και αυτο ηρκεν εκ του μεσου προσηλωσας αυτο τω σταυρω. απεκδυσαμενος τας

1 προσκαρτερειτε
4:2 εχετε κυριον εν ουρανω. τη προσευχη προσκαρτερειτε, γρηγορουντες εν αυτη εν

1 προσωποληψια
3:25 κομισεται ο ηδικησεν, και ουκ εστιν προσωποληψια. οι κυριοι, το δικαιον και την

1 προσωπον
2:1 εν λαοδικεια και οσοι ουχ εορακαν το προσωπον μου εν σαρκι, ινα παρακληθωσιν αι

6 προς
3:19 τας γυναικας και μη πικραινεσθε προς αυτας. τα τεκνα, υπακουετε τοις γονευσιν
2:23 και αφειδια σωματος, ουκ εν τιμη τινι προς πλησμονην της σαρκος. ει ουν συνηγερθητε
3:13 και χαριζομενοι εαυτοις, εαν τις προς τινα εχη μομφην. καθως και ο κυριος
4:5 δει με λαλησαι. εν σοφια περιπατειτε προς τους εξω, τον καιρον εξαγοραζομενοι. ο
4:8 και συνδουλος εν κυριω, ον επεμψα προς υμας εις αυτο τουτο, ινα γνωτε τα περι
4:10 περι ου ελαβετε εντολας, εαν ελθη προς υμας, δεξασθε αυτον, και ιησους ο

1 πρωτευων
1:18 των νεκρων, ινα γενηται εν πασιν αυτος πρωτευων, οτι εν αυτω ευδοκησεν παν το πληρωμα

2 πρωτοτοκος
1:18 σωματος, της εκκλησιας. ος εστιν αρχη, πρωτοτοκος εκ των νεκρων, ινα γενηται εν πασιν
1:15 ος εστιν εικων του θεου του αορατου, πρωτοτοκος πασης κτισεως, οτι εν αυτω εκτισθη

1 πως
4:6 εν χαριτι, αλατι ηρτυμενος, ειδεναι πως δει υμας ενι εκαστω αποκρινεσθαι. τα κατ

1 σαββατων
2:16 ποσει η εν μερει εορτης η νεομηνιας η σαββατων, α εστιν σκια των μελλοντων, το δε

1 σαρκα
3:22 δουλοι, υπακουετε κατα παντα τοις κατα σαρκα κυριοις, μη εν οφθαλμοδουλια ως

3 σαρκι
2:5 εν πιθανολογια. ει γαρ και τη σαρκι απειμι, αλλα τω πνευματι συν υμιν ειμι,
1:24 των θλιψεων του χριστου εν τη σαρκι μου υπερ του σωματος αυτου, ο εστιν η
2:1 οσοι ουχ εορακαν το προσωπον μου εν σαρκι, ινα παρακληθωσιν αι καρδιαι αυτων,

5 σαρκος
1:22 δε αποκατηλλαγητε εν τω σωματι της σαρκος αυτου δια του θανατου, παραστησαι υμας
2:18 εικη φυσιουμενος υπο του νοος της σαρκος αυτου, και ου κρατων την κεφαλην, εξ ου
2:13 παραπτωμασιν και τη ακροβυστια της σαρκος υμων, συνεζωοποιησεν υμας συν αυτω,
2:23 ουκ εν τιμη τινι προς πλησμονην της σαρκος. ει ουν συνηγερθητε τω χριστω, τα ανω
2:11 εν τη απεκδυσει του σωματος της σαρκος, εν τη περιτομη του χριστου,

1 σκια
2:17 η νεομηνιας η σαββατων, α εστιν σκια των μελλοντων, το δε σωμα του χριστου.

1 σκοτους
1:13 ος ερρυσατο ημας εκ της εξουσιας του σκοτους και μετεστησεν εις την βασιλειαν του

1 σκυθης
3:11 περιτομη και ακροβυστια, βαρβαρος, σκυθης, δουλος, ελευθερος, αλλα (τα) παντα και

4 σοφια
3:16 ενοικειτω εν υμιν πλουσιως, εν παση σοφια διδασκοντες και νουθετουντες εαυτους,
1:9 επιγνωσιν του θεληματος αυτου εν παση σοφια και συνεσει πνευματικη, περιπατησαι
4:5 φανερωσω αυτο ως δει με λαλησαι. εν σοφια περιπατειτε προς τους εξω, τον καιρον
1:28 και διδασκοντες παντα ανθρωπον εν παση σοφια, ινα παραστησωμεν παντα ανθρωπον τελειον

2 σοφιας
2:23 ατινα εστιν λογον μεν εχοντα σοφιας εν εθελοθρησκια και ταπεινοφροσυνη και
2:3 εν ω εισιν παντες οι θησαυροι της σοφιας και γνωσεως αποκρυφοι. τουτο λεγω ινα

1 σπλαγχνα
3:12 του θεου, αγιοι και ηγαπημενοι, σπλαγχνα οικτιρμου, χρηστοτητα,

1 σταθητε
4:12 υπερ υμων εν ταις προσευχαις, ινα σταθητε τελειοι και πεπληροφορημενοι εν παντι

1 σταυρου
1:20 ειρηνοποιησας δια του αιματος του σταυρου αυτου, (δι αυτου) ειτε τα επι της γης

1 σταυρω
2:14 ηρκεν εκ του μεσου προσηλωσας αυτο τω σταυρω. απεκδυσαμενος τας αρχας και τας

1 στερεωμα
2:5 και βλεπων υμων την ταξιν και το στερεωμα της εις χριστον πιστεως υμων. ως ουν

1 στοιχεια
2:8 την παραδοσιν των ανθρωπων, κατα τα στοιχεια του κοσμου και ου κατα χριστον. οτι

1 στοιχειων
2:20 θεου. ει απεθανετε συν χριστω απο των στοιχειων του κοσμου, τι ως ζωντες εν κοσμω

1 στοματος
3:8 βλασφημιαν, αισχρολογιαν εκ του στοματος υμων. μη ψευδεσθε εις αλληλους,

1 συλαγωγων
2:8 βλεπετε μη τις υμας εσται ο συλαγωγων δια της φιλοσοφιας και κενης απατης

7 συν
3:4 φανερωθη, η ζωη ημων, τοτε και υμεις συν αυτω φανερωθησεσθε εν δοξη. νεκρωσατε ουν
2:13 της σαρκος υμων, συνεζωοποιησεν υμας συν αυτω, χαρισαμενος ημιν παντα τα
4:9 ημων και παρακαλεση τας καρδιας υμων, συν ονησιμω τω πιστω και αγαπητω αδελφω, ος
3:9 απεκδυσαμενοι τον παλαιον ανθρωπον συν ταις πραξεσιν αυτου, και ενδυσαμενοι τον
3:3 γαρ, και η ζωη υμων κεκρυπται συν τω χριστω εν τω θεω. οταν ο χριστος
2:5 και τη σαρκι απειμι, αλλα τω πνευματι συν υμιν ειμι, χαιρων και βλεπων υμων την ταξιν
2:20 την αυξησιν του θεου. ει απεθανετε συν χριστω απο των στοιχειων του κοσμου, τι ως

1 συναιχμαλωτος
4:10 τα ωδε. ασπαζεται υμας αρισταρχος ο συναιχμαλωτος μου, και μαρκος ο ανεψιος

1 συνβιβαζομενον
2:19 αφων και συνδεσμων επιχορηγουμενον και συνβιβαζομενον αυξει την αυξησιν του θεου. ει

1 συνβιβασθεντες
2:2 ινα παρακληθωσιν αι καρδιαι αυτων, συνβιβασθεντες εν αγαπη και εις παν πλουτος της

1 συνδεσμος
3:14 πασιν δε τουτοις την αγαπην, ο εστιν συνδεσμος της τελειοτητος. και η ειρηνη του

1 συνδεσμων
2:19 εξ ου παν το σωμα δια των αφων και συνδεσμων επιχορηγουμενον και συνβιβαζομενον

1 συνδουλος
4:7 αδελφος και πιστος διακονος και συνδουλος εν κυριω, ον επεμψα προς υμας εις

1 συνδουλου
1:7 καθως εμαθετε απο επαφρα του αγαπητου συνδουλου ημων, ος εστιν πιστος υπερ υμων

1 συνεζωοποιησεν
2:13 και τη ακροβυστια της σαρκος υμων, συνεζωοποιησεν υμας συν αυτω, χαρισαμενος ημιν

1 συνεργοι
4:11 οι οντες εκ περιτομης ουτοι μονοι συνεργοι εις την βασιλειαν του θεου. οιτινες

1 συνεσει
1:9 του θεληματος αυτου εν παση σοφια και συνεσει πνευματικη. περιπατησαι αξιως του

1 συνεσεως
2:2 εις παν πλουτος της πληροφοριας της συνεσεως. εις επιγνωσιν του μυστηριου του θεου.

1 συνεστηκεν
1:17 εστιν προ παντων και τα παντα εν αυτω συνεστηκεν. και αυτος εστιν η κεφαλη του

2 συνηγερθητε
2:12 αυτω εν τω βαπτισμω. εν ω και συνηγερθητε δια της πιστεως της ενεργειας του
3:1 προς πλησμονην της σαρκος. ει ουν συνηγερθητε τω χριστω. τα ανω ζητειτε. ου ο

1 συνταφεντες
2:12 σαρκος. εν τη περιτομη του χριστου. συνταφεντες αυτω εν τω βαπτισμω. εν ω και

2 σωμα
2:19 ου κρατων την κεφαλην. εξ ου παν το σωμα δια των αφων και συνδεσμων επιχορηγουμενον
2:17 α εστιν σκια των μελλοντων. το δε σωμα του χριστου. μηδεις υμας καταβραβευετω

2 σωματι
1:22 νυνι δε αποκατηλλαγητε εν τω σωματι της σαρκος αυτου δια του θανατου.
3:15 υμων. εις ην και εκληθητε εν ενι σωματι. και ευχαριστοι γινεσθε. ο λογος του

1 σωματικως
2:9 κατοικει παν το πληρωμα της θεοτητος σωματικως. και εστε εν αυτω πεπληρωμενοι. ος

4 σωματος
1:24 του χριστου εν τη σαρκι μου υπερ του σωματος αυτου. ο εστιν η εκκλησια. ης εγενομην
2:11 αχειροποιητω εν τη απεκδυσει του σωματος της σαρκος. εν τη περιτομη του χριστου.
2:23 και ταπεινοφροσυνη και αφειδια σωματος. ουκ εν τιμη τινι προς πλησμονην της
1:18 και αυτος εστιν η κεφαλη του σωματος. της εκκλησιας. ος εστιν αρχη.

1 ταξιν
2:5 υμιν ειμι. χαιρων και βλεπων υμων την ταξιν και το στερεωμα της εις χριστον πιστεως

2 ταπεινοφροσυνη
2:23 μεν εχοντα σοφιας εν εθελοθρησκια και ταπεινοφροσυνη και αφειδια σωματος. ουκ εν τιμη
2:18 μηδεις υμας καταβραβευετω θελων εν ταπεινοφροσυνη και θρησκεια των αγγελων. α

1 ταπεινοφροσυνην
3:12 σπλαγχνα οικτιρμου. χρηστοτητα. ταπεινοφροσυνην. πραυτητα. μακροθυμιαν.

1 τεθεμελιωμενοι
1:23 αυτου. ει γε επιμενετε τη πιστει τεθεμελιωμενοι και εδραιοι και μη

2 τεκνα
3:21 εν κυριω. οι πατερες. μη ερεθιζετε τα τεκνα υμων. ινα μη αθυμωσιν. οι δουλοι.
3:20 και μη πικραινεσθε προς αυτας. τα τεκνα. υπακουετε τοις γονευσιν κατα παντα.

1 τελειοι
4:12 υμων εν ταις προσευχαις. ινα σταθητε τελειοι και πεπληροφορημενοι εν παντι θεληματι

1 τελειον
1:28 σοφια. ινα παραστησωμεν παντα ανθρωπον τελειον εν χριστω. εις ο και κοπιω

1 τελειοτητος
3:14 την αγαπην. ο εστιν συνδεσμος της τελειοτητος. και η ειρηνη του χριστου

4 τι
3:17 ταις καρδιαις υμων τω θεω. και παν ο τι εαν ποιητε εν λογω η εν εργω. παντα εν
4:13 θεληματι του θεου. μαρτυρω γαρ αυτω τι εχει πολυν πονον υπερ υμων και των εν
1:27 αυτου. οις ηθελησεν ο θεος γνωρισαι τι το πλουτος της δοξης του μυστηριου τουτου εν
2:20 χριστω απο των στοιχειων του κοσμου. τι ως ζωντες εν κοσμω δογματιζεσθε. μη αψη

1 τιμη
2:23 και αφειδια σωματος. ουκ εν τιμη τινι προς πλησμονην της σαρκος. ει ουν

1 τιμοθεος

1:1 χριστου ιησου δια θεληματος θεου και τιμοθεος ο αδελφος τοις εν κολοσσαις αγιοις

1 τινα

3:13 και χαριζομενοι εαυτοις, εαν τις προς τινα εχη μομφην. καθως και ο κυριος εχαρισατο

1 τινι

2:23 και αφειδια σωματος, ουκ εν τιμη τινι προς πλησμονην της σαρκος. ει ουν

3 τις

3:13 αλληλων και χαριζομενοι εαυτοις, εαν τις προς τινα εχη μομφην. καθως και ο κυριος

2:8 εν ευχαριστια. βλεπετε μη τις υμας εσται ο συλαγωγων δια της φιλοσοφιας

2:16 θριαμβευσας αυτους εν αυτω. μη ουν τις υμας κρινετω εν βρωσει και εν ποσει η εν

1 τοτε

3:4 οταν ο χριστος φανερωθη, η ζωη ημων, τοτε και υμεις συν αυτω φανερωθησεσθε εν δοξη.

4 τουτο

3:20 υπακουετε τοις γονευσιν κατα παντα, τουτο γαρ ευαρεστον εστιν εν κυριω. οι

1:9 ημιν την υμων αγαπην εν πνευματι. δια τουτο και ημεις, αφ ης ημερας ηκουσαμεν, ου

2:4 της σοφιας και γνωσεως αποκρυφοι. τουτο λεγω ινα μηδεις υμας παραλογιζηται εν

4:8 κυριω, ον επεμψα προς υμας εις αυτο τουτο, ινα γνωτε τα περι ημων και παρακαλεση

2 τουτοις

3:14 υμιν ουτως και υμεις. επι πασιν δε τουτοις την αγαπην, ο εστιν συνδεσμος της

3:7 υμεις περιεπατησατε ποτε, οτε εζητε εν τουτοις. νυνι δε αποθεσθε και υμεις τα παντα,

1 τουτου

1:27 τι το πλουτος της δοξης του μυστηριου τουτου εν τοις εθνεσιν, ο εστιν χριστος εν

1 τυχικος

4:7 τα κατ εμε παντα γνωρισει υμιν τυχικος ο αγαπητος αδελφος και πιστος διακονος

1 υηδε

2:21 κοσμω δογματιζεσθε, μη αψη μηδε γευση υηδε θιγης, α εστιν παντα εις φθοραν τη

1 υιου

1:13 και μετεστησεν εις την βασιλειαν του υιου της αγαπης αυτου, εν ω εχομεν την

18 υμας

1:22 αυτου δια του θανατου, παραστησαι υμας αγιους και αμωμους και ανεγκλητους

4:10 υμιν γνωρισουσιν τα ωδε. ασπαζεται υμας αρισταρχος ο συναιχμαλωτος μου, και μαρκος

2:1 εν εμοι εν δυναμει. θελω γαρ υμας ειδεναι ηλικον αγωνα εχω υπερ υμων και των

4:8 συνδουλος εν κυριω, ον επεμψα προς υμας εις αυτο τουτο, ινα γνωτε τα περι ημων και

1:12 ευχαριστουντες τω πατρι τω ικανωσαντι υμας εις την μεριδα του κληρου των αγιων εν τω

4:6 αλατι ηρτυμενος, ειδεναι πως δει υμας ενι εκαστω αποκρινεσθαι. τα κατ εμε παντα

4:12 εγενηθησαν μοι παρηγορια. ασπαζεται υμας επαφρας ο εξ υμων, δουλος χριστου (ιησου).

2:8 εν ευχαριστια. βλεπετε μη τις υμας εσται ο συλαγωγων δια της φιλοσοφιας και

2:18 το δε σωμα του χριστου. μηδεις υμας καταβραβευετω θελων εν ταπεινοφροσυνη και

2:16 αυτους εν αυτω. μη ουν τις υμας κρινετω εν βρωσει και εν ποσει η εν μερει

4:14 και των εν ιεραπολει. ασπαζεται υμας λουκας ο ιατρος ο αγαπητος και δημας.

2:13 του εγειραντος αυτον εκ νεκρων. και υμας νεκρους οντας τοις παραπτωμασιν και τη

2:4 αποκρυφοι. τουτο λεγω ινα μηδεις υμας παραλογιζηται εν πιθανολογια. ει γαρ και

1:25 του θεου την δοθεισαν μοι εις υμας πληρωσαι τον λογον του θεου, το μυστηριον

1:21 της γης ειτε τα εν τοις ουρανοις. και υμας ποτε οντας απηλλοτριωμενους και εχθρους τη

2:13 της σαρκος υμων, συνεζωοποιησεν υμας συν αυτω, χαρισαμενος ημιν παντα τα

4:10 περι ου ελαβετε εντολας, εαν ελθη προς υμας, δεξασθε αυτον, και ιησους ο λεγομενος

1:6 του ευαγγελιου του παροντος εις υμας, καθως και εν παντι τω κοσμω εστιν

6 υμεις

4:16 και την εκ λαοδικειας ινα και υμεις αναγνωτε. και ειπατε αρχιππω, βλεπε την

4:1 δουλοις παρεχεσθε, ειδοτες οτι και υμεις εχετε κυριον εν ουρανω. τη προσευχη

3:7 τους υιους της απειθειας). εν οις και υμεις περιεπατησατε ποτε, οτε εζητε εν τουτοις.

3:4 χριστος φανερωθη, η ζωη ημων, τοτε και υμεις συν αυτω φανερωθησεσθε εν δοξη.

3:8 εν τουτοις. νυνι δε αποθεσθε και υμεις τα παντα, οργην, θυμον, κακιαν,

3:13 και ο κυριος εχαρισατο υμιν ουτως και υμεις. επι πασιν δε τουτοις την αγαπην, ο

10 υμιν

4:9 αδελφω, ος εστιν εξ υμων. παντα υμιν γνωρισουσιν τα ωδε. ασπαζεται υμας

2:5 τη σαρκι απειμι, αλλα τω πνευματι συν υμιν ειμι, χαιρων και βλεπων υμων την ταξιν και

1:5 αγιους δια την ελπιδα την αποκειμενην υμιν εν τοις ουρανοις, ην προηκουσατε εν τω

4:16 εκκλησιαν. και οταν αναγνωσθη παρ υμιν η επιστολη, ποιησατε ινα και εν τη

1:2 και πιστοις αδελφοις εν χριστω· χαρις υμιν και ειρηνη απο θεου πατρος ημων·
3:13 μομφην· καθως και ο κυριος εχαρισατο υμιν ουτως και υμεις· επι πασιν δε τουτοις την
3:16 ο λογος του χριστου ενοικειτω εν υμιν πλουσιως, εν παση σοφια διδασκοντες και
4:7 τα κατ εμε παντα γνωρισει υμιν τυχικος ο αγαπητος αδελφος και πιστος
1:6 και αυξανομενον καθως και εν υμιν, αφ ης ημερας ηκουσατε και επεγνωτε την
1:27 εν τοις εθνεσιν, ο εστιν χριστος εν υμιν, η ελπις της δοξης· ον ημεις

1 υμνοις
3:16 και νουθετουντες εαυτους, ψαλμοις, υμνοις, ωδαις πνευματικαις εν χαριτι αδοντες εν

22 υμων
1:8 του χριστου, ο και δηλωσας ημιν την υμων αγαπην εν πνευματι. δια τουτο και ημεις,
1:7 συνδουλου ημων, ος εστιν πιστος υπερ υμων διακονος του χριστου, ο και δηλωσας ημιν
4:12 (ιησου), παντοτε αγωνιζομενος υπερ υμων εν ταις προσευχαις, ινα σταθητε τελειοι
1:4 προσευχομενοι, ακουσαντες την πιστιν υμων εν χριστω ιησου και την αγαπην ην εχετε
2:1 γαρ υμας ειδεναι ηλικον αγωνα εχω υπερ υμων και των εν λαοδικεια και οσοι ουχ εορακαν
4:13 γαρ αυτω τι εχει πολυν πονον υπερ υμων και των εν λαοδικεια και των εν ιεραπολει.
3:3 επι της γης· απεθανετε γαρ, και η ζωη υμων κεκρυπται συν τω χριστω εν τω θεω· οταν ο
4:6 τον καιρον εξαγοραζομενοι· ο λογος υμων παντοτε εν χαριτι, αλατι ηρτυμενος,
1:9 ης ημερας ηκουσαμεν, ου παυομεθα υπερ υμων προσευχομενοι και αιτουμενοι ινα πληρωθητε
1:3 κυριου ημων ιησου χριστου παντοτε περι υμων προσευχομενοι, ακουσαντες την πιστιν υμων
2:5 συν υμιν ειμι, χαιρων και βλεπων υμων την ταξιν και το στερεωμα της εις χριστον
3:16 εν χαριτι αδοντες εν ταις καρδιαις υμων τω θεω· και παν ο τι εαν ποιητε εν λογω η
4:18 μου των δεσμων· η χαρις μεθ υμων.
3:8 αισχρολογιαν εκ του στοματος υμων· μη ψευδεσθε εις αλληλους, απεκδυσαμενοι
2:5 το στερεωμα της εις χριστον πιστεως υμων· ως ουν παρελαβετε τον χριστον ιησουν τον
4:9 πιστω και αγαπητω αδελφω, ος εστιν εξ υμων· παντα υμιν γνωρισουσιν τα ωδε· ασπαζεται
4:8 περι ημων και παρακαλεση τας καρδιας υμων, συν ονησιμω τω πιστω και αγαπητω αδελφω,
4:12 ασπαζεται υμας επαφρας ο εξ υμων, δουλος χριστου (ιησου), παντοτε
3:15 του χριστου βραβευετω εν ταις καρδιαις υμων, εις ην και εκληθητε εν ενι σωματι· και
3:21 οι πατερες, μη ερεθιζετε τα τεκνα υμων, ινα μη αθυμωσιν. οι δουλοι, υπακουετε
1:24 νυν χαιρω εν τοις παθημασιν υπερ υμων, και ανταναπληρω τα υστερηματα των θλιψεων
2:13 και τη ακροβυστια της σαρκος υμων, συνεζωοποιησεν υμας συν αυτω, χαρισαμενος

2 υπακουετε
3:22 υμων, ινα μη αθυμωσιν. οι δουλοι, υπακουετε κατα παντα τοις κατα σαρκα κυριοις,
3:20 μη πικραινεσθε προς αυτας. τα τεκνα, υπακουετε τοις γονευσιν κατα παντα, τουτο γαρ

1 υπεναντιον
2:14 ημων χειρογραφον τοις δογμασιν ο ην υπεναντιον ημιν, και αυτο ηρκεν εκ του μεσου

7 υπερ
1:24 θλιψεων του χριστου εν τη σαρκι μου υπερ του σωματος αυτου, ο εστιν η εκκλησια, ης
1:7 συνδουλου ημων, ος εστιν πιστος υπερ υμων διακονος του χριστου, ο και δηλωσας
4:12 χριστου (ιησου), παντοτε αγωνιζομενος υπερ υμων εν ταις προσευχαις, ινα σταθητε
2:1 θελω γαρ υμας ειδεναι ηλικον αγωνα εχω υπερ υμων και των εν λαοδικεια και οσοι ουχ
4:13 μαρτυρω γαρ αυτω τι εχει πολυν πονον υπερ υμων και των εν λαοδικεια και των εν
1:9 αφ ης ημερας ηκουσαμεν, ου παυομεθα υπερ υμων προσευχομενοι και αιτουμενοι ινα
1:24 διακονος. νυν χαιρω εν τοις παθημασιν υπερ υμων, και ανταναπληρω τα υστερηματα των

2 υπο
1:23 του κηρυχθεντος εν παση κτισει τη υπο τον ουρανον, ου εγενομην εγω παυλος
2:18 α εορακεν εμβατευων, εικη φυσιουμενος υπο του νοος της σαρκος αυτου, και ου κρατων

1 υπομονην
1:11 το κρατος της δοξης αυτου εις πασαν υπομονην και μακροθυμιαν, μετα χαρας

1 υποτασσεσθε
3:18 τω θεω πατρι δι αυτου. αι γυναικες, υποτασσεσθε τοις ανδρασιν, ως ανηκεν εν κυριω.

1 υστερηματα
1:24 υπερ υμων, και ανταναπληρω τα υστερηματα των θλιψεων του χριστου εν τη σαρκι

1 φανερωθη
3:4 τω χριστω εν τω θεω. οταν ο χριστος φανερωθη, η ζωη ημων, τοτε και υμεις συν αυτω

1 φανερωθησεσθε
3:4 η ζωη ημων, τοτε και υμεις συν αυτω φανερωθησεσθε εν δοξη. νεκρωσατε ουν τα μελη

1 φανερωσω
4:4 του χριστου, δι ο και δεδεμαι, ινα φανερωσω αυτο ως δει με λαλησαι. εν σοφια

1 φθοραν
2:22 γευση μηδε θιγης, α εστιν παντα εις φθοραν τη αποχρησει, κατα τα ενταλματα και

1 φιλοσοφιας
2:8 μη τις υμας εσται ο συλαγωγων δια της φιλοσοφιας και κενης απατης κατα την παραδοσιν

1 φοβουμενοι
3:22 αλλ εν απλοτητι καρδιας, φοβουμενοι τον κυριον. ο εαν ποιητε, εκ ψυχης

1 φρονειτε
3:2 εν δεξια του θεου καθημενος· τα ανω φρονειτε, μη τα επι της γης· απεθανετε γαρ,

1 φυσιουμενος
2:18 των αγγελων, α εορακεν εμβατευων, εικη φυσιουμενος υπο του νοος της σαρκος αυτου, και

1 φωτι
1:12 την μεριδα του κληρου των αγιων εν τω φωτι· ος ερρυσατο ημας εκ της εξουσιας του

1 χαιρω
1:24 ου εγενομην εγω παυλος διακονος· νυν χαιρω εν τοις παθημασιν υπερ υμων, και

1 χαιρων
2:5 αλλα τω πνευματι συν υμιν ειμι, χαιρων και βλεπων υμων την ταξιν και το

1 χαρας
1:11 πασαν υπομονην και μακροθυμιαν, μετα χαρας ευχαριστουντες τω πατρι τω ικανωσαντι

1 χαριζομενοι
3:13 μακροθυμιαν, ανεχομενοι αλληλων και χαριζομενοι εαυτοις, εαν τις προς τινα εχη

1 χαριν
1:6 αφ ης ημερας ηκουσατε και επεγνωτε την χαριν του θεου εν αληθεια· καθως εμαθετε απο

1 χαρισαμενος
2:13 υμων, συνεζωοποιησεν υμας συν αυτω, χαρισαμενος ημιν παντα τα παραπτωματα,

2 χαρις
4:18 παυλου. μνημονευετε μου των δεσμων. η χαρις μεθ υμων.
1:2 αγιοις και πιστοις αδελφοις εν χριστω· χαρις υμιν και ειρηνη απο θεου πατρος ημων.

2 χαριτι
3:16 ψαλμοις, υμνοις, ωδαις πνευματικαις εν χαριτι αδοντες εν ταις καρδιαις υμων τω θεω·
4:6 ο λογος υμων παντοτε εν χαριτι, αλατι ηρτυμενος, ειδεναι πως δει υμας

1 χειρι
4:18 ινα αυτην πληροις. ο ασπασμος τη εμη χειρι παυλου. μνημονευετε μου των δεσμων. η

1 χειρογραφον
2:14 τα παραπτωματα, εξαλειψας το καθ ημων χειρογραφον τοις δογμασιν ο ην υπεναντιον ημιν,

1 χρηστοτητα
3:12 και ηγαπημενοι, σπλαγχνα οικτιρμου, χρηστοτητα, ταπεινοφροσυνην, πραυτητα,

3 χριστον
2:6 πιστεως υμων. ως ουν παρελαβετε τον χριστον ιησουν τον κυριον, εν αυτω περιπατειτε,
2:5 υμων την ταξιν και το στερεωμα της εις χριστον πιστεως υμων. ως ουν παρελαβετε τον
2:8 τα στοιχεια του κοσμου και ου κατα χριστον· οτι εν αυτω κατοικει παν το πληρωμα

4 χριστος
1:27 τουτου εν τοις εθνεσιν, ο εστιν χριστος εν υμιν, η ελπις της δοξης· ον ημεις
3:1 τω χριστω, τα ανω ζητειτε, ου ο χριστος εστιν εν δεξια του θεου καθημενος· τα
3:4 συν τω χριστω εν τω θεω. οταν ο χριστος φανερωθη, η ζωη ημων, τοτε και υμεις
3:11 αλλα (τα) παντα και εν πασιν χριστος. ενδυσασθε ουν ως εκλεκτοι του θεου,

11 χριστου
3:15 της τελειοτητος. και η ειρηνη του χριστου βραβευετω εν ταις καρδιαις υμων, εις ην
1:24 τα υστερηματα των θλιψεων του χριστου εν τη σαρκι μου υπερ του σωματος αυτου,
3:16 και ευχαριστοι γινεσθε. ο λογος του χριστου ενοικειτω εν υμιν πλουσιως, εν παση
1:1 παυλος αποστολος χριστου ιησου δια θεληματος θεου και τιμοθεος ο
1:3 τω θεω πατρι του κυριου ημων ιησου χριστου παντοτε περι υμων προσευχομενοι,
4:12 υμας επαφρας ο εξ υμων, δουλος χριστου (ιησου), παντοτε αγωνιζομενος υπερ υμων
2:17 σκια των μελλοντων, το δε σωμα του χριστου. μηδεις υμας καταβραβευετω θελων εν

2:2 εις επιγνωσιν του μυστηριου του θεου, χριστου, εν ω εισιν παντες οι θησαυροι της
1:7 ος εστιν πιστος υπερ υμων διακονος του χριστου, ο και δηλωσας ημιν την υμων αγαπην εν
2:11 σωματος της σαρκος, εν τη περιτομη του χριστου, συνταφεντες αυτω εν τω βαπτισμω, εν ω
4:3 του λογου, λαλησαι το μυστηριον του χριστου, δι ο και δεδεμαι, ινα φανερωσω αυτο

7 χριστω
2:20 αυξησιν του θεου. ει απεθανετε συν χριστω απο των στοιχειων του κοσμου, τι ως
3:24 ανταποδοσιν της κληρονομιας. τω κυριω χριστω δουλευετε. ο γαρ αδικων κομισεται ο
3:3 γαρ, και η ζωη υμων κεκρυπται συν τω χριστω εν τω θεω. οταν ο χριστος φανερωθη, η
1:4 ακουσαντες την πιστιν υμων εν χριστω ιησου και την αγαπην ην εχετε εις παντας
1:28 παραστησωμεν παντα ανθρωπον τελειον εν χριστω. εις ο και κοπιω αγωνιζομενος κατα την
1:2 αγιοις και πιστοις αδελφοις εν χριστω. χαρις υμιν και ειρηνη απο θεου πατρος
3:1 της σαρκος. ει ουν συνηγερθητε τω χριστω, τα ανω ζητειτε, ου ο χριστος εστιν εν

1 ψαλμοις
3:16 διδασκοντες και νουθετουντες εαυτους, ψαλμοις, υμνοις, ωδαις πνευματικαις εν χαριτι

1 ψευδεσθε
3:9 αισχρολογιαν εκ του στοματος υμων. μη ψευδεσθε εις αλληλους, απεκδυσαμενοι τον

1 ψυχης
3:23 τον κυριον. ο εαν ποιητε, εκ ψυχης εργαζεσθε, ως τω κυριω και ουκ ανθρωποις,

4 ω
2:3 του μυστηριου του θεου, χριστου, εν ω εισιν παντες οι θησαυροι της σοφιας και
1:14 του υιου της αγαπης αυτου, εν ω εχομεν την απολυτρωσιν, την αφεσιν των
2:11 η κεφαλη πασης αρχης και εξουσιας, εν ω και περιετμηθητε περιτομη αχειροποιητω εν τη
2:12 συνταφεντες αυτω εν τω βαπτισμω, εν ω και συνηγερθητε δια της πιστεως της ενεργειας

1 ωδαις
3:16 νουθετουντες εαυτους, ψαλμοις, υμνοις, ωδαις πνευματικαις εν χαριτι αδοντες εν ταις

1 ωδε
4:9 εξ υμων. παντα υμιν γνωρισουσιν τα ωδε. ασπαζεται υμας αρισταρχος ο συναιχμαλωτος

7 ως
3:18 γυναικες, υποτασσεσθε τοις ανδρασιν, ως ανηκεν εν κυριω. οι ανδρες, αγαπατε τας
3:22 σαρκα κυριοις, μη εν οφθαλμοδουλια ως ανθρωπαρεσκοι, αλλ εν απλοτητι καρδιας,
4:4 δι ο και δεδεμαι, ινα φανερωσω αυτο ως δει με λαλησαι. εν σοφια περιπατειτε προς
3:12 και εν πασιν χριστος. ενδυσασθε ουν ως εκλεκτοι του θεου, αγιοι και ηγαπημενοι,
2:20 απο των στοιχειων του κοσμου, τι ως ζωντες εν κοσμω δογματιζεσθε. μη αψη μηδε
2:6 της εις χριστον πιστεως υμων. ως ουν παρελαβετε τον χριστον ιησουν τον
3:23 ο εαν ποιητε, εκ ψυχης εργαζεσθε, ως τω κυριω και ουκ ανθρωποις, ειδοτες οτι απο

PART VI

REVERSE CONCORDANCE

4 α

2:17 μερει εορτης η νεομηνιας η σαββατων, α εστιν σκια των μελλοντων, το δε σωμα του
2:22 μη αψη μηδε γευση μηδε θιγης, α εστιν παντα εις φθοραν τη αποχρησει, κατα τα
3:6 ητις εστιν ειδωλολατρια, δι α ερχεται η οργη του θεου (επι τους υιους της
2:18 και θρησκεια των αγγελων, α εορακεν εμβατευων, εικη φυσιουμενος υπο του

1 βαρναβα

4:10 μου, και μαρκος ο ανεψιος βαρναβα περι ου ελαβετε εντολας, εαν ελθη προς υμας,

1 ελπιδα

1:5 εις παντας τους αγιους δια την ελπιδα την αποκειμενην υμιν εν τοις ουρανοις, ην

1 μεριδα

1:12 πατρι τω ικανωσαντι υμας εις την μεριδα του κληρου των αγιων εν τω φωτι· ος ερρυσατο

1 παυομεθα

1:9 αφ ης ημερας ηκουσαμεν, ου παυομεθα υπερ υμων προσευχομενοι και αιτουμενοι ινα

1 πιθανολογια

2:4 υμας παραλογιζηται εν πιθανολογια ει γαρ και τη σαρκι απειμι, αλλα τω πνευματι

8 δια

1:5 ην εχετε εις παντας τους αγιους δια την ελπιδα την αποκειμενην υμιν εν τοις
1:9 ημιν την υμων αγαπην εν πνευματι. δια τουτο και ημεις, αφ ης ημερας ηκουσαμεν, ου
2:19 την κεφαλην, εξ ου παν το σωμα δια των αφων και συνδεσμων επιχορηγουμενον και
2:12 τω βαπτισμω, εν ω και συνηγερθητε δια της πιστεως της ενεργειας του θεου του
2:8 μη τις υμας εσται ο συλαγωγων δια της φιλοσοφιας και κενης απατης κατα την
1:20 τα παντα εις αυτον, ειρηνοποιησας δια του αιματος του σταυρου αυτου, (δι αυτου) ειτε
1:1 παυλος αποστολος χριστου ιησου δια θεληματος θεου και τιμοθεος ο αδελφος τοις εν
1:22 εν τω σωματι της σαρκος αυτου δια του θανατου, παραστησαι υμας αγιους και

1 αφειδια

2:23 και ταπεινοφροσυνη και αφειδια σωματος, ουκ εν τιμη τινι προς πλησμονην της

1 αληθεια

1:6 επεγνωτε την χαριν του θεου εν αληθεια καθως εμαθετε απο επαφρα του αγαπητου

3 λαοδικεια

4:13 πονον υπερ υμων και των εν λαοδικεια και των εν ιεραπολει. ασπαζεται υμας λουκας ο
2:1 εχω υπερ υμων και των εν λαοδικεια και οσοι ουχ εορακαν το προσωπον μου εν σαρκι,
4:15 και δημας. ασπασασθε τους εν λαοδικεια αδελφους και νυμφαν και την κατ οικον αυτης

1 θρησκεια

2:18 θελων εν ταπεινοφροσυνη και θρησκεια των αγγελων, α εορακεν εμβατευων, εικη

1 στοιχεια

2:8 των ανθρωπων, κατα τα στοιχεια του κοσμου και ου κατα χριστον· οτι εν αυτω

1 σκια

2:17 η νεομηνιας η σαββατων, α εστιν σκια των μελλοντων, το δε σωμα του χριστου. μηδεις

1 εθελοθρησκια

2:23 λογον μεν εχοντα σοφιας εν εθελοθρησκια και ταπεινοφροσυνη και αφειδια σωματος, ουκ εν

1 οφθαλμοδουλια

3:22 κατα σαρκα κυριοις, μη εν οφθαλμοδουλια ως ανθρωπαρεσκοι, αλλ εν απλοτητι καρδιας,

1 δεξια

3:1 ζητειτε, ου ο χριστος εστιν εν δεξια του θεου καθημενος· τα ανω φρονειτε, μη τα

1 διανοια

1:21 απηλλοτριωμενους και εχθρους τη διανοια εν τοις εργοις τοις πονηροις, νυνι δε

1 παρηγορια

4:11 θεου, οιτινες εγενηθησαν μοι παρηγορια ασπαζεται υμας επαφρας ο εξ υμων, δουλος

1 ειδωλολατρια

3:5 την πλεονεξιαν ητις εστιν ειδωλολατρια δι α ερχεται η οργη του θεου (επι τους υιους

2 εκκλησια

1:24 του σωματος αυτου, ο εστιν η εκκλησια ης εγενομην εγω διακονος κατα την οικονομιαν
4:16 ινα και εν τη λαοδικεων εκκλησια αναγνωσθη, και την εκ λαοδικειας ινα και υμεις

	1	παρρησια
2:15	τας εξουσιας εδειγματισεν εν παρρησια	θριαμβευσας αυτους εν αυτω· μη ουν τις υμας
	2	ευχαριστια
4:2	γρηγορουντες εν αυτη εν ευχαριστια	προσευχομενοι αμα και περι ημων, ινα ο θεος
2:7	εδιδαχθητε, περισσευοντες εν ευχαριστια	βλεπετε μη τις υμας εσται ο συλαγωγων δια
	2	ακροβυστια
2:13	τοις παραπτωμασιν και τη ακροβυστια	της σαρκος υμων, συνεζωοποιησεν υμας συν αυτω,
3:11	και ιουδαιος, περιτομη και ακροβυστια	βαρβαρος, σκυθης, δουλος, ελευθερος, αλλα
	4	σοφια
1:28	παντα ανθρωπον εν παση σοφια	ινα παραστησωμεν παντα ανθρωπον τελειον εν
1:9	του θεληματος αυτου εν παση σοφια	και συνεσει πνευματικη, περιπατησαι αξιως του
3:16	εν υμιν πλουσιως, εν παση σοφια	διδασκοντες και νουθετουντες εαυτους, ψαλμοις,
4:5	αυτο ως δει με λαλησαι· εν σοφια	περιπατειτε προς τους εξω, τον καιρον
	1	προσωποληψια
3:25	ο ηδικησεν, και ουκ εστιν προσωποληψια	οι κυριοι, το δικαιον και την ισοτητα τοις
	1	σαρκα
3:22	υπακουετε κατα παντα τοις κατα σαρκα	κυριοις, μη εν οφθαλμοδουλια ως ανθρωπαρεσκοι,
	2	αλλα
2:5	ει γαρ και τη σαρκι απειμι, αλλα	τω πνευματι συν υμιν ειμι, χαιρων και βλεπων
3:11	σκυθης, δουλος, ελευθερος, αλλα	(τα) παντα και εν πασιν χριστος· ενδυσασθε
	1	αμα
4:3	αυτη εν ευχαριστια, προσευχομενοι αμα	και περι ημων, ινα ο θεος ανοιξη ημιν θυραν
	1	στερεωμα
2:5	βλεπων υμων την ταξιν και το στερεωμα	της εις χριστον πιστεως υμων· ως ουν
	2	πληρωμα
2:9	οτι εν αυτω κατοικει παν το πληρωμα	της θεοτητος σωματικως, και εστε εν αυτω
1:19	οτι εν αυτω ευδοκησεν παν το πληρωμα	κατοικησαι και δι αυτου αποκαταλλαξαι τα
	2	σωμα
2:17	α εστιν σκια των μελλοντων, το δε σωμα	του χριστου· μηδεις υμας καταβραβευετω θελων
2:19	κρατων την κεφαλην, εξ ου παν το σωμα	δια των αφων και συνδεσμων επιχορηγουμενον και
	13	ινα
4:4	του χριστου, δι ο και δεδεμαι, ινα	φανερωσω αυτο ως δει με λαλησαι· εν σοφια
2:2	εορακαν το προσωπον μου εν σαρκι, ινα	παρακληθωσιν αι καρδιαι αυτων, συνβιβασθεντες
4:16	παρ υμιν η επιστολη, ποιησατε ινα	και εν τη λαοδικεων εκκλησια αναγνωσθη, και
1:9	υμων προσευχομενοι και αιτουμενοι ινα	πληρωθητε την επιγνωσιν του θεληματος αυτου εν
4:16	αναγνωσθη, και την εκ λαοδικειας ινα	και υμεις αναγνωτε· και ειπατε αρχιππω, βλεπε
2:4	και γνωσεως αποκρυφοι· τουτο λεγω ινα	μηδεις υμας παραλογιζηται εν πιθανολογια· ει
1:28	παντα ανθρωπον εν παση σοφια, ινα	παραστησωμεν παντα ανθρωπον τελειον εν χριστω·
4:3	προσευχομενοι αμα και περι ημων, ινα	ο θεος ανοιξη ημιν θυραν του λογου, λαλησαι το
3:21	μη ερεθιζετε τα τεκνα υμων, ινα	μη αθυμωσιν· οι δουλοι, υπακουετε κατα παντα
1:18	αρχη, πρωτοτοκος εκ των νεκρων, ινα	γενηται εν πασιν αυτος πρωτευων, οτι εν αυτω
4:8	ον επεμψα προς υμας εις αυτο τουτο, ινα	γνωτε τα περι ημων και παρακαλεση τας καρδιας
4:12	υπερ υμων εν ταις προσευχαις, ινα	σταθητε τελειοι και πεπληροφορημενοι εν παντι
4:17	διακονιαν ην παρελαβες εν κυριω, ινα	αυτην πληροις· ο ασπασμος τη εμη χειρι
	1	τινα
3:13	χαριζομενοι εαυτοις, εαν τις προς τινα	εχη μομφην· καθως και ο κυριος εχαρισατο υμιν
	1	ατινα
2:23	και διδασκαλιας των ανθρωπων; ατινα	εστιν λογον μεν εχοντα σοφιας εν εθελοθρησκια
	2	τεκνα
3:20	μη πικραινεσθε προς αυτας· τα τεκνα	υπακουετε τοις γονευσιν κατα παντα, τουτο γαρ
3:21	οι πατερες, μη ερεθιζετε τα τεκνα	υμων, ινα μη αθυμωσιν· οι δουλοι, υπακουετε
	1	εικονα
3:10	ανακαινουμενον εις επιγνωσιν κατ εικονα	του κτισαντος αυτον, οπου ουκ ενι ελλην και
	1	σπλαγχνα
3:12	θεου, αγιοι και ηγαπημενοι, σπλαγχνα	οικτιρμου, χρηστοτητα, ταπεινοφροσυνην,

1 αγωνα

2:1 θελω γαρ υμας ειδεναι ηλικον αγωνα εχω υπερ υμων και των εν λαοδικεια και οσοι

1 επαφρα

1:7 εν αληθεια· καθως εμαθετε απο επαφρα του αγαπητου συνδουλου ημων, ος εστιν πιστος

23 τα

4:7 δει υμας ενι εκαστω αποκρινεσθαι· τα κατ εμε παντα γνωρισει υμιν τυχικος ο αγαπητος
3:20 και μη πικραινεσθε προς αυτας· τα τεκνα, υπακουετε τοις γονευσιν κατα παντα,
3:2 εστιν εν δεξια του θεου καθημενος· τα ανω φρονειτε, μη τα επι της γης· απεθανετε
2:22 παντα εις φθοραν τη αποχρησει, κατα τα ενταλματα και διδασκαλιας των ανθρωπων; ατινα
2:8 την παραδοσιν των ανθρωπων, κατα τα στοιχεια του κοσμου και ου κατα χριστον· οτι
2:13 συν αυτω, χαρισαμενος ημιν παντα τα παραπτωματα, εξαλειψας το καθ ημων
3:21 εν κυριω· οι πατερες, μη ερεθιζετε τα τεκνα υμων, ινα μη αθυμωσιν· οι δουλοι,
1:20 (δι αυτου) ειτε τα επι της γης ειτε τα εν τοις ουρανοις· και υμας ποτε οντας
1:20 του σταυρου αυτου, (δι αυτου) ειτε τα επι της γης ειτε τα εν τοις ουρανοις· και
4:8 προς υμας εις αυτο τουτο, ινα γνωτε τα περι ημων και παρακαλεση τας καρδιας υμων,
1:16 πασης κτισεως, οτι εν αυτω εκτισθη τα παντα εν τοις ουρανοις και επι της γης, τα
3:5 εν δοξη· νεκρωσατε ουν τα μελη τα επι της γης, πορνειαν, ακαθαρσιαν, παθος,
3:2 θεου καθημενος· τα ανω φρονειτε, μη τα επι της γης· απεθανετε γαρ, και η ζωη υμων
1:16 και επι της γης, τα ορατα και τα αορατα, ειτε θρονοι ειτε κυριοτητες ειτε αρχαι
1:17 και αυτος εστιν προ παντων και τα παντα εν αυτω συνεστηκεν· και αυτος εστιν η
1:20 και δι αυτου αποκαταλλαξαι τα παντα εις αυτον, ειρηνοποιησας δια του αιματος
4:9 εξ υμων· παντα υμιν γνωρισουσιν τα ωδε· ασπαζεται υμας αρισταρχος ο
3:5 εν δοξη· νεκρωσατε ουν τα μελη τα επι της γης, πορνειαν, ακαθαρσιαν,
3:8 τουτοις· νυνι δε αποθεσθε και υμεις τα παντα, οργην, θυμον, κακιαν, βλασφημιαν,
1:24 παθημασιν υπερ υμων, και ανταναπληρω τα υστερηματα των θλιψεων του χριστου εν τη σαρκι
1:16 κυριοτητες ειτε αρχαι ειτε εξουσιαι· τα παντα δι αυτου και εις αυτον εκτισται· και
1:16 εν τοις ουρανοις και επι της γης, τα ορατα και τα αορατα, ειτε θρονοι ειτε
3:1 ει ουν συνηγερθητε τω χριστω, τα ανω ζητειτε, ου ο χριστος εστιν εν δεξια του

10 κατα

3:22 μη αθυμωσιν· οι δουλοι, υπακουετε κατα παντα τοις κατα σαρκα κυριοις, μη εν
1:11 εν παση δυναμει δυναμουμενοι κατα το κρατος της δοξης αυτου εις πασαν υπομονην
3:20 τα τεκνα, υπακουετε τοις γονευσιν κατα παντα, τουτο γαρ ευαρεστον εστιν εν κυριω· οι
2:8 της φιλοσοφιας και κενης απατης κατα την παραδοσιν των ανθρωπων, κατα τα στοιχεια
3:22 δουλοι, υπακουετε κατα παντα τοις κατα σαρκα κυριοις, μη εν οφθαλμοδουλια ως
1:29 εις ο και κοπιω αγωνιζομενος κατα την ενεργειαν αυτου την ενεργουμενην εν εμοι
1:25 ης εγενομην εγω διακονος κατα την οικονομιαν του θεου την δοθεισαν μοι εις
2:8 κατα τα στοιχεια του κοσμου και ου κατα χριστον· οτι εν αυτω κατοικει παν το πληρωμα
2:22 παντα εις φθοραν τη αποχρησει, κατα τα ενταλματα και διδασκαλιας των ανθρωπων;
2:8 κατα την παραδοσιν των ανθρωπων, κατα τα στοιχεια του κοσμου και ου κατα χριστον.

1 υστερηματα

1:24 υμων, και ανταναπληρω τα υστερηματα των θλιψεων του χριστου εν τη σαρκι μου υπερ

1 ενταλματα

2:22 φθοραν τη αποχρησει, κατα τα ενταλματα και διδασκαλιας των ανθρωπων; ατινα εστιν

1 παραπτωματα

2:13 χαρισαμενος ημιν παντα τα παραπτωματα εξαλειψας το καθ ημων χειρογραφον τοις

1 ορατα

1:16 τοις ουρανοις και επι της γης, τα ορατα και τα αορατα, ειτε θρονοι ειτε κυριοτητες

1 αορατα

1:16 και επι της γης, τα ορατα και τα αορατα ειτε θρονοι ειτε κυριοτητες ειτε αρχαι ειτε

1 μετα

1:11 πασαν υπομονην και μακροθυμιαν, μετα χαρας ευχαριστουντες τω πατρι τω ικανωσαντι

1 ισοτητα

4:1 οι κυριοι, το δικαιον και την ισοτητα τοις δουλοις παρεχεσθε, ειδοτες οτι και υμεις

1 χρηστοτητα

3:12 σπλαγχνα οικτιρμου, χρηστοτητα ταπεινοφροσυνην, πραυτητα, μακροθυμιαν,

1 πραυτητα

3:12 χρηστοτητα, ταπεινοφροσυνην, πραυτητα μακροθυμιαν, ανεχομενοι αλληλων και

16 παντα

1:16 κτισεως, οτι εν αυτω εκτισθη τα παντα εν τοις ουρανοις και επι της γης, τα ορατα και
1:17 και αυτος εστιν προ παντων και τα παντα εν αυτω συνεστηκεν. και αυτος εστιν η κεφαλη
1:20 και δι αυτου αποκαταλλαξαι τα παντα εις αυτον, ειρηνοποιησας δια του αιματος του
3:8 νυνι δε αποθεσθε και υμεις τα παντα οργην, θυμον, κακιαν, βλασφημιαν,
1:16 ειτε αρχαι ειτε εξουσιαι· τα παντα δι αυτου και εις αυτον εκτισται, και αυτος
3:22 οι δουλοι, υπακουετε κατα παντα τοις κατα σαρκα κυριοις, μη εν οφθαλμοδουλια
3:20 υπακουετε τοις γονευσιν κατα παντα τουτο γαρ ευαρεστον εστιν εν κυριω· οι
4:7 εκαστω αποκρινεσθαι· τα κατ εμε παντα γνωρισει υμιν τυχικος ο αγαπητος αδελφος και
1:28 εν παση σοφια, ινα παραστησωμεν παντα ανθρωπον τελειον εν χριστω· εις ο και κοπιω
2:13 υμας συν αυτω, χαρισαμενος ημιν παντα τα παραπτωματα, εξαλειψας το καθ ημων
2:22 μηδε γευση υηδε θιγης, α εστιν παντα εις φθοραν τη αποχρησει, κατα τα ενταλματα και
1:28 παντα ανθρωπον και διδασκοντες παντα ανθρωπον εν παση σοφια, ινα παραστησωμεν παντα
1:28 ημεις καταγγελλομεν νουθετουντες παντα ανθρωπον και διδασκοντες παντα ανθρωπον εν
4:9 αγαπητω αδελφω, ος εστιν εξ υμων· παντα υμιν γνωρισουσιν τα ωδε· ασπαζεται υμας
3:11 δουλος, ελευθερος, αλλα (τα) παντα και εν πασιν χριστος· ενδυσασθε ουν ως
3:17 τι εαν ποιητε εν λογω η εν εργω, παντα εν ονοματι κυριου ιησου, ευχαριστουντες τω θεω

1 εχοντα

2:23 ανθρωπων; ατινα εστιν λογον μεν εχοντα σοφιας εν εθελοθρησκια και ταπεινοφροσυνη και

1 επεμψα

4:8 και συνδουλος εν κυριω, ον επεμψα προς υμας εις αυτο τουτο, ινα γνωτε τα περι

1 γε

1:23 ανεγκλητους κατενωπιον αυτου, ει γε επιμενετε τη πιστει τεθεμελιωμενοι και εδραιοι

5 δε

3:8 ποτε, οτε εζητε εν τουτοις· νυνι δε αποθεσθε και υμεις τα παντα, οργην, θυμον,
1:22 εν τοις εργοις τοις πονηροις, νυνι δε αποκατηλλαγητε εν τω σωματι της σαρκος αυτου
3:14 υμιν ουτως και υμεις· επι πασιν δε τουτοις την αγαπην, ο εστιν συνδεσμος της
1:26 των αιωνων και απο των γενεων-νυν δε εφανερωθη τοις αγιοις αυτου, οις ηθελησεν ο
2:17 α εστιν σκια των μελλοντων, το δε σωμα του χριστου· μηδεις υμας καταβραβευετω

1 μηδε

2:21 εν κοσμω δογματιζεσθε, μη αψη μηδε γευση υηδε θιγης, α εστιν παντα εις φθοραν τη

1 υηδε

2:21 δογματιζεσθε, μη αψη μηδε γευση υηδε θιγης, α εστιν παντα εις φθοραν τη αποχρησει,

1 ωδε

4:9 εξ υμων· παντα υμιν γνωρισουσιν τα ωδε ασπαζεται υμας αρισταρχος ο συναιχμαλωτος

1 δεξασθε

4:10 εντολας, εαν ελθη προς υμας, δεξασθε αυτον, και ιησους ο λεγομενος ιουστος, οι

1 ασπασασθε

4:15 ιατρος ο αγαπητος και δημας· ασπασασθε τους εν λαοδικεια αδελφους και νυμφαν και την

1 ενδυσασθε

3:12 παντα και εν πασιν χριστος· ενδυσασθε ουν ως εκλεκτοι του θεου, αγιοι και

1 ψευδεσθε

3:9 εκ του στοματος υμων· μη ψευδεσθε εις αλληλους, απεκδυσαμενοι τον παλαιον

1 εργαζεσθε

3:23 ο εαν ποιητε, εκ ψυχης εργαζεσθε ως τω κυριω και ουκ ανθρωποις, ειδοτες οτι

1 δογματιζεσθε

2:20 τι ως ζωντες εν κοσμω δογματιζεσθε μη αψη μηδε γευση υηδε θιγης, α εστιν παντα

1 αποθεσθε

3:8 οτε εζητε εν τουτοις· νυνι δε αποθεσθε και υμεις τα παντα, οργην, θυμον, κακιαν,

1 πικραινεσθε

3:19 αγαπατε τας γυναικας και μη πικραινεσθε προς αυτας· τα τεκνα, υπακουετε τοις γονευσιν

1 γινεσθε

3:15 εν ενι σωματι· και ευχαριστοι γινεσθε ο λογος του χριστου ενοικειτω εν υμιν

1 φανερωθησεσθε
3:4 τοτε και υμεις συν αυτω φανερωθησεσθε εν δοξη. νεκρωσατε ουν τα μελη τα επι της

1 υποτασσεσθε
3:18 δι αυτου. αι γυναικες, υποτασσεσθε τοις ανδρασιν, ως ανηκεν εν κυριω. οι ανδρες,

1 παρεχεσθε
4:1 και την ισοτητα τοις δουλοις παρεχεσθε ειδοτες οτι και υμεις εχετε κυριον εν ουρανω.

1 απολημψεσθε
3:24 ειδοτες οτι απο κυριου απολημψεσθε την ανταποδοσιν της κληρονομιας. τω κυριω

1 με
4:4 δεδεμαι, ινα φανερωσω αυτο ως δει με λαλησαι. εν σοφια περιπατειτε προς τους εξω.

1 εμε
4:7 ενι εκαστω αποκρινεσθαι. τα κατ εμε παντα γνωρισει υμιν τυχικος ο αγαπητος αδελφος

1 βλεπε
4:17 αναγνωτε. και ειπατε αρχιππω, βλεπε την διακονιαν ην παρελαβες εν κυριω, ινα αυτην

1 αγαπατε
3:19 ως ανηκεν εν κυριω. οι ανδρες, αγαπατε τας γυναικας και μη πικραινεσθε προς αυτας.

1 ειπατε
4:17 ινα και υμεις αναγνωτε. και ειπατε αρχιππω, βλεπε την διακονιαν ην παρελαβες εν

1 ποιησατε
4:16 αναγνωσθη παρ υμιν η επιστολη, ποιησατε ινα και εν τη λαοδικεων εκκλησια αναγνωσθη,

1 περιεπατησατε
3:7 εν οις και υμεις περιεπατησατε ποτε, οτε εζητε εν τουτοις. νυνι δε αποθεσθε

2 ηκουσατε
1:6 και εν υμιν, αφ ης ημερας ηκουσατε και επεγνωτε την χαριν του θεου εν αληθεια.
1:23 της ελπιδος του ευαγγελιου ου ηκουσατε του κηρυχθεντος εν παση κτισει τη υπο τον

1 προηκουσατε
1:5 υμιν εν τοις ουρανοις, ην προηκουσατε εν τω λογω της αληθειας του ευαγγελιου του

1 νεκρωσατε
3:5 αυτω φανερωθησεσθε εν δοξη. νεκρωσατε ουν τα μελη τα επι της γης, πορνειαν,

1 ελαβετε
4:10 ο ανεψιος βαρναβα, περι ου ελαβετε εντολας, εαν ελθη προς υμας, δεξασθε αυτον,

1 παρελαβετε
2:6 πιστεως υμων. ως ουν παρελαβετε τον χριστον ιησουν τον κυριον, εν αυτω

1 ερεθιζετε
3:21 εν κυριω. οι πατερες, μη ερεθιζετε τα τεκνα υμων, ινα μη αθυμωσιν. οι δουλοι,

1 εμαθετε
1:7 του θεου εν αληθεια. καθως εμαθετε απο επαφρα του αγαπητου συνδουλου ημων, ος

2 απεθανετε
3:3 φρονειτε, μη τα επι της γης. απεθανετε γαρ, και η ζωη υμων κεκρυπται συν τω χριστω εν
2:20 την αυξησιν του θεου. ει απεθανετε συν χριστω απο των στοιχειων του κοσμου, τι ως

1 επιμενετε
1:23 κατενωπιον αυτου, ει γε επιμενετε τη πιστει τεθεμελιωμενοι και εδραιοι και μη

1 βλεπετε
2:8 περισσευοντες εν ευχαριστια. βλεπετε μη τις υμας εσται ο συλαγωγων δια της

1 δουλευετε
3:24 κληρονομιας. τω κυριω χριστω δουλευετε ο γαρ αδικων κομισεται ο ηδικησεν, και ουκ

1 μνημονευετε
4:18 τη εμη χειρι παυλου. μνημονευετε μου των δεσμων. η χαρις μεθ υμων.

	2	υπακουετε
3:20	προς αυτας· τα τεκνα, υπακουετε	τοις γονευσιν κατα παντα, τουτο γαρ ευαρεστον
3:22	ινα μη αθυμωσιν· οι δουλοι, υπακουετε	κατα παντα τοις κατα σαρκα κυριοις, μη εν
	2	εχετε
1:4	εν χριστω ιησου και την αγαπην ην εχετε	εις παντας τους αγιους δια την ελπιδα την
4:1	παρεχεσθε, ειδοτες οτι και υμεις εχετε	κυριον εν ουρανω· τη προσευχη προσκαρτερειτε,
	1	αποκατηλλαγητε
1:22	τοις πονηροις, νυνι δε αποκατηλλαγητε	εν τω σωματι της σαρκος αυτου δια του θανατου,
	1	εζητε
3:7	και υμεις περιεπατησατε ποτε, οτε εζητε	εν τουτοις· νυνι δε αποθεσθε και υμεις τα
	1	σταθητε
4:12	υμων εν ταις προσευχαις, ινα σταθητε	τελειοι και πεπληροφορημενοι εν παντι θεληματι
	1	εκληθητε
3:15	ταις καρδιαις υμων, εις ην και εκληθητε	εν ενι σωματι· και ευχαριστοι γινεσθε· ο
	1	περιετμηθητε
2:11	και εξουσιας, εν ω και περιετμηθητε	περιτομη αχειροποιητω εν τη απεκδυσει του
	2	συνηγερθητε
2:12	εν τω βαπτισμω, εν ω και συνηγερθητε	δια της πιστεως της ενεργειας του θεου του
3:1	της σαρκος· ει ουν συνηγερθητε	τω χριστω, τα ανω ζητειτε, ου ο χριστος εστιν
	1	εδιδαχθητε
2:7	(εν) τη πιστει καθως εδιδαχθητε	περισσευοντες εν ευχαριστια· βλεπετε μη τις
	1	πληρωθητε
1:9	και αιτουμενοι ινα πληρωθητε	την επιγνωσιν του θεληματος αυτου εν παση
	2	ποιητε
3:17	υμων τω θεω· και παν ο τι εαν ποιητε	εν λογω η εν εργω, παντα εν ονοματι κυριου
3:23	φοβουμενοι τον κυριον· ο εαν ποιητε	εκ ψυχης εργαζεσθε, ως τω κυριω και ουκ
	6	ειτε
1:16	θρονοι ειτε κυριοτητες ειτε αρχαι ειτε	εξουσιαι· τα παντα δι αυτου και εις αυτον
1:16	ορατα και τα αορατα, ειτε θρονοι ειτε	κυριοτητες ειτε αρχαι ειτε εξουσιαι· τα παντα
1:16	ειτε θρονοι ειτε κυριοτητες ειτε	αρχαι ειτε εξουσιαι· τα παντα δι αυτου και εις
1:20	(δι αυτου) ειτε τα επι της γης ειτε	τα εν τοις ουρανοις· και υμας ποτε οντας
1:20	του σταυρου αυτου, (δι αυτου) ειτε	τα επι της γης ειτε τα εν τοις ουρανοις· και
1:16	της γης, τα ορατα και τα αορατα, ειτε	θρονοι ειτε κυριοτητες ειτε αρχαι ειτε
	1	φρονειτε
3:2	του θεου καθημενος· τα ανω φρονειτε	μη τα επι της γης· απεθανετε γαρ, και η ζωη
	1	προσκαρτερειτε
4:2	εν ουρανω· τη προσευχη προσκαρτερειτε	γρηγορουντες εν αυτη εν ευχαριστια,
	2	περιπατειτε
4:5	δει με λαλησαι· εν σοφια περιπατειτε	προς τους εξω, τον καιρον εξαγοραζομενοι· ο
2:6	ιησουν τον κυριον, εν αυτω περιπατειτε	ερριζωμενοι και εποικοδομουμενοι εν αυτω και
	1	ζητειτε
3:1	συνηγερθητε τω χριστω, τα ανω ζητειτε	ου ο χριστος εστιν εν δεξια του θεου
	1	οτε
3:7	οις και υμεις περιεπατησατε ποτε, οτε	εζητε εν τουτοις· νυνι δε αποθεσθε και υμεις
	2	ποτε
3:7	εν οις και υμεις περιεπατησατε ποτε	οτε εζητε εν τουτοις· νυνι δε αποθεσθε και
1:21	τα εν τοις ουρανοις· και υμας ποτε	οντας απηλλοτριωμενους και εχθρους τη διανοια
	1	τοτε
3:4	ο χριστος φανερωθη, η ζωη ημων, τοτε	και υμεις συν αυτω φανερωθησεσθε εν δοξη·
	3	παντοτε
4:6	εξαγοραζομενοι· ο λογος υμων παντοτε	εν χαριτι, αλατι ηρτυμενος, ειδεναι πως δει
1:3	του κυριου ημων ιησου χριστου παντοτε	περι υμων προσευχομενοι, ακουσαντες την
4:12	υμων, δουλος χριστου (ιησου), παντοτε	αγωνιζομενος υπερ υμων εν ταις προσευχαις, ινα

1 εστε
2:10 της θεοτητος σωματικως. και εστε εν αυτω πεπληρωμενοι. ος εστιν η κεφαλη πασης

1 γνωτε
4:8 προς υμας εις αυτο τουτο. ινα γνωτε τα περι ημων και παρακαλεση τας καρδιας υμων.

1 αναγνωτε
4:16 εκ λαοδικειας ινα και υμεις αναγνωτε και ειπατε αρχιππω. βλεπε την διακονιαν ην

1 επεγνωτε
1:6 αφ ης ημερας ηκουσατε και επεγνωτε την χαριν του θεου εν αληθεια. καθως εμαθετε

14 η
3:15 εστιν συνδεσμος της τελειοτητος. και η ειρηνη του χριστου βραβευετω εν ταις καρδιαις
3:3 τα επι της γης. απεθανετε γαρ. και η ζωη υμων κεκρυπται συν τω χριστω εν τω θεω.
3:6 εστιν ειδωλολατρια. δι α ερχεται η οργη του θεου (επι τους υιους της απειθειας).
2:16 υμας κρινετω εν βρωσει και εν ποσει η εν μερει εορτης η νεομηνιας η σαββατων. α
4:16 και οταν αναγνωσθη παρ υμιν η επιστολη. ποιησατε ινα και εν τη λαοδικεων
1:24 μου υπερ του σωματος αυτου. ο εστιν η εκκλησια. ης εγενομην εγω διακονος κατα την
2:10 εστε εν αυτω πεπληρωμενοι. ος εστιν η κεφαλη πασης αρχης και εξουσιας. εν ω και
1:18 εν αυτω συνεστηκεν. και αυτος εστιν η κεφαλη του σωματος. της εκκλησιας. ος εστιν
2:16 ποσει η εν μερει εορτης η νεομηνιας η σαββατων. α εστιν σκια των μελλοντων. το δε
2:16 βρωσει και εν ποσει η εν μερει εορτης η νεομηνιας η σαββατων. α εστιν σκια των
3:17 θεω. και παν ο τι εαν ποιητε εν λογω η εν εργω. παντα εν ονοματι κυριου ιησου.
4:18 παυλου. μνημονευετε μου των δεσμων. η χαρις μεθ υμων.
3:4 εν τω θεω. οταν ο χριστος φανερωθη. η ζωη ημων. τοτε και υμεις συν αυτω
1:27 εθνεσιν. ο εστιν χριστος εν υμιν. η ελπις της δοξης. ον ημεις καταγγελλομεν

1 οργη
3:6 ειδωλολατρια. δι α ερχεται η οργη του θεου (επι τους υιους της απειθειας). εν

1 ελθη
4:10 περι ου ελαβετε εντολας. εαν ελθη προς υμας. δεξασθε αυτον. και ιησους ο

1 εκτισθη
1:16 πασης κτισεως. οτι εν αυτω εκτισθη τα παντα εν τοις ουρανοις και επι της γης. τα

2 αναγνωσθη
4:16 και εν τη λαοδικεων εκκλησια αναγνωσθη και την εκ λαοδικειας ινα και υμεις αναγνωτε.
4:16 αυτης εκκλησιαν. και οταν αναγνωσθη παρ υμιν η επιστολη. ποιησατε ινα και εν τη

1 φανερωθη
3:4 εν τω θεω. οταν ο χριστος φανερωθη η ζωη ημων. τοτε και υμεις συν αυτω

1 εφανερωθη
1:26 και απο των γενεων-νυν δε εφανερωθη τοις αγιοις αυτου. οις ηθελησεν ο θεος

1 εικη
2:18 των αγγελων. α εορακεν εμβατευων. εικη φυσιουμενος υπο του νοος της σαρκος αυτου.

1 πνευματικη
1:9 εν παση σοφια και συνεσει πνευματικη περιπατησαι αξιως του κυριου εις πασαν

2 κεφαλη
2:10 εν αυτω πεπληρωμενοι. ος εστιν η κεφαλη πασης αρχης και εξουσιας. εν ω και
1:18 συνεστηκεν. και αυτος εστιν η κεφαλη του σωματος. της εκκλησιας. ος εστιν αρχη.

1 μελη
3:5 εν δοξη. νεκρωσατε ουν τα μελη τα επι της γης. πορνειαν. ακαθαρσιαν. παθος.

1 επιστολη
4:16 και οταν αναγνωσθη παρ υμιν η επιστολη ποιησατε ινα και εν τη λαοδικεων εκκλησια

10 μη
3:9 αισχρολογιαν εκ του στοματος υμων. μη ψευδεσθε εις αλληλους. απεκδυσαμενοι τον
2:16 θριαμβευσας αυτους εν αυτω. μη ουν τις υμας κρινετω εν βρωσει και εν ποσει η
2:21 τι ως ζωντες εν κοσμω δογματιζεσθε. μη αψη μηδε γευση μηδε θιγης. α εστιν παντα εις
3:21 μη ερεθιζετε τα τεκνα υμων. ινα μη αθυμωσιν. οι δουλοι. υπακουετε κατα παντα
2:8 εν ευχαριστια. βλεπετε μη τις υμας εσται ο συλαγωγων δια της φιλοσοφιας
1:23 τεθεμελιωμενοι και εδραιοι και μη μετακινουμενοι απο της ελπιδος του ευαγγελιου
3:19 οι ανδρες. αγαπατε τας γυναικας και μη πικραινεσθε προς αυτας. τα τεκνα. υπακουετε
3:2 θεου καθημενος. τα ανω φρονειτε. μη τα επι της γης. απεθανετε γαρ. και η ζωη υμων

3:21 εστιν εν κυριω. οι πατερες, μη ερεθιζετε τα τεκνα υμων, ινα μη αθυμωσιν. οι
3:22 κατα παντα τοις κατα σαρκα κυριοις, μη εν οφθαλμοδουλια ως ανθρωπαρεσκοι, αλλ εν

1 εμη
4:18 ινα αυτην πληροις. ο ασπασμος τη εμη χειρι παυλου. μνημονευετε μου των δεσμων. η

1 τιμη
2:23 και αφειδια σωματος, ουκ εν τιμη τινι προς πλησμονην της σαρκος. ει ουν

3 περιτομη
2:11 εν ω και περιετμηθητε περιτομη αχειροποιητω εν τη απεκδυσει του σωματος της
2:11 του σωματος της σαρκος, εν τη περιτομη του χριστου, συνταφεντες αυτω εν τω βαπτισμω,
3:11 ουκ ενι ελλην και ιουδαιος, περιτομη και ακροβυστια, βαρβαρος, σκυθης, δουλος,

2 ειρηνη
3:15 της τελειοτητος. και η ειρηνη του χριστου βραβευετω εν ταις καρδιαις υμων,
1:2 εν χριστω. χαρις υμιν και ειρηνη απο θεου πατρος ημων. ευχαριστουμεν τω θεω

2 ταπεινοφροσυνη
2:23 εν εθελοθρησκια και ταπεινοφροσυνη και αφειδια σωματος, ουκ εν τιμη τινι προς
2:18 καταβραβευετω θελων εν ταπεινοφροσυνη και θρησκεια των αγγελων, α εορακεν εμβατευων,

1 ανοιξη
4:3 αμα και περι ημων, ινα ο θεος ανοιξη ημιν θυραν του λογου, λαλησαι το μυστηριον του

1 δοξη
3:4 υμεις συν αυτω φανερωθησεσθε εν δοξη νεκρωσατε ουν τα μελη τα επι της γης,

1 αγαπη
2:2 καρδιαι αυτων, συνβιβασθεντες εν αγαπη και εις παν πλουτος της πληροφοριας της

5 παση
1:11 τη επιγνωσει του θεου, εν παση δυναμει δυναμουμενοι κατα το κρατος της δοξης
1:28 και διδασκοντες παντα ανθρωπον εν παση σοφια, ινα παραστησωμεν παντα ανθρωπον τελειον
1:23 ου ηκουσατε, του κηρυχθεντος εν παση κτισει τη υπο τον ουρανον, ου εγενομην εγω
1:9 επιγνωσιν του θεληματος αυτου εν παση σοφια και συνεσει πνευματικη, περιπατησαι
3:16 ενοικειτω εν υμιν πλουσιως, εν παση σοφια διδασκοντες και νουθετουντες εαυτους,

1 παρακαλεση
4:8 ινα γνωτε τα περι ημων και παρακαλεση τας καρδιας υμων, συν ονησιμω τω πιστω και

1 γευση
2:21 κοσμω δογματιζεσθε, μη αψη μηδε γευση μηδε θιγης, α εστιν παντα εις φθοραν τη

14 τη
4:2 και υμεις εχετε κυριον εν ουρανω. τη προσευχη προσκαρτερειτε, γρηγορουντες εν αυτη
1:23 κατενωπιον αυτου, ει γε επιμενετε τη πιστει τεθεμελιωμενοι και εδραιοι και μη
2:13 νεκρους οντας τοις παραπτωμασιν και τη ακροβυστια της σαρκος υμων, συνεζωοποιησεν
2:5 εν πιθανολογια. ει γαρ και τη σαρκι απειμι, αλλα τω πνευματι συν υμιν ειμι,
1:23 του κηρυχθεντος εν παση κτισει τη υπο τον ουρανον, ου εγενομην εγω παυλος
1:10 αγαθω καρποφορουντες και αυξανομενοι τη επιγνωσει του θεου, εν παση δυναμει
2:22 θιγης, α εστιν παντα εις φθοραν τη αποχρησει, κατα τα ενταλματα και διδασκαλιας
4:16 υμιν η επιστολη, ποιησατε ινα και εν τη λαοδικεων εκκλησια αναγνωσθη, και την εκ
1:24 των θλιψεων του χριστου εν τη σαρκι μου υπερ του σωματος αυτου, ο εστιν η
2:11 περιτομη αχειροποιητω εν τη απεκδυσει του σωματος της σαρκος, εν τη
2:11 απεκδυσει του σωματος της σαρκος, εν τη περιτομη του χριστου, συνταφεντες αυτω εν τω
4:18 ινα αυτην πληροις. ο ασπασμος τη εμη χειρι παυλου. μνημονευετε μου των δεσμων.
1:21 οντας απηλλοτριωμενους και εχθρους τη διανοια εν τοις εργοις τοις πονηροις, νυνι δε
2:7 εν αυτω και βεβαιουμενοι (εν) τη πιστει καθως εδιδαχθητε, περισσευοντες εν

1 αυτη
4:2 προσκαρτερειτε, γρηγορουντες εν αυτη εν ευχαριστια, προσευχομενοι αμα και περι

1 εχη
3:13 εαυτοις, εαν τις προς τινα εχη μομφην. καθως και ο κυριος εχαρισατο υμιν

1 αρχη
1:18 σωματος, της εκκλησιας. ος εστιν αρχη πρωτοτοκος εκ των νεκρων, ινα γενηται εν

1 προσευχη
4:2 εχετε κυριον εν ουρανω. τη προσευχη προσκαρτερειτε, γρηγορουντες εν αυτη εν

1 αψη

2:21 ζωντες εν κοσμω δογματιζεσθε, μη αψη μηδε γευση μηδε θιγης, α εστιν παντα εις

2 ζωη

3:3 επι της γης· απεθανετε γαρ, και η ζωη υμων κεκρυπται συν τω χριστω εν τω θεω· οταν

3:4 τω θεω· οταν ο χριστος φανερωθη, η ζωη ημων, τοτε και υμεις συν αυτω φανερωθησεσθε εν

1 καθ

2:14 παντα τα παραπτωματα, εξαλειψας το καθ ημων χειρογραφον τοις δογμασιν ο ην υπεναντιον

1 μεθ

4:18 μνημονευετε μου των δεσμων· η χαρις μεθ υμων·

2 αι

3:18 τω θεω πατρι δι αυτου· αι γυναικες, υποτασσεσθε τοις ανδρασιν, ως ανηκεν

2:2 μου εν σαρκι, ινα παρακληθωσιν αι καρδιαι αυτων, συνβιβασθεντες εν αγαπη και εις

1 αποκρινεσθαι

4:6 πως δει υμας ενι εκαστω αποκρινεσθαι τα κατ εμε παντα γνωρισει υμιν τυχικος ο

1 καρδιαι

2:2 εν σαρκι, ινα παρακληθωσιν αι καρδιαι αυτων, συνβιβασθεντες εν αγαπη και εις παν

1 εξουσιαι

1:16 κυριοτητες ειτε αρχαι ειτε εξουσιαι τα παντα δι αυτου και εις αυτον εκτισται,

101 και

1:20 παν το πληρωμα κατοικησαι και δι αυτου αποκαταλλαξαι τα παντα εις αυτον,

4:17 λαοδικειας ινα και υμεις αναγνωτε· και ειπατε αρχιππω, βλεπε την διακονιαν ην

4:16 και την κατ οικον αυτης εκκλησιαν· και οταν αναγνωσθη παρ υμιν η επιστολη, ποιησατε

1:18 και τα παντα εν αυτω συνεστηκεν· και αυτος εστιν η κεφαλη του σωματος, της

2:13 του εγειραντος αυτον εκ νεκρων· και υμας νεκρους οντας τοις παραπτωμασιν και τη

1:21 της γης ειτε τα εν τοις ουρανοις· και υμας ποτε οντας απηλλοτριωμενους και εχθρους

3:15 ο εστιν συνδεσμος της τελειοτητος· και η ειρηνη του χριστου βραβευετω εν ταις

3:17 εν ταις καρδιαις υμων τω θεω· και παν ο τι εαν ποιητε εν λογω η εν εργω, παντα

1:17 δι αυτου και εις αυτον εκτισται, και αυτος εστιν προ παντων και τα παντα εν αυτω

4:11 εαν ελθη προς υμας, δεξασθε αυτον, και ιησους ο λεγομενος ιουστος, οι οντες εκ

2:10 το πληρωμα της θεοτητος σωματικως, και εστε εν αυτω πεπληρωμενοι, ος εστιν η κεφαλη

3:10 ανθρωπον συν ταις πραξεσιν αυτου, και ενδυσαμενοι τον νεον τον ανακαινουμενον εις

2:19 υπο του νοος της σαρκος αυτου, και ου κρατων την κεφαλην, εξ ου παν το σωμα δια

4:13 υπερ υμων και των εν λαοδικεια και των εν ιεραπολει· ασπαζεται υμας λουκας ο

2:1 εχω υπερ υμων και των εν λαοδικεια και οσοι ουχ εορακαν το προσωπον μου εν σαρκι,

2:23 μεν εχοντα σοφιας εν εθελοθρησκια και ταπεινοφροσυνη και αφειδια σωματος, ουκ εν

1:9 του θεληματος αυτου εν παση σοφια και συνεσει πνευματικη, περιπατησαι αξιως του

4:3 εν ευχαριστια, προσευχομενοι αμα και περι ημων, ινα ο θεος ανοιξη ημιν θυραν του

4:16 παρ υμιν η επιστολη, ποιησατε ινα και εν τη λαοδικεων εκκλησια αναγνωσθη, και την εκ

4:16 και την εκ λαοδικειας ινα και υμεις αναγνωτε· και ειπατε αρχιππω, βλεπε την

2:22 τη αποχρησει, κατα τα ενταλματα και διδασκαλιας των ανθρωπων; ατινα εστιν λογον

1:16 ουρανοις και επι της γης, τα ορατα και τα αορατα, ειτε θρονοι ειτε κυριοτητες ειτε

3:11 δουλος, ελευθερος, αλλα (τα) παντα και εν πασιν χριστος· ενδυσασθε ουν ως εκλεκτοι

3:8 εζητε εν τουτοις· νυνι δε αποθεσθε και υμεις τα παντα, οργην, θυμον, κακιαν,

1:6 και εν υμιν, αφ ης ημερας ηκουσατε και επεγνωτε την χαριν του θεου εν αληθεια· καθως

3:4 χριστος φανερωθη, η ζωη ημων, τοτε και υμεις συν αυτω φανερωθησεσθε εν δοξη·

3:11 ενι ελλην και ιουδαιος, περιτομη και ακροβυστια, βαρβαρος, σκυθης, δουλος,

2:23 εν εθελοθρησκια και ταπεινοφροσυνη και αφειδια σωματος, ουκ εν τιμη τινι προς

2:18 θελων εν ταπεινοφροσυνη και θρησκεια των αγγελων, α εορακεν εμβατευων,

2:2 αυτων, συνβιβασθεντες εν αγαπη και εις παν πλουτος της πληροφοριας της συνεσεως,

2:16 μη ουν τις υμας κρινετω εν βρωσει και εν ποσει η εν μερει εορτης η νεομηνιας η

1:23 πιστει τεθεμελιωμενοι και εδραιοι και μη μετακινουμενοι απο της ελπιδος του

3:12 ουν ως εκλεκτοι του θεου, αγιοι και ηγαπημενοι, σπλαγχνα οικτιρμου, χρηστοτητα,

4:12 προσευχαις, ινα σταθητε τελειοι και πεπληροφορημενοι εν παντι θεληματι του θεου·

1:9 ου πανομεθα υπερ υμων προσευχομενοι και αιτουμενοι ινα πληρωθητε την επιγνωσιν του

2:7 εν αυτω περιπατειτε, ερριζωμενοι και εποικοδομουμενοι εν αυτω και βεβαιουμενοι (εν)

1:23 επιμενετε τη πιστει τεθεμελιωμενοι και εδραιοι και μη μετακινουμενοι απο της ελπιδος

4:1 τοις δουλοις παρεχεσθε, ειδοτες οτι και υμεις εχετε κυριον εν ουρανω· τη προσευχη

4:15 εν λαοδικεια αδελφους και νυμφαν και την κατ οικον αυτης εκκλησιαν· και οταν

3:15 εν ταις καρδιαις υμων, εις ην και εκληθητε εν ενι σωματι· και ευχαριστοι

3:11 αυτον, οπου ουκ ενι ελλην και ιουδαιος, περιτομη και ακροβυστια, βαρβαρος,

1:11 της δοξης αυτου εις πασαν υπομονην και μακροθυμιαν, μετα χαρας ευχαριστουντες τω

1:2 αδελφοις εν χριστω· χαρις υμιν και ειρηνη απο θεου πατρος ημων· ευχαριστουμεν τω

2:5 χαιρων και βλεπων υμων την ταξιν και το στερεωμα της εις χριστον πιστεως υμων· ως

2:13 νεκρους οντας τοις παραπτωμασιν και τη ακροβυστια της σαρκος υμων, συνεζωοποιησεν

4:1	οι κυριοι, το δικαιον και	την ισοτητα τοις δουλοις παρεχεσθε, ειδοτες
2:19	αφων και συνδεσμων επιχορηγουμενον και	συνβιβαζομενον αυξει την αυξησιν του θεου· ει
1:6	τω κοσμω εστιν καρποφορουμενον και	αυξανομενον καθως και εν υμιν, αφ ης ημερας
1:28	νουθετουντες παντα ανθρωπον και	διδασκοντες παντα ανθρωπον εν παση σοφια, ινα
3:13	μακροθυμιαν, ανεχομενοι αλληλων και	χαριζομενοι εαυτοις, εαν τις προς τινα εχη
4:8	αυτο τουτο, ινα γνωτε τα περι ημων και	παρακαλεση τας καρδιας υμων, συν ονησιμω τω
4:13	αυτω τι εχει πολυν πονον υπερ υμων και	των εν λαοδικεια και των εν ιεραπολει·
2:1	ειδεναι ηλικον αγωνα εχω υπερ υμων και	των εν λαοδικεια και οσοι ουχ εορακαν το
1:26	το αποκεκρυμμενον απο των αιωνων και	απο των γενεων-νυν δε εφανερωθη τοις αγιοις
2:5	τω πνευματι συν υμιν ειμι, χαιρων και	βλεπων υμων την ταξιν και το στερεωμα της εις
1:17	και αυτος εστιν προ παντων και	τα παντα εν αυτω συνεστηκεν· και αυτος εστιν
2:19	εξ ου παν το σωμα δια των αφων και	συνδεσμων επιχορηγουμενον και συνβιβαζομενον
1:8	υπερ υμων διακονος του χριστου, ο και	δηλωσας ημιν την υμων αγαπην εν πνευματι· δια
4:3	το μυστηριον του χριστου, δι ο και	δεδεμαι, ινα φανερωσω αυτο ως δει με λαλησαι·
1:29	ανθρωπον τελειον εν χριστω· εις ο και	κοπιω αγωνιζομενος κατα την ενεργειαν αυτου
1:9	υμων αγαπην εν πνευματι· δια τουτο και	ημεις, αφ ης ημερας ηκουσαμεν, ου παυομεθα
2:5	εν πιθανολογια· ει γαρ και	τη σαρκι απειμι, αλλα τω πνευματι συν υμιν
2:3	εισιν παντες οι θησαυροι της σοφιας και	γνωσεως αποκρυφοι· τουτο λεγω ινα μηδεις υμας
2:8	ο συλαγωγων δια της φιλοσοφιας και	κενης απατης κατα την παραδοσιν των ανθρωπων,
3:19	οι ανδρες, αγαπατε τας γυναικας και	μη πικραινεσθε προς αυτας· τα τεκνα,
2:15	τω σταυρω· απεκδυσαμενος τας αρχας και	τας εξουσιας εδειγματισεν εν παρρησια,
3:16	πλουσιως, εν παση σοφια διδασκοντες και	νουθετουντες εαυτους, ψαλμοις, υμνοις, ωδαις
1:10	εν παντι εργω αγαθω καρποφορουντες και	αυξανομενοι τη επιγνωσει του θεου, εν παση
2:10	ος εστιν η κεφαλη πασης αρχης και	εξουσιας, εν ω και περιετμηθητε περιτομη
3:7	τους υιους της απειθειας)· εν οις και	υμεις περιεπατησατε ποτε, οτε εζητε εν
1:2	ο αδελφος τοις εν κολοσσαις αγιοις και	πιστοις αδελφοις εν χριστω· χαρις υμιν και
1:16	εκτισθη τα παντα εν τοις ουρανοις και	επι της γης, τα ορατα και τα αορατα, ειτε
4:7	αδελφος και πιστος διακονος και	συνδουλος εν κυριω, ον επεμψα προς υμας εις
4:14	υμας λουκας ο ιατρος ο αγαπητος και	δημας· ασπασασθε τους εν λαοδικεια αδελφους
4:7	υμιν τυχικος ο αγαπητος αδελφος και	πιστος διακονος και συνδουλος εν κυριω, ον
1:22	του θανατου, παραστησαι υμας αγιους και	αμωμους και ανεγκλητους κατενωπιον αυτου, ει
1:22	παραστησαι υμας αγιους και αμωμους και	ανεγκλητους κατενωπιον αυτου, ει γε επιμενετε
1:21	υμας ποτε οντας απηλλοτριωμενους και	εχθρους τη διανοια εν τοις εργοις τοις
1:13	ημας εκ της εξουσιας του σκοτους και	μετεστησεν εις την βασιλειαν του υιου της
4:15	τους εν λαοδικεια αδελφους και	νυμφαν και την κατ οικον αυτης εκκλησιαν· και
1:6	και αυξανομενον καθως και	εν υμιν, αφ ης ημερας ηκουσατε και επεγνωτε
3:13	εαν τις προς τινα εχη μομφην· καθως και	ο κυριος εχαρισατο υμιν ουτως και υμεις· επι
1:6	του παροντος εις υμας, καθως και	εν παντι τω κοσμω εστιν καρποφορουμενον και
3:13	και ο κυριος εχαρισατο υμιν ουτως και	υμεις· επι πασιν δε τουτοις την αγαπην, ο
1:1	χριστου ιησου δια θεληματος θεου και	τιμοθεος ο αδελφος τοις εν κολοσσαις αγιοις
2:8	κατα τα στοιχεια του κοσμου και	ου κατα χριστον· οτι εν αυτω κατοικει παν το
1:4	την πιστιν υμων εν χριστω ιησου και	την αγαπην ην εχετε εις παντας τους αγιους
1:16	ειτε εξουσιαι· τα παντα δι αυτου και	εις αυτον εκτισται, και αυτος εστιν προ
2:11	πασης αρχης και εξουσιας, εν ω και	περιετμηθητε περιτομη αχειροποιητω εν τη
2:12	αυτω εν τω βαπτισμω, εν ω και	συνηγερθητε δια της πιστεως της ενεργειας του
3:23	εκ ψυχης εργαζεσθε, ως τω κυριω και	ουκ ανθρωποις, ειδοτες οτι απο κυριου
4:9	καρδιας υμων, συν ονησιμω τω πιστω και	αγαπητω αδελφω, ος εστιν εξ υμων· παντα υμιν
2:7	και εποικοδομουμενοι εν αυτω και	βεβαιουμενοι (εν) τη πιστει καθως εδιδαχθητε,
3:15	εις ην και εκληθητε εν ενι σωματι· και	ευχαριστοι γινεσθε· ο λογος του χριστου
4:16	εν τη λαοδικεων εκκλησια αναγνωσθη, και	την εκ λαοδικειας ινα και υμεις αναγνωτε· και
3:25	ο γαρ αδικων κομισεται ο ηδικησεν, και	ουκ εστιν προσωπολημψια· οι κυριοι, το
3:5	ακαθαρσιαν, παθος, επιθυμιαν κακην, και	την πλεονεξιαν ητις εστιν ειδωλολατρια, δι α
2:14	τοις δογμασιν ο ην υπεναντιον ημιν, και	αυτο ηρκεν εκ του μεσου προσηλωσας αυτο τω
1:24	χαιρω εν τοις παθημασιν υπερ υμων, και	ανταναπληρω τα υστερηματα των θλιψεων του
3:3	μη τα επι της γης· απεθανετε γαρ, και	η ζωη υμων κεκρυπται συν τω χριστω εν τω θεω·
4:10	αρισταρχος ο συναιχμαλωτος μου, και	μαρκος ο ανεψιος βαρναβα, περι ου ελαβετε

1 δεδεμαι

4:3	μυστηριον του χριστου, δι ο και δεδεμαι	ινα φανερωσω αυτο ως δει με λαλησαι· εν

2 ειδεναι

2:1	εν δυναμει· θελω γαρ υμας ειδεναι	ηλικον αγωνα εχω υπερ υμων και των εν
4:6	εν χαριτι, αλατι ηρτυμενος, ειδεναι	πως δει υμας ενι εκαστω αποκρινεσθαι· τα κατ

1 αποκαταλλαξαι

1:20	κατοικησαι και δι αυτου αποκαταλλαξαι	τα παντα εις αυτον, ειρηνοποιησας δια του

1 κατοικησαι

1:19	ευδοκησεν παν το πληρωμα κατοικησαι	και δι αυτου αποκαταλλαξαι τα παντα εις

2 λαλησαι

4:4	ινα φανερωσω αυτο ως δει με λαλησαι	εν σοφια περιπατειτε προς τους εξω, τον
4:3	ανοιξη ημιν θυραν του λογου, λαλησαι	το μυστηριον του χριστου, δι ο και δεδεμαι,

1 περιπατησαι
1:10 και συνεσει πνευματικη, περιπατησαι αξιως του κυριου εις πασαν αρεσκειαν, εν παντι

1 παραστησαι
1:22 αυτου δια του θανατου, παραστησαι υμας αγιους και αμωμους και ανεγκλητους

1 γνωρισαι
1:27 αυτου, οις ηθελησεν ο θεος γνωρισαι τι το πλουτος της δοξης του μυστηριου τουτου

1 πληρωσαι
1:25 θεου την δοθεισαν μοι εις υμας πληρωσαι τον λογον του θεου, το μυστηριον το

3 ασπαζεται
4:12 εγενηθησαν μοι παρηγορια· ασπαζεται υμας επαφρας ο εξ υμων, δουλος χριστου
4:10 υμιν γνωρισουσιν τα ωδε· ασπαζεται υμας αρισταρχος ο συναιχμαλωτος μου, και
4:14 και των εν ιεραπολει· ασπαζεται υμας λουκας ο ιατρος ο αγαπητος και δημας·

1 κομισεται
3:25 δουλευετε· ο γαρ αδικων κομισεται ο ηδικησεν, και ουκ εστιν προσωποληψια· οι

1 ερχεται
3:6 ητις εστιν ειδωλολατρια, δι α ερχεται η οργη του θεου (επι τους υιους της

1 παραλογιζηται
2:4 λεγω ινα μηδεις υμας παραλογιζηται εν πιθανολογια· ει γαρ και τη σαρκι απειμι,

1 γενηται
1:18 πρωτοτοκος εκ των νεκρων, ινα γενηται εν πασιν αυτος πρωτευων, οτι εν αυτω

1 κεκρυπται
3:3 απεθανετε γαρ, και η ζωη υμων κεκρυπται συν τω χριστω εν τω θεω· οταν ο χριστος

1 εσται
2:8 ευχαριστια· βλεπετε μη τις υμας εσται ο συλαγωγων δια της φιλοσοφιας και κενης

1 εκτισται
1:16 παντα δι αυτου και εις αυτον εκτισται και αυτος εστιν προ παντων και τα παντα εν

1 αρχαι
1:16 ειτε θρονοι ειτε κυριοτητες ειτε αρχαι ειτε εξουσιαι· τα παντα δι αυτου και εις αυτον

5 δι
3:6 πλεονεξιαν ητις εστιν ειδωλολατρια, δι α ερχεται η οργη του θεου (επι τους υιους της
1:16 ειτε αρχαι ειτε εξουσιαι· τα παντα δι αυτου και εις αυτον εκτισται, και αυτος εστιν
1:20 παν το πληρωμα κατοικησαι και δι αυτου αποκαταλλαξαι τα παντα εις αυτον,
3:17 ιησου, ευχαριστουντες τω θεω πατρι δι αυτου· αι γυναικες, υποτασσεσθε τοις
4:3 λαλησαι το μυστηριον του χριστου, δι ο και δεδεμαι, ινα φανερωσω αυτο ως δει με

4 ει
3:1 τινι προς πλησμονην της σαρκος· ει ουν συνηγερθητε τω χριστω, τα ανω ζητειτε, ου
2:5 υμας παραλογιζηται εν πιθανολογια· ει γαρ και τη σαρκι απειμι, αλλα τω πνευματι συν
2:20 αυξει την αυξησιν του θεου· ει απεθανετε συν χριστω απο των στοιχειων του
1:23 και ανεγκλητους κατενωπιον αυτου, ει γε επιμενετε τη πιστει τεθεμελιωμενοι και

2 δει
4:4 και δεδεμαι, ινα φανερωσω αυτο ως δει με λαλησαι· εν σοφια περιπατειτε προς τους
4:6 αλατι ηρτυμενος, ειδεναι πως δει υμας ενι εκαστω αποκρινεσθαι· τα κατ εμε

1 κατοικει
2:9 ου κατα χριστον· οτι εν αυτω κατοικει παν το πληρωμα της θεοτητος σωματικως, και

1 ιεραπολει
4:13 των εν λαοδικεια και των εν ιεραπολει ασπαζεται υμας λουκας ο ιατρος ο αγαπητος

2 δυναμει
1:11 τη επιγνωσει του θεου, εν παση δυναμει δυναμουμενοι κατα το κρατος της δοξης αυτου
1:29 την ενεργουμενην εν εμοι εν δυναμει θελω γαρ υμας ειδεναι ηλικον αγωνα εχω υπερ

1 αυξει
2:19 και συνβιβαζομενον αυξει την αυξησιν του θεου· ει απεθανετε συν χριστω

1 μερει
2:16 εν βρωσει και εν ποσει η εν μερει εορτης η νεομηνιας η σαββατων. α εστιν σκια

1 συνεσει
1:9 αυτου εν παση σοφια και συνεσει πνευματικη. περιπατησαι αξιως του κυριου εις

1 αποχρησει
2:22 α εστιν παντα εις φθοραν τη αποχρησει κατα τα ενταλματα και διδασκαλιας των

1 γνωρισει
4:7 τα κατ εμε παντα γνωρισει υμιν τυχικος ο αγαπητος αδελφος και πιστος

1 κτισει
1:23 του κηρυχθεντος εν παση κτισει τη υπο τον ουρανον. ου εγενομην εγω παυλος

1 ποσει
2:16 τις υμας κρινετω εν βρωσει και εν ποσει η εν μερει εορτης η νεομηνιας η σαββατων. α

1 απεκδυσει
2:11 περιτομη αχειροποιητω εν τη απεκδυσει του σωματος της σαρκος. εν τη περιτομη του

1 επιγνωσει
1:10 και αυξανομενοι τη επιγνωσει του θεου. εν παση δυναμει δυναμουμενοι κατα

1 βρωσει
2:16 μη ουν τις υμας κρινετω εν βρωσει και εν ποσει η εν μερει εορτης η νεομηνιας η

2 πιστει
1:23 αυτου. ει γε επιμενετε τη πιστει τεθεμελιωμενοι και εδραιοι και μη
2:7 εν αυτω και βεβαιουμενοι (εν) τη πιστει καθως εδιδαχθητε. περισσευοντες εν ευχαριστια.

1 εχει
4:13 του θεου. μαρτυρω γαρ αυτω τι εχει πολυν πονον υπερ υμων και των εν λαοδικεια και

3 σαρκι
2:5 εν πιθανολογια. ει γαρ και τη σαρκι απειμι. αλλα τω πνευματι συν υμιν ειμι. χαιρων
1:24 των θλιψεων του χριστου εν τη σαρκι μου υπερ του σωματος αυτου. ο εστιν η
2:1 ουχ εορακαν το προσωπον μου εν σαρκι ινα παρακληθωσιν αι καρδιαι αυτων.

1 ειμι
2:5 απειμι. αλλα τω πνευματι συν υμιν ειμι χαιρων και βλεπων υμων την ταξιν και το

1 απειμι
2:5 ει γαρ και τη σαρκι απειμι αλλα τω πνευματι συν υμιν ειμι. χαιρων και

3 ενι
3:11 του κτισαντος αυτον. οπου ουκ ενι ελλην και ιουδαιος. περιτομη και ακροβυστια.
3:15 υμων. εις ην και εκληθητε εν ενι σωματι. και ευχαριστοι γινεσθε. ο λογος του
4:6 ηρτυμενος. ειδεναι πως δει υμας ενι εκαστω αποκρινεσθαι. τα κατ εμε παντα

1 τινι
2:23 και αφειδια σωματος. ουκ εν τιμη τινι προς πλησμονην της σαρκος. ει ουν

2 νυνι
3:8 ποτε. οτε εζητε εν τουτοις. νυνι δε αποθεσθε και υμεις τα παντα. οργην. θυμον.
1:22 εν τοις εργοις τοις πονηροις. νυνι δε αποκατηλλαγητε εν τω σωματι της σαρκος

6 οι
4:1 και ουκ εστιν προσωποληmψια. οι κυριοι. το δικαιον και την ισοτητα τοις
3:22 τα τεκνα υμων. ινα μη αθυμωσιν. οι δουλοι. υπακουετε κατα παντα τοις κατα σαρκα
3:19 τοις ανδρασιν. ως ανηκεν εν κυριω. οι ανδρες. αγαπατε τας γυναικας και μη
3:21 τουτο γαρ ευαρεστον εστιν εν κυριω. οι πατερες. μη ερεθιζετε τα τεκνα υμων. ινα μη
2:3 θεου. χριστου. εν ω εισιν παντες οι θησαυροι της σοφιας και γνωσεως αποκρυφοι.
4:11 και ιησους ο λεγομενος ιουστος. οι οντες εκ περιτομης ουτοι μονοι συνεργοι εις

1 συνεργοι
4:11 οντες εκ περιτομης ουτοι μονοι συνεργοι εις την βασιλειαν του θεου. οιτινες εγενηθησαν

1 εδραιοι
1:23 τη πιστει τεθεμελιωμενοι και εδραιοι και μη μετακινουμενοι απο της ελπιδος του

1 αγιοι
3:12 ουν ως εκλεκτοι του θεου, αγιοι και ηγαπημενοι, σπλαγχνα οικτιρμου,

1 τελειοι
4:12 εν ταις προσευχαις, ινα σταθητε τελειοι και πεπληροφορημενοι εν παντι θεληματι του

1 κυριοι
4:1 ουκ εστιν προσωποληψια· οι κυριοι το δικαιον και την ισοτητα τοις δουλοις

1 ανθρωπαρεσκοι
3:22 μη εν οφθαλμοδουλια ως ανθρωπαρεσκοι αλλ εν απλοτητι καρδιας, φοβουμενοι τον

1 δουλοι
3:22 τεκνα υμων, ινα μη αθυμωσιν. οι δουλοι υπακουετε κατα παντα τοις κατα σαρκα κυριοις,

2 μοι
4:11 του θεου, οιτινες εγενηθησαν μοι παρηγορια. ασπαζεται υμας επαφρας ο εξ υμων,
1:25 οικονομιαν του θεου την δοθεισαν μοι εις υμας πληρωσαι τον λογον του θεου, το

1 εμοι
1:29 αυτου την ενεργουμενην εν εμοι εν δυναμει. θελω γαρ υμας ειδεναι ηλικον

1 απεκδυσαμενοι
3:9 μη ψευδεσθε εις αλληλους, απεκδυσαμενοι τον παλαιον ανθρωπον συν ταις πραξεσιν αυτου,

1 ενδυσαμενοι
3:10 ταις πραξεσιν αυτου, και ενδυσαμενοι τον νεον τον ανακαινουμενον εις επιγνωσιν κατ

1 ηγαπημενοι
3:12 εκλεκτοι του θεου, αγιοι και ηγαπημενοι σπλαγχνα οικτιρμου, χρηστοτητα,

1 πεπληροφορημενο
4:12 σταθητε τελειοι και πεπληροφορημενοι εν παντι θεληματι του θεου. μαρτυρω γαρ αυτω
4:5 τους εξω, τον καιρον εξαγοραζομενοι ο λογος υμων παντοτε εν χαριτι, αλατι

1 χαριζομενοι
3:13 ανεχομενοι αλληλων και χαριζομενοι εαυτοις, εαν τις προς τινα εχη μομφην. καθως

1 αυξανομενοι
1:10 αγαθω καρποφορουντες και αυξανομενοι τη επιγνωσει του θεου, εν παση δυναμει

1 ανεχομενοι
3:13 πραυτητα, μακροθυμιαν, ανεχομενοι αλληλων και χαριζομενοι εαυτοις, εαν τις προς

3 προσευχομενοι
4:3 εν αυτη εν ευχαριστια, προσευχομενοι αμα και περι ημων, ινα ο θεος ανοιξη ημιν
1:3 χριστου παντοτε περι υμων προσευχομενοι ακουσαντες την πιστιν υμων εν χριστω ιησου
1:9 ου παυομεθα υπερ υμων προσευχομενοι και αιτουμενοι ινα πληρωθητε την επιγνωσιν του

1 φοβουμενοι
3:22 αλλ εν απλοτητι καρδιας, φοβουμενοι τον κυριον. ο εαν ποιητε, εκ ψυχης εργαζεσθε,

1 βεβαιουμενοι
2:7 εν αυτω και βεβαιουμενοι (εν) τη πιστει καθως εδιδαχθητε, περισσευοντες

1 δυναμουμενοι
1:11 του θεου, εν παση δυναμει δυναμουμενοι κατα το κρατος της δοξης αυτου εις πασαν

1 εποικοδομουμενο
2:7 ερριζωμενοι και εποικοδομουμενοι εν αυτω και βεβαιουμενοι (εν) τη πιστει καθως
1:23 και εδραιοι και μη μετακινουμενοι απο της ελπιδος του ευαγγελιου ου ηκουσατε,

1 αιτουμενοι
1:9 υπερ υμων προσευχομενοι και αιτουμενοι ινα πληρωθητε την επιγνωσιν του θεληματος

1 ερριζωμενοι
2:7 εν αυτω περιπατειτε, ερριζωμενοι και εποικοδομουμενοι εν αυτω και βεβαιουμενοι
1:23 γε επιμενετε τη πιστει τεθεμελιωμενοι και εδραιοι και μη μετακινουμενοι απο της

1 πεπληρωμενοι
2:10 και εστε εν αυτω πεπληρωμενοι ος εστιν η κεφαλη πασης αρχης και εξουσιας,

1 μονοι
4:11 οι οντες εκ περιτομης ουτοι μονοι συνεργοι εις την βασιλειαν του θεου, οιτινες

1 θρονοι
1:16 τα ορατα και τα αορατα, ειτε θρονοι ειτε κυριοτητες ειτε αρχαι ειτε εξουσιαι· τα

1 θησαυροι
2:3 χριστου, εν ω εισιν παντες οι θησαυροι της σοφιας και γνωσεως αποκρυφοι· τουτο λεγω

1 οσοι
2:1 υπερ υμων και των εν λαοδικεια και οσοι ουχ εορακαν το προσωπον μου εν σαρκι, ινα

1 εκλεκτοι
3:12 χριστος· ενδυσασθε ουν ως εκλεκτοι του θεου, αγιοι και ηγαπημενοι, σπλαγχνα

1 ευχαριστοι
3:15 εκληθητε εν ενι σωματι· και ευχαριστοι γινεσθε· ο λογος του χριστου ενοικειτω εν

1 ουτοι
4:11 ιουστος, οι οντες εκ περιτομης ουτοι μονοι συνεργοι εις την βασιλειαν του θεου,

1 αποκρυφοι
2:3 της σοφιας και γνωσεως αποκρυφοι τουτο λεγω ινα μηδεις υμας παραλογιζηται εν

5 επι
3:14 εχαρισατο υμιν ουτως και υμεις· επι πασιν δε τουτοις την αγαπην, ο εστιν συνδεσμος
1:20 σταυρου αυτου, (δι αυτου) ειτε τα επι της γης ειτε τα εν τοις ουρανοις· και υμας
3:5 εν δοξη· νεκρωσατε ουν τα μελη τα επι της γης, πορνειαν, ακαθαρσιαν, παθος,
3:2 καθημενος· τα ανω φρονειτε, μη τα επι της γης· απεθανετε γαρ, και η ζωη υμων
1:16 τα παντα εν τοις ουρανοις και επι της γης, τα ορατα και τα αορατα, ειτε θρονοι

4 περι
4:8 υμας εις αυτο τουτο, ινα γνωτε τα περι ημων και παρακαλεση τας καρδιας υμων, συν
1:3 κυριου ημων ιησου χριστου παντοτε περι υμων προσευχομενοι, ακουσαντες την πιστιν
4:3 ευχαριστια, προσευχομενοι αμα και περι ημων, ινα ο θεος ανοιξη ημιν θυραν του λογου,
4:10 μου, και μαρκος ο ανεψιος βαρναβα, περι ου ελαβετε εντολας, εαν ελθη προς υμας,

1 χειρι
4:18 αυτην πληροις· ο ασπασμος τη εμη χειρι παυλου· μνημονευετε μου των δεσμων· η χαρις

3 πατρι
1:3 ημων· ευχαριστουμεν τω θεω πατρι του κυριου ημων ιησου χριστου παντοτε περι
3:17 ιησου, ευχαριστουντες τω θεω πατρι δι αυτου· αι γυναικες, υποτασσεσθε τοις
1:12 μετα χαρας ευχαριστουντες τω πατρι τω ικανωσαντι υμας εις την μεριδα του κληρου

4 τι
4:13 του θεου· μαρτυρω γαρ αυτω τι εχει πολυν πονον υπερ υμων και των εν
1:27 αυτου, οις ηθελησεν ο θεος γνωρισαι τι το πλουτος της δοξης του μυστηριου τουτου εν
3:17 καρδιαις υμων τω θεω· και παν ο τι εαν ποιητε εν λογω η εν εργω, παντα εν ονοματι
2:20 χριστω απο των στοιχειων του κοσμου, τι ως ζωντες εν κοσμω δογματιζεσθε, μη αψη μηδε

1 αλατι
4:6 ο λογος υμων παντοτε εν χαριτι, αλατι ηρτυμενος, ειδεναι πως δει υμας ενι εκαστω

1 θεληματι
4:12 και πεπληροφορημενοι εν παντι θεληματι του θεου· μαρτυρω γαρ αυτω τι εχει πολυν

1 ονοματι
3:17 εν λογω η εν εργω, παντα εν ονοματι κυριου ιησου, ευχαριστουντες τω θεω πατρι δι

2 πνευματι
1:8 ημιν την υμων αγαπην εν πνευματι δια τουτο και ημεις, αφ ης ημερας ηκουσαμεν,
2:5 και τη σαρκι απειμι, αλλα τω πνευματι συν υμιν ειμι, χαιρων και βλεπων υμων την

2 σωματι
3:15 υμων, εις ην και εκληθητε εν ενι σωματι και ευχαριστοι γινεσθε· ο λογος του χριστου
1:22 νυνι δε αποκατηλλαγητε εν τω σωματι της σαρκος αυτου δια του θανατου, παραστησαι

1 απλοτητι
3:22 ως ανθρωπαρεσκοι, αλλ εν απλοτητι καρδιας, φοβουμενοι τον κυριον· ο εαν ποιητε,

2 χαριτι
4:6 ο λογος υμων παντοτε εν χαριτι αλατι ηρτυμενος, ειδεναι πως δει υμας ενι
3:16 υμνοις, ωδαις πνευματικαις εν χαριτι αδοντες εν ταις καρδιαις υμων τω θεω· και παν

3 παντι
1:6 παροντος εις υμας, καθως και εν παντι τω κοσμω εστιν καρποφορουμενον και αυξανομενον
4:12 τελειοι και πεπληροφορημενοι εν παντι θεληματι του θεου· μαρτυρω γαρ αυτω τι εχει
1:10 κυριου εις πασαν αρεσκειαν, εν παντι εργω αγαθω καρποφορουντες και αυξανομενοι τη

1 ικανωσαντι
1:12 ευχαριστουντες τω πατρι τω ικανωσαντι υμας εις την μεριδα του κληρου των αγιων εν τω

5 οτι
2:9 του κοσμου και ου κατα χριστον· οτι εν αυτω κατοικει παν το πληρωμα της θεοτητος
1:19 γενηται εν πασιν αυτος πρωτευων, οτι εν αυτω ευδοκησεν παν το πληρωμα κατοικησαι
1:16 αορατου, πρωτοτοκος πασης κτισεως, οτι εν αυτω εκτισθη τα παντα εν τοις ουρανοις και
3:24 κυριω και ουκ ανθρωποις, ειδοτες οτι απο κυριου απολημψεσθε την ανταποδοσιν της
4:1 τοις δουλοις παρεχεσθε, ειδοτες οτι και υμεις εχετε κυριον εν ουρανω. τη προσευχη

1 φωτι
1:12 μεριδα του κληρου των αγιων εν τω φωτι ος ερρυσατο ημας εκ της εξουσιας του σκοτους

8 εκ
3:8 κακιαν, βλασφημιαν, αισχρολογιαν εκ του στοματος υμων· μη ψευδεσθε εις αλληλους,
2:14 ο ην υπεναντιον ημιν, και αυτο ηρκεν εκ του μεσου προσηλωσας αυτο τω σταυρω·
4:16 εκκλησια αναγνωσθη, και την εκ λαοδικειας ινα και υμεις αναγνωτε. και ειπατε
2:12 του θεου του εγειραντος αυτον εκ νεκρων· και υμας νεκρους οντας τοις
1:13 αγιων εν τω φωτι· ος ερρυσατο ημας εκ της εξουσιας του σκοτους και μετεστησεν εις
4:11 ιησους ο λεγομενος ιουστος, οι οντες εκ περιτομης ουτοι μονοι συνεργοι εις την
1:18 εκκλησιας· ος εστιν αρχη, πρωτοτοκος εκ των νεκρων, ινα γενηται εν πασιν αυτος
3:23 τον κυριον· ο εαν ποιητε, εκ ψυχης εργαζεσθε, ως τω κυριω και ουκ

4 ουκ
3:23 εκ ψυχης εργαζεσθε, ως τω κυριω και ουκ ανθρωποις, ειδοτες οτι απο κυριου απολημψεσθε
3:25 αδικων κομισεται ο ηδικησεν, και ουκ εστιν προσωπολημψια. οι κυριοι, το δικαιον
3:11 εικονα του κτισαντος αυτον, οπου ουκ ενι ελλην και ιουδαιος, περιτομη και
2:23 ταπεινοφροσυνη και αφειδια σωματος, ουκ εν τιμη τινι προς πλησμονην της σαρκος· ει

1 αλλ
3:22 εν οφθαλμοδουλια ως ανθρωπαρεσκοι, αλλ εν απλοτητι καρδιας, φοβουμενοι τον κυριον· ο

4 εαν
3:17 καρδιαις υμων τω θεω· και παν ο τι εαν ποιητε εν λογω η εν εργω, παντα εν ονοματι
3:23 καρδιας, φοβουμενοι τον κυριον· ο εαν ποιητε, εκ ψυχης εργαζεσθε, ως τω κυριω και
4:10 βαρναβα, περι ου ελαβετε εντολας, εαν ελθη προς υμας, δεξασθε αυτον, και ιησους ο
3:13 αλληλων και χαριζομενοι εαυτοις, εαν τις προς τινα εχη μομφην· καθως και ο κυριος

1 αισχρολογιαν
3:8 θυμον, κακιαν, βλασφημιαν, αισχρολογιαν εκ του στοματος υμων· μη ψευδεσθε εις

1 ενεργειαν
1:29 κοπιω αγωνιζομενος κατα την ενεργειαν αυτου την ενεργουμενην εν εμοι εν δυναμει.

1 αρεσκειαν
1:10 αξιως του κυριου εις πασαν αρεσκειαν εν παντι εργω αγαθω καρποφορουντες και

2 βασιλειαν
4:11 ουτοι μονοι συνεργοι εις την βασιλειαν του θεου, οιτινες εγενηθησαν μοι παρηγορια.
1:13 και μετεστησεν εις την βασιλειαν του υιου της αγαπης αυτου, εν ω εχομεν την

1 πορνειαν
3:5 ουν τα μελη τα επι της γης, πορνειαν ακαθαρσιαν, παθος, επιθυμιαν κακην, και την

1 κακιαν
3:8 υμεις τα παντα, οργην, θυμον, κακιαν βλασφημιαν, αισχρολογιαν εκ του στοματος

1 βλασφημιαν
3:8 παντα, οργην, θυμον, κακιαν, βλασφημιαν αισχρολογιαν εκ του στοματος υμων· μη

1 οικονομιαν
1:25 εγω διακονος κατα την οικονομιαν του θεου την δοθεισαν μοι εις υμας πληρωσαι

1 επιθυμιαν
3:5 πορνειαν, ακαθαρσιαν, παθος, επιθυμιαν κακην, και την πλεονεξιαν ητις εστιν

2 μακροθυμιαν
1:11 εις πασαν υπομονην και μακροθυμιαν μετα χαρας ευχαριστουντες τω πατρι τω
3:12 ταπεινοφροσυνην, πραυτητα, μακροθυμιαν ανεχομενοι αλληλων και χαριζομενοι εαυτοις,

1 διακονιαν
4:17 και ειπατε αρχιππω, βλεπε την διακονιαν ην παρελαβες εν κυριω, ινα αυτην πληροις· ο

1 πλεονεξιαν
3:5 επιθυμιαν κακην, και την πλεονεξιαν ητις εστιν ειδωλολατρια, δι α ερχεται η οργη

1 εκκλησιαν
4:15 και την κατ οικον αυτης εκκλησιαν και οταν αναγνωσθη παρ υμιν η επιστολη,

1 ακαθαρσιαν
3:5 τα επι της γης, πορνειαν, ακαθαρσιαν παθος, επιθυμιαν κακην, και την πλεονεξιαν

1 εορακαν
2:1 των εν λαοδικεια και οσοι ουχ εορακαν το προσωπον μου εν σαρκι, ινα παρακληθωσιν αι

5 παν
3:17 εν ταις καρδιαις υμων τω θεω· και παν ο τι εαν ποιητε εν λογω η εν εργω, παντα εν
2:9 κατα χριστον· οτι εν αυτω κατοικει παν το πληρωμα της θεοτητος σωματικως, και εστε
1:19 πρωτευων, οτι εν αυτω ευδοκησεν παν το πληρωμα κατοικησαι και δι αυτου
2:2 συνβιβασθεντες εν αγαπη και εις παν πλουτος της πληροφοριας της συνεσεως, εις
2:19 και ου κρατων την κεφαλην, εξ ου παν το σωμα δια των αφων και συνδεσμων

1 φθοραν
2:22 μηδε θιγης, α εστιν παντα εις φθοραν τη αποχρησει, κατα τα ενταλματα και

1 θυραν
4:3 περι ημων, ινα ο θεος ανοιξη ημιν θυραν του λογου, λαλησαι το μυστηριον του χριστου,

2 πασαν
1:10 περιπατησαι αξιως του κυριου εις πασαν αρεσκειαν, εν παντι εργω αγαθω καρποφορουντες
1:11 το κρατος της δοξης αυτου εις πασαν υπομονην και μακροθυμιαν, μετα χαρας

1 εγενηθησαν
4:11 βασιλειαν του θεου, οιτινες εγενηθησαν μοι παρηγορια· ασπαζεται υμας επαφρας ο εξ

1 δοθεισαν
1:25 την οικονομιαν του θεου την δοθεισαν μοι εις υμας πληρωσαι τον λογον του θεου, το

2 οταν
3:4 συν τω χριστω εν τω θεω· οταν ο χριστος φανερωθη, η ζωη ημων, τοτε και υμεις
4:16 κατ οικον αυτης εκκλησιαν· και οταν αναγνωσθη παρ υμιν η επιστολη, ποιησατε ινα

1 νυμφαν
4:15 τους εν λαοδικεια αδελφους και νυμφαν και την κατ οικον αυτης εκκλησιαν· και οταν

87 εν
4:5 φανερωσω αυτο ως δει με λαλησαι. εν σοφια περιπατειτε προς τους εξω, τον καιρον
3:7 (επι τους υιους της απειθειας). εν οις και υμεις περιεπατησατε ποτε, οτε εζητε εν
2:11 η κεφαλη πασης αρχης και εξουσιας, εν ω και περιετμηθητε περιτομη αχειροποιητω εν τη
1:11 αυξανομενοι τη επιγνωσει του θεου, εν παση δυναμει δυναμουμενοι κατα το κρατος της
2:3 του μυστηριου του θεου, χριστου, εν ω εισιν παντες οι θησαυροι της σοφιας και
1:14 του υιου της αγαπης αυτου, εν ω εχομεν την απολυτρωσιν, την αφεσιν των
1:21 και εχθρους τη διανοια εν τοις εργοις τοις πονηροις, νυνι δε
1:20 αυτου) ειτε τα επι της γης ειτε τα εν τοις ουρανοις· και υμας ποτε οντας
1:16 οτι εν αυτω εκτισθη τα παντα εν τοις ουρανοις και επι της γης, τα ορατα και τα
1:17 αυτος εστιν προ παντων και τα παντα εν αυτω συνεστηκεν· και αυτος εστιν η κεφαλη του
3:17 εαν ποιητε εν λογω η εν εργω, παντα εν ονοματι κυριου ιησου, ευχαριστουντες τω θεω
3:4 και υμεις συν αυτω φανερωθησεσθε εν δοξη· νεκρωσατε ουν τα μελη τα επι της γης,
1:5 εν τοις ουρανοις, ην προηκουσατε εν τω λογω της αληθειας του ευαγγελιου του
1:22 πονηροις, νυνι δε αποκατηλλαγητε εν τω σωματι της σαρκος αυτου δια του θανατου,
3:7 υμεις περιεπατησατε ποτε, οτε εζητε εν τουτοις· νυνι δε αποθεσθε και υμεις τα παντα,
3:15 καρδιαις υμων, εις ην και εκληθητε εν ενι σωματι· και ευχαριστοι γινεσθε· ο λογος
3:17 τω θεω· και παν ο τι εαν ποιητε εν λογω η εν εργω, παντα εν ονοματι κυριου ιησου,
4:6 ο λογος υμων παντοτε εν χαριτι, αλατι ηρτυμενος, ειδεναι πως δει υμας
2:10 της θεοτητος σωματικως, και εστε εν αυτω πεπληρωμενοι, ος εστιν η κεφαλη πασης

2:16 κρινετω εν βρωσει και εν ποσει η εν μερει εορτης η νεομηνιας η σαββατων. α εστιν
3:17 και παν ο τι εαν ποιητε εν λογω η εν εργω, παντα εν ονοματι κυριου ιησου,
3:22 παντα τοις κατα σαρκα κυριοις, μη εν οφθαλμοδουλια ως ανθρωπαρεσκοι, αλλ εν
4:2 προσκαρτερειτε, γρηγορουντες εν αυτη εν ευχαριστια, προσευχομενοι αμα και περι ημων,
4:16 υμιν η επιστολη, ποιησατε ινα και εν τη λαοδικεων εκκλησια αναγνωσθη, και την εκ
3:11 ελευθερος, αλλα (τα) παντα και εν πασιν χριστος. ενδυσασθε ουν ως εκλεκτοι του
2:16 ουν τις υμας κρινετω εν βρωσει και εν ποσει η εν μερει εορτης η νεομηνιας η
1:6 και αυξανομενον καθως και εν υμιν, αφ ης ημερας ηκουσατε και επεγνωτε την
1:6 του παροντος εις υμας, καθως και εν παντι τω κοσμω εστιν καρποφορουμενον και
2:4 λεγω ινα μηδεις υμας παραλογιζηται εν πιθανολογια. ει γαρ και τη σαρκι απειμι, αλλα
1:18 εκ των νεκρων, ινα γενηται εν πασιν αυτος πρωτευων, οτι εν αυτω ευδοκησεν
1:29 αυτου την ενεργουμενην εν εμοι εν δυναμει. θελω γαρ υμας ειδεναι ηλικον αγωνα
4:12 σταθητε τελειοι και πεπληροφορημενοι εν παντι θεληματι του θεου. μαρτυρω γαρ αυτω τι
2:7 ερριζωμενοι και εποικοδομουμενοι εν αυτω και βεβαιουμενοι (εν) τη πιστει καθως
2:9 του κοσμου και ου κατα χριστον. οτι εν αυτω κατοικει παν το πληρωμα της θεοτητος
1:19 εν πασιν αυτος πρωτευων, οτι εν αυτω ευδοκησεν παν το πληρωμα κατοικησαι και
1:16 πρωτοτοκος πασης κτισεως, οτι εν αυτω εκτισθη τα παντα εν τοις ουρανοις και επι
2:23 και αφειδια σωματος, ουκ εν τιμη τινι προς πλησμονην της σαρκος. ει ουν
3:22 οφθαλμοδουλια ως ανθρωπαρεσκοι, αλλ εν απλοτητι καρδιας, φοβουμενοι τον κυριον. ο
3:18 υποτασσεσθε τοις ανδρασιν, ως ανηκεν εν κυριω. οι ανδρες, αγαπατε τας γυναικας και μη
2:15 αρχας και τας εξουσιας εδειγματισεν εν παρρησια, θριαμβευσας αυτους εν αυτω. μη ουν
1:29 την ενεργειαν αυτου την ενεργουμενην εν εμοι εν δυναμει. θελω γαρ υμας ειδεναι
1:8 ο και δηλωσας ημιν την υμων αγαπην εν πνευματι. δια τουτο και ημεις, αφ ης ημερας
1:5 δια την ελπιδα την αποκειμενην υμιν εν τοις ουρανοις, ην προηκουσατε εν τω λογω της
3:20 παντα, τουτο γαρ ευαρεστον εστιν εν κυριω. οι πατερες, μη ερεθιζετε τα τεκνα
3:1 τα ανω ζητειτε, ου ο χριστος εστιν εν δεξια του θεου καθημενος. τα ανω φρονειτε, μη
1:28 παραστησωμεν παντα ανθρωπον τελειον εν χριστω. εις ο και κοπιω αγωνιζομενος κατα την
4:1 ειδοτες οτι και υμεις εχετε κυριον εν ουρανω. τη προσευχη προσκαρτερειτε,
1:28 και διδασκοντες παντα ανθρωπον εν παση σοφια, ινα παραστησωμεν παντα ανθρωπον
1:12 εις την μεριδα του κληρου των αγιων εν τω φωτι. ος ερρυσατο ημας εκ της εξουσιας του
2:18 μηδεις υμας καταβραβευετω θελων εν ταπεινοφροσυνη και θρησκεια των αγγελων, α
1:4 ακουσαντες την πιστιν υμων εν χριστω ιησου και την αγαπην ην εχετε εις
4:12 παντοτε αγωνιζομενος υπερ υμων εν ταις προσευχαις, ινα σταθητε τελειοι και
4:13 υμων και των εν λαοδικεια και των εν ιεραπολει. ασπαζεται υμας λουκας ο ιατρος ο
4:13 εχει πολυν πονον υπερ υμων και των εν λαοδικεια και των εν ιεραπολει. ασπαζεται
2:1 ηλικον αγωνα εχω υπερ υμων και των εν λαοδικεια και οσοι ουχ εορακαν το προσωπον μου
2:23 ατινα εστιν λογον μεν εχοντα σοφιας εν εθελοθρησκια και ταπεινοφροσυνη και αφειδια
4:17 βλεπε την διακονιαν ην παρελαβες εν κυριω, ινα αυτην πληροις. ο ασπασμος τη εμη
2:2 αι καρδιαι αυτων, συνβιβασθεντες εν αγαπη και εις παν πλουτος της πληροφοριας της
3:16 ωδαις πνευματικαις εν χαριτι αδοντες εν ταις καρδιαις υμων τω θεω. και παν ο τι εαν
2:7 καθως εδιδαχθητε, περισσευοντες εν ευχαριστια. βλεπετε μη τις υμας εσται ο
4:2 προσκαρτερειτε, γρηγορουντες εν αυτη εν ευχαριστια, προσευχομενοι αμα και
2:20 στοιχειων του κοσμου, τι ως ζωντες εν κοσμω δογματιζεσθε. μη αψη μηδε γευση μηδε
3:16 ψαλμοις, υμνοις, ωδαις πνευματικαις εν χαριτι αδοντες εν ταις καρδιαις υμων τω θεω.
1:2 θεου και τιμοθεος ο αδελφος τοις εν κολοσσαις αγιοις και πιστοις αδελφοις εν
1:2 αγιοις και πιστοις αδελφοις εν χριστω. χαρις υμιν και ειρηνη απο θεου πατρος
4:7 και πιστος διακονος και συνδουλος εν κυριω, ον επεμψα προς υμας εις αυτο τουτο,
1:23 ου ηκουσατε, του κηρυχθεντος εν παση κτισει τη υπο τον ουρανον, ου εγενομην
1:27 εν τοις εθνεσιν, ο εστιν χριστος εν υμιν, η ελπις της δοξης. ον ημεις
4:15 αγαπητος και δημας. ασπασασθε τους εν λαοδικεια αδελφους και νυμφαν και την κατ
2:15 εν παρρησια, θριαμβευσας αυτους εν αυτω. μη ουν τις υμας κρινετω εν βρωσει και
1:6 και επεγνωτε την χαριν του θεου εν αληθεια. καθως εμαθετε απο επαφρα του
2:1 και οσοι ουχ εορακαν το προσωπον μου εν σαρκι, ινα παρακληθωσιν αι καρδιαι αυτων,
1:24 υστερηματα των θλιψεων του χριστου εν τη σαρκι μου υπερ του σωματος αυτου, ο εστιν η
1:9 την επιγνωσιν του θεληματος αυτου εν παση σοφια και συνεσει πνευματικη,
1:27 της δοξης του μυστηριου τουτου εν τοις εθνεσιν, ο εστιν χριστος εν υμιν, η ελπις
1:24 εγω παυλος διακονος. νυν χαιρω εν τοις παθημασιν υπερ υμων, και ανταναπληρω τα
2:16 εν αυτω. μη ουν τις υμας κρινετω εν βρωσει και εν ποσει η εν μερει εορτης η
3:15 και η ειρηνη του χριστου βραβευετω εν ταις καρδιαις υμων, εις ην και εκληθητε εν ενι
2:11 περιετμηθητε περιτομη αχειροποιητω εν τη απεκδυσει του σωματος της σαρκος, εν τη
3:16 ο λογος του χριστου ενοικειτω εν υμιν πλουσιως, εν παση σοφια διδασκοντες και
3:3 η ζωη υμων κεκρυπται συν τω χριστω εν τω θεω. οταν ο χριστος φανερωθη, η ζωη ημων,
2:12 του χριστου, συνταφεντες αυτω εν τω βαπτισμω, εν ω και συνηγερθητε δια της
1:10 του κυριου εις πασαν αρεσκειαν, εν παντι εργω αγαθω καρποφορουντες και
2:6 τον χριστον ιησουν τον κυριον, εν αυτω περιπατειτε, ερριζωμενοι και
2:11 τη απεκδυσει του σωματος της σαρκος, εν τη περιτομη του χριστου, συνταφεντες αυτω εν
3:16 χριστου ενοικειτω εν υμιν πλουσιως, εν παση σοφια διδασκοντες και νουθετουντες
2:12 συνταφεντες αυτω εν τω βαπτισμω, εν ω και συνηγερθητε δια της πιστεως της

1 εορακεν

2:18 και θρησκεια των αγγελων, α εορακεν εμβατευων, εικη φυσιουμενος υπο του νοος της

1 ανηκεν

3:18 υποτασσεσθε τοις ανδρασιν, ως ανηκεν εν κυριω. οι ανδρες, αγαπατε τας γυναικας και

1 συνεστηκεν

1:17 παντων και τα παντα εν αυτω συνεστηκεν και αυτος εστιν η κεφαλη του σωματος, της

1 ηρκεν

2:14 ο ην υπεναντιον ημιν, και αυτο ηρκεν εκ του μεσου προσηλωσας αυτο τω σταυρω.

1 μεν

2:23 των ανθρωπων; ατινα εστιν λογον μεν εχοντα σοφιας εν εθελοθρησκια και

1 ηκουσαμεν

1:9 τουτο και ημεις, αφ ης ημερας ηκουσαμεν ου παυομεθα υπερ υμων προσευχομενοι και

1 καταγγελλομεν

1:28 της δοξης. ον ημεις καταγγελλομεν νουθετουντες παντα ανθρωπον και διδασκοντες

1 εχομεν

1:14 του υιου της αγαπης αυτου, εν ω εχομεν την απολυτρωσιν, την αφεσιν των αμαρτιων. ος

1 ευχαριστουμεν

1:3 απο θεου πατρος ημων. ευχαριστουμεν τω θεω πατρι του κυριου ημων ιησου χριστου

1 παραστησωμεν

1:28 εν παση σοφια, ινα παραστησωμεν παντα ανθρωπον τελειον εν χριστω. εις ο και

1 συνεζωοποιησεν

2:13 της σαρκος υμων, συνεζωοποιησεν υμας συν αυτω, χαρισαμενος ημιν παντα τα

1 ηδικησεν

3:25 ο γαρ αδικων κομισεται ο ηδικησεν και ουκ εστιν προσωπολημψια. οι κυριοι, το

1 ευδοκησεν

1:19 αυτος πρωτευων, οτι εν αυτω ευδοκησεν παν το πληρωμα κατοικησαι και δι αυτου

1 ηθελησεν

1:27 τοις αγιοις αυτου, οις ηθελησεν ο θεος γνωρισαι τι το πλουτος της δοξης του

1 μετεστησεν

1:13 της εξουσιας του σκοτους και μετεστησεν εις την βασιλειαν του υιου της αγαπης αυτου,

1 εδειγματισεν

2:15 τας αρχας και τας εξουσιας εδειγματισεν εν παρρησια, θριαμβευσας αυτους εν αυτω. μη

5 ην

4:17 ειπατε αρχιππω, βλεπε την διακονιαν ην παρελαβες εν κυριω, ινα αυτην πληροις. ο
1:4 υμων εν χριστω ιησου και την αγαπην ην εχετε εις παντας τους αγιους δια την ελπιδα
2:14 καθ ημων χειρογραφον τοις δογμασιν ο ην υπεναντιον ημιν, και αυτο ηρκεν εκ του μεσου
3:15 βραβευετω εν ταις καρδιαις υμων, εις ην και εκληθητε εν ενι σωματι. και ευχαριστοι
1:5 αποκειμενην υμιν εν τοις ουρανοις, ην προηκουσατε εν τω λογω της αληθειας του

1 οργην

3:8 δε αποθεσθε και υμεις τα παντα, οργην θυμον, κακιαν, βλασφημιαν, αισχρολογιαν εκ

1 κακην

3:5 ακαθαρσιαν, παθος, επιθυμιαν κακην και την πλεονεξιαν ητις εστιν ειδωλολατρια,

1 κεφαλην

2:19 αυτου, και ου κρατων την κεφαλην εξ ου παν το σωμα δια των αφων και συνδεσμων

1 ελλην

3:11 κτισαντος αυτον, οπου ουκ ενι ελλην και ιουδαιος, περιτομη και ακροβυστια,

2 εγενομην

1:25 αυτου, ο εστιν η εκκλησια, ης εγενομην εγω διακονος κατα την οικονομιαν του θεου την
1:23 κτισει τη υπο τον ουρανον, ου εγενομην εγω παυλος διακονος. νυν χαιρω εν τοις

1 αποκειμενην

1:5 αγιους δια την ελπιδα την αποκειμενην υμιν εν τοις ουρανοις, ην προηκουσατε εν τω

1 ενεργουμενην
1:29 την ενεργειαν αυτου την ενεργουμενην εν εμοι εν δυναμει. θελω γαρ υμας ειδεναι

1 υπομονην
1:11 της δοξης αυτου εις πασαν υπομονην και μακροθυμιαν, μετα χαρας ευχαριστουντες τω

1 πλησμονην
2:23 ουκ εν τιμη τινι προς πλησμονην της σαρκος. ει ουν συνηγερθητε τω χριστω, τα

1 ταπεινοφροσυνην
3:12 οικτιρμου, χρηστοτητα, ταπεινοφροσυνην πραυτητα, μακροθυμιαν, ανεχομενοι αλληλων

3 αγαπην
1:4 υμων εν χριστω ιησου και την αγαπην ην εχετε εις παντας τους αγιους δια την
3:14 υμεις. επι πασιν δε τουτοις την αγαπην ο εστιν συνδεσμος της τελειοτητος. και η
1:8 ο και δηλωσας ημιν την υμων αγαπην εν πνευματι. δια τουτο και ημεις, αφ ης

27 την
1:5 παντας τους αγιους δια την ελπιδα την αποκειμενην υμιν εν τοις ουρανοις, ην
1:5 εχετε εις παντας τους αγιους δια την ελπιδα την αποκειμενην υμιν εν τοις ουρανοις,
2:8 φιλοσοφιας και κενης απατης κατα την παραδοσιν των ανθρωπων, κατα τα στοιχεια του
1:29 εις ο και κοπιω αγωνιζομενος κατα την ενεργειαν αυτου την ενεργουμενην εν εμοι εν
1:25 ης εγενομην εγω διακονος κατα την οικονομιαν του θεου την δοθεισαν μοι εις υμας
3:24 ειδοτες οτι απο κυριου απολημψεσθε την ανταποδοσιν της κληρονομιας. τω κυριω χριστω
4:17 και ειπατε αρχιππω, βλεπε την διακονιαν ην παρελαβες εν κυριω, ινα αυτην
1:9 και αιτουμενοι ινα πληρωθητε την επιγνωσιν του θεληματος αυτου εν παση σοφια
1:6 αφ ης ημερας ηκουσατε και επεγνωτε την χαριν του θεου εν αληθεια. καθως εμαθετε απο
4:15 λαοδικεια αδελφους και νυμφαν και την κατ οικον αυτης εκκλησιαν. και οταν αναγνωσθη
4:1 οι κυριοι, το δικαιον και την ισοτητα τοις δουλοις παρεχεσθε, ειδοτες οτι
1:4 την πιστιν υμων εν χριστω ιησου και την αγαπην ην εχετε εις παντας τους αγιους δια
4:16 λαοδικεων εκκλησια αναγνωσθη, και την εκ λαοδικειας ινα και υμεις αναγνωτε. και
3:5 παθος, επιθυμιαν κακην, και την πλεονεξιαν ητις εστιν ειδωλολατρια, δι α
2:19 και συνβιβαζομενον αυξει την αυξησιν του θεου. ει απεθανετε συν χριστω απο
1:14 υιου της αγαπης αυτου, εν ω εχομεν την απολυτρωσιν, την αφεσιν των αμαρτιων. ος
1:8 του χριστου, ο και δηλωσας ημιν την υμων αγαπην εν πνευματι. δια τουτο και ημεις,
2:5 υμιν ειμι, χαιρων και βλεπων υμων την ταξιν και το στερεωμα της εις χριστον πιστεως
2:19 της σαρκος αυτου, και ου κρατων την κεφαλην, εξ ου παν το σωμα δια των αφων και
1:4 υμων προσευχομενοι, ακουσαντες την πιστιν υμων εν χριστω ιησου και την αγαπην ην
4:11 περιτομης ουτοι μονοι συνεργοι εις την βασιλειαν του θεου, οιτινες εγενηθησαν μοι
1:13 του σκοτους και μετεστησεν εις την βασιλειαν του υιου της αγαπης αυτου, εν ω
1:12 τω πατρι τω ικανωσαντι υμας εις την μεριδα του κληρου των αγιων εν τω φωτι. ος
3:14 και υμεις. επι πασιν δε τουτοις την αγαπην, ο εστιν συνδεσμος της τελειοτητος.
1:25 κατα την οικονομιαν του θεου την δοθεισαν μοι εις υμας πληρωσαι τον λογον του
1:29 κατα την ενεργειαν αυτου την ενεργουμενην εν εμοι εν δυναμει. θελω γαρ
1:14 εν ω εχομεν την απολυτρωσιν, την αφεσιν των αμαρτιων. ος εστιν εικων του θεου

1 αυτην
4:17 ην παρελαβες εν κυριω, ινα αυτην πληροις. ο ασπασμος τη εμη χειρι παυλου.

1 μομφην
3:13 εαυτοις, εαν τις προς τινα εχη μομφην καθως και ο κυριος εχαρισατο υμιν ουτως και

4 ημιν
4:3 και περι ημων, ινα ο θεος ανοιξη ημιν θυραν του λογου, λαλησαι το μυστηριον του
2:14 τοις δογμασιν ο ην υπεναντιον ημιν και αυτο ηρκεν εκ του μεσου προσηλωσας αυτο
1:8 του χριστου, ο και δηλωσας ημιν την υμων αγαπην εν πνευματι. δια τουτο και
2:13 υμας συν αυτω, χαρισαμενος ημιν παντα τα παραπτωματα, εξαλειψας το καθ ημων

10 υμιν
4:9 αδελφω, ος εστιν εξ υμων. παντα υμιν γνωρισουσιν τα ωδε. ασπαζεται υμας αρισταρχος
4:7 τα κατ εμε παντα γνωρισει υμιν τυχικος ο αγαπητος αδελφος και πιστος διακονος
1:6 και αυξανομενον καθως και εν υμιν αφ ης ημερας ηκουσατε και επεγνωτε την χαριν
1:27 τοις εθνεσιν, ο εστιν χριστος εν υμιν η ελπις της δοξης. ον ημεις καταγγελλομεν
3:16 ο λογος του χριστου ενοικειτω εν υμιν πλουσιως, εν παση σοφια διδασκοντες και
1:5 δια την ελπιδα την αποκειμενην υμιν εν τοις ουρανοις, ην προηκουσατε εν τω λογω
2:5 σαρκι απειμι, αλλα τω πνευματι συν υμιν ειμι, χαιρων και βλεπων υμων την ταξιν και το
3:13 καθως και ο κυριος εχαρισατο υμιν ουτως και υμεις. επι πασιν δε τουτοις την
4:16 εκκλησιαν. και οταν αναγνωσθη παρ υμιν η επιστολη, ποιησατε ινα και εν τη λαοδικεων
1:2 πιστοις αδελφοις εν χριστω. χαρις υμιν και ειρηνη απο θεου πατρος ημων.

1 ταξιν

2:5 ειμι, χαιρων και βλεπων υμων την ταξιν και το στερεωμα της εις χριστον πιστεως υμων·

1 χαριν

1:6 ημερας ηκουσατε και επεγνωτε την χαριν του θεου εν αληθεια· καθως εμαθετε απο επαφρα

1 δογμασιν

2:14 το καθ ημων χειρογραφον τοις δογμασιν ο ην υπεναντιον ημιν, και αυτο ηρκεν εκ του

1 παθημασιν

1:24 διακονος· νυν χαιρω εν τοις παθημασιν υπερ υμων, και ανταναπληρω τα υστερηματα των

1 παραπτωμασιν

2:13 υμας νεκρους οντας τοις παραπτωμασιν και τη ακροβυστια της σαρκος υμων,

3 πασιν

3:14 υμιν ουτως και υμεις· επι πασιν δε τουτοις την αγαπην, ο εστιν συνδεσμος της
3:11 ελευθερος, αλλα (τα) παντα και εν πασιν χριστος· ενδυσασθε ουν ως εκλεκτοι του θεου,
1:18 εκ των νεκρων, ινα γενηται εν πασιν αυτος πρωτευων, οτι εν αυτω ευδοκησεν παν το

1 ανδρασιν

3:18 αι γυναικες, υποτασσεσθε τοις ανδρασιν ως ανηκεν εν κυριω· οι ανδρες, αγαπατε τας

1 εθνεσιν

1:27 του μυστηριου τουτου εν τοις εθνεσιν ο εστιν χριστος εν υμιν, η ελπις της δοξης·

1 πραξεσιν

3:9 τον παλαιον ανθρωπον συν ταις πραξεσιν αυτου, και ενδυσαμενοι τον νεον τον

1 αφεσιν

1:14 εν ω εχομεν την απολυτρωσιν, την αφεσιν των αμαρτιων· ος εστιν εικων του θεου του

1 αυξησιν

2:19 και συνβιβαζομενον αυξει την αυξησιν του θεου· ει απεθανετε συν χριστω απο των

1 εισιν

2:3 του θεου, χριστου, εν ω εισιν παντες οι θησαυροι της σοφιας και γνωσεως

1 παραδοσιν

2:8 και κενης απατης κατα την παραδοσιν των ανθρωπων, κατα τα στοιχεια του κοσμου και

1 ανταποδοσιν

3:24 απο κυριου απολημψεσθε την ανταποδοσιν της κληρονομιας· τω κυριω χριστω δουλευετε· ο

1 γονευσιν

3:20 τα τεκνα, υπακουετε τοις γονευσιν κατα παντα, τουτο γαρ ευαρεστον εστιν εν

1 γνωρισουσιν

4:9 εστιν εξ υμων· παντα υμιν γνωρισουσιν τα ωδε· ασπαζεται υμας αρισταρχος ο

1 παρακληθωσιν

2:2 μου εν σαρκι, ινα παρακληθωσιν αι καρδιαι αυτων, συνβιβασθεντες εν αγαπη και

1 αθυμωσιν

3:21 τα τεκνα υμων, ινα μη αθυμωσιν οι δουλοι, υπακουετε κατα παντα τοις κατα

3 επιγνωσιν

1:9 αιτουμενοι ινα πληρωθητε την επιγνωσιν του θεληματος αυτου εν παση σοφια και συνεσει
3:10 νεον τον ανακαινουμενον εις επιγνωσιν κατ εικονα του κτισαντος αυτον, οπου ουκ ενι
2:2 πληροφοριας της συνεσεως, εις επιγνωσιν του μυστηριου του θεου, χριστου, εν ω εισιν

1 απολυτρωσιν

1:14 αυτου, εν ω εχομεν την απολυτρωσιν την αφεσιν των αμαρτιων· ος εστιν εικων του

18 εστιν

2:17 εορτης η νεομηνιας η σαββατων, α εστιν σκια των μελλοντων, το δε σωμα του χριστου·
2:22 μη αψη μηδε γευση μηδε θιγης, α εστιν παντα εις φθοραν τη αποχρησει, κατα τα
2:23 διδασκαλιας των ανθρωπων; ατινα εστιν λογον μεν εχοντα σοφιας εν εθελοθρησκια και
3:25 κομισεται ο ηδικησεν, και ουκ εστιν προσωπολημψια· οι κυριοι, το δικαιον και την
3:20 κατα παντα, τουτο γαρ ευαρεστον εστιν εν κυριω· οι πατερες, μη ερεθιζετε τα τεκνα
3:14 πασιν δε τουτοις την αγαπην, ο εστιν συνδεσμος της τελειοτητος· και η ειρηνη του
1:27 τουτου εν τοις εθνεσιν, ο εστιν χριστος εν υμιν, η ελπις της δοξης· ον ημεις

1:24 μου υπερ του σωματος αυτου, ο εστιν η εκκλησια, ης εγενομην εγω διακονος κατα την
3:5 κακην, και την πλεονεξιαν ητις εστιν ειδωλολατρια, δι α ερχεται η οργη του θεου
1:15 την αφεσιν των αμαρτιων· ος εστιν εικων του θεου του αορατου, πρωτοτοκος πασης
1:18 του σωματος, της εκκλησιας· ος εστιν αρχη, πρωτοτοκος εκ των νεκρων, ινα γενηται εν
2:10 και εστε εν αυτω πεπληρωμενοι, ος εστιν η κεφαλη πασης αρχης και εξουσιας, εν ω και
1:7 του αγαπητου συνδουλου ημων, ος εστιν πιστος υπερ υμων διακονος του χριστου, ο και
4:9 τω πιστω και αγαπητω αδελφω, ος εστιν εξ υμων· παντα υμιν γνωρισουσιν τα ωδε·
3:1 τα ανω ζητειτε, ου ο χριστος εστιν εν δεξια του θεου καθημενος· τα ανω φρονειτε,
1:18 εν αυτω συνεστηκεν· και αυτος εστιν η κεφαλη του σωματος, της εκκλησιας· ος εστιν
1:17 εις αυτον εκτισται, και αυτος εστιν προ παντων και τα παντα εν αυτω συνεστηκεν,
1:6 υμας, καθως και εν παντι τω κοσμω εστιν καρποφορουμενον και αυξανομενον καθως και εν

1 πιστιν
1:4 προσευχομενοι, ακουσαντες την πιστιν υμων εν χριστω ιησου και την αγαπην ην εχετε

2 ον
1:28 χριστος εν υμιν, η ελπις της δοξης· ον ημεις καταγγελλομεν νουθετουντες παντα
4:8 διακονος και συνδουλος εν κυριω, ον επεμψα προς υμας εις αυτο τουτο, ινα γνωτε τα

2 λογον
2:23 των ανθρωπων; ατινα εστιν λογον μεν εχοντα σοφιας εν εθελοθρησκια και
1:25 μοι εις υμας πληρωσαι τον λογον του θεου, το μυστηριον το αποκεκρυμμενον απο

1 νεον
3:10 αυτου, και ενδυσαμενοι τον νεον τον ανακαινουμενον εις επιγνωσιν κατ εικονα

1 δικαιον
4:1 προσωπολημψια· οι κυριοι, το δικαιον και την ισοτητα τοις δουλοις παρεχεσθε,

1 παλαιον
3:9 εις αλληλους, απεκδυσαμενοι τον παλαιον ανθρωπον συν ταις πραξεσιν αυτου, και

1 τελειον
1:28 ινα παραστησωμεν παντα ανθρωπον τελειον εν χριστω· εις ο και κοπιω αγωνιζομενος κατα

1 κατενωπιον
1:22 και αμωμους και ανεγκλητους κατενωπιον αυτου, ει γε επιμενετε τη πιστει

2 μυστηριον
1:26 τον λογον του θεου, το μυστηριον το αποκεκρυμμενον απο των αιωνων και απο των
4:3 θυραν του λογου, λαλησαι το μυστηριον του χριστου, δι ο και δεδεμαι, ινα φανερωσω

3 κυριον
4:1 ειδοτες οτι και υμεις εχετε κυριον εν ουρανω. τη προσευχη προσκαρτερειτε,
3:22 απλοτητι καρδιας, φοβουμενοι τον κυριον ο εαν ποιητε, εκ ψυχης εργαζεσθε, ως τω
2:6 τον χριστον ιησουν τον κυριον εν αυτω περιπατειτε, ερριζωμενοι και

1 υπεναντιον
2:14 τοις δογμασιν ο ην υπεναντιον ημιν, και αυτο ηρκεν εκ του μεσου προσηλωσας

1 ηλικον
2:1 δυναμει. θελω γαρ υμας ειδεναι ηλικον αγωνα εχω υπερ υμων και των εν λαοδικεια και

1 οικον
4:15 αδελφους και νυμφαν και την κατ οικον αυτης εκκλησιαν· και οταν αναγνωσθη παρ υμιν

1 θυμον
3:8 και υμεις τα παντα, οργην, θυμον κακιαν, βλασφημιαν, αισχρολογιαν εκ του

1 ουρανον
1:23 εν παση κτισει τη υπο τον ουρανον ου εγενομην εγω παυλος διακονος· νυν χαιρω

1 αποκεκρυμμενον
1:26 θεου, το μυστηριον το αποκεκρυμμενον απο των αιωνων και απο των γενεων–νυν δε

1 συνβιβαζομενον
2:19 επιχορηγουμενον και συνβιβαζομενον αυξει την αυξησιν του θεου· ει απεθανετε συν

1 αυξανομενον
1:6 εστιν καρποφορουμενον και αυξανομενον καθως και εν υμιν, αφ ης ημερας ηκουσατε και

	1	επιχορηγουμενον
2:19	των αφων και συνδεσμων επιχορηγουμενον	και συνβιβαζομενον αυξει την αυξησιν του θεου.
	1	ανακαινουμενον
3:10	ενδυσαμενοι τον νεον τον ανακαινουμενον	εις επιγνωσιν κατ εικονα του κτισαντος αυτον,
	1	καρποφορουμενον
1:6	εν παντι τω κοσμω εστιν καρποφορουμενον	και αυξανομενον καθως και εν υμιν, αφ ης
	1	πονον
4:13	μαρτυρω γαρ αυτω τι εχει πολυν πονον	υπερ υμων και των εν λαοδικεια και των εν
	4	ανθρωπον
1:28	σοφια, ινα παραστησωμεν παντα ανθρωπον	τελειον εν χριστω· εις ο και κοπιω
1:28	ανθρωπον και διδασκοντες παντα ανθρωπον	εν παση σοφια, ινα παραστησωμεν παντα ανθρωπον
1:28	νουθετουντες παντα ανθρωπον	και διδασκοντες παντα ανθρωπον εν παση σοφια,
3:9	απεκδυσαμενοι τον παλαιον ανθρωπον	συν ταις πραξεσιν αυτου, και ενδυσαμενοι τον
	1	προσωπον
2:1	και οσοι ουχ εορακαν το προσωπον	μου εν σαρκι, ινα παρακληθωσιν αι καρδιαι
	1	καιρον
4:5	περιπατειτε προς τους εξω, τον καιρον	εξαγοραζομενοι· ο λογος υμων παντοτε εν
	9	τον
2:6	πιστεως υμων· ως ουν παρελαβετε τον	χριστον ιησουν τον κυριον, εν αυτω
1:25	την δοθεισαν μοι εις υμας πληρωσαι τον	λογον του θεου, το μυστηριον το
3:9	εις αλληλους, απεκδυσαμενοι τον	παλαιον ανθρωπον συν ταις πραξεσιν αυτου, και
3:10	πραξεσιν αυτου, και ενδυσαμενοι τον	νεον τον ανακαινουμενον εις επιγνωσιν κατ
3:22	αλλ εν απλοτητι καρδιας, φοβουμενοι τον	κυριον· ο εαν ποιητε, εκ ψυχης εργαζεσθε, ως
3:10	αυτου, και ενδυσαμενοι τον νεον τον	ανακαινουμενον εις επιγνωσιν κατ εικονα του
2:6	ουν παρελαβετε τον χριστον ιησουν τον	κυριον, εν αυτω περιπατειτε, ερριζωμενοι και
1:23	κηρυχθεντος εν παση κτισει τη υπο τον	ουρανον, ου εγενομην εγω παυλος διακονος· νυν
4:5	εν σοφια περιπατειτε προς τους εξω, τον	καιρον εξαγοραζομενοι· ο λογος υμων παντοτε
	1	ευαρεστον
3:20	κατα παντα, τουτο γαρ ευαρεστον	εστιν εν κυριω· οι πατερες, μη ερεθιζετε τα
	3	χριστον
2:8	στοιχεια του κοσμου και ου κατα χριστον	οτι εν αυτω κατοικει παν το πληρωμα της
2:6	υμων· ως ουν παρελαβετε τον χριστον	ιησουν τον κυριον, εν αυτω περιπατειτε,
2:5	ταξιν και το στερεωμα της εις χριστον	πιστεως υμων· ως ουν παρελαβετε τον χριστον
	5	αυτον
4:10	εαν ελθη προς υμας, δεξασθε αυτον	και ιησους ο λεγομενος ιουστος, οι οντες εκ
1:20	αυτου αποκαταλλαξαι τα παντα εις αυτον	ειρηνοποιησας δια του αιματος του σταυρου
1:16	τα παντα δι αυτου και εις αυτον	εκτισται, και αυτος εστιν προ παντων και τα
2:12	ενεργειας του θεου του εγειραντος αυτον	εκ νεκρων· και υμας νεκρους οντας τοις
3:10	κατ εικονα του κτισαντος αυτον	οπου ουκ ενι ελλην και ιουδαιος, περιτομη
	1	χειρογραφον
2:14	εξαλειψας το καθ ημων χειρογραφον	τοις δογμασιν ο ην υπεναντιον ημιν, και αυτο
	1	πολυν
4:13	θεου· μαρτυρω γαρ αυτω τι εχει πολυν	πονον υπερ υμων και των εν λαοδικεια και των
	1	νυν
1:24	ου εγενομην εγω παυλος διακονος· νυν	χαιρω εν τοις παθημασιν υπερ υμων, και
	1	γενεων-νυν
1:26	απο των αιωνων και απο των γενεων-νυν	δε εφανερωθη τοις αγιοις αυτου, οις ηθελησεν
	5	ουν
3:12	και εν πασιν χριστος· ενδυσασθε ουν	ως εκλεκτοι του θεου, αγιοι και ηγαπημενοι,
3:5	φανερωθησεσθε εν δοξη· νεκρωσατε ουν	τα μελη τα επι της γης, πορνειαν, ακαθαρσιαν,
2:16	θριαμβευσας αυτους εν αυτω· μη ουν	τις υμας κρινετω εν βρωσει και εν ποσει η εν
3:1	προς πλησμονην της σαρκος· ει ουν	συνηγερθητε τω χριστω, τα ανω ζητειτε, ου ο
2:6	της εις χριστον πιστεως υμων· ως ουν	παρελαβετε τον χριστον ιησουν τον κυριον, εν
	1	ιησουν
2:6	ως ουν παρελαβετε τον χριστον ιησουν	τον κυριον, εν αυτω περιπατειτε, ερριζωμενοι

7 συν

4:9 και παρακαλεση τας καρδιας υμων. συν ονησιμω τω πιστω και αγαπητω αδελφω, ος εστιν
2:20 την αυξησιν του θεου. ει απεθανετε συν χριστω απο των στοιχειων του κοσμου, τι ως
3:3 γαρ, και η ζωη υμων κεκρυπται συν τω χριστω εν τω θεω. οταν ο χριστος φανερωθη,
2:5 τη σαρκι απειμι, αλλα τω πνευματι συν υμιν ειμι, χαιρων και βλεπων υμων την ταξιν
3:9 απεκδυσαμενοι τον παλαιον ανθρωπον συν ταις πραξεσιν αυτου, και ενδυσαμενοι τον νεον
2:13 σαρκος υμων, συνεζωοποιησεν υμας συν αυτω, χαρισαμενος ημιν παντα τα παραπτωματα,
3:4 η ζωη ημων, τοτε και υμεις συν αυτω φανερωθησεσθε εν δοξη. νεκρωσατε ουν τα

1 συλαγωγων

2:8 βλεπετε μη τις υμας εσται ο συλαγωγων δια της φιλοσοφιας και κενης απατης κατα την

1 λαοδικεων

4:16 ποιησατε ινα και εν τη λαοδικεων εκκλησια αναγνωσθη, και την εκ λαοδικειας ινα

1 γενεων

1:26 απο των αιωνων και απο των γενεων νυν δε εφανερωθη τοις αγιοις αυτου, οις

1 θλιψεων

1:24 ανταναπληρω τα υστερηματα των θλιψεων του χριστου εν τη σαρκι μου υπερ του σωματος

1 αγιων

1:12 εις την μεριδα του κληρου των αγιων εν τω φωτι. ος ερρυσατο ημας εκ της εξουσιας

1 στοιχειων

2:20 απεθανετε συν χριστω απο των στοιχειων του κοσμου, τι ως ζωντες εν κοσμω

1 αμαρτιων

1:14 απολυτρωσιν, την αφεσιν των αμαρτιων ος εστιν εικων του θεου του αορατου,

1 αδικων

3:25 κυριω χριστω δουλευετε. ο γαρ αδικων κομισεται ο ηδικησεν, και ουκ εστιν

1 εικων

1:15 αφεσιν των αμαρτιων. ος εστιν εικων του θεου του αορατου, πρωτοτοκος πασης

1 αγγελων

2:18 ταπεινοφροσυνη και θρησκεια των αγγελων α εορακεν εμβατευων, εικη φυσιουμενος υπο του

1 θελων

2:18 μηδεις υμας καταβραβευετω θελων εν ταπεινοφροσυνη και θρησκεια των αγγελων, α

1 αλληλων

3:13 μακροθυμιαν, ανεχομενοι αλληλων και χαριζομενοι εαυτοις, εαν τις προς τινα εχη

7 ημων

3:4 οταν ο χριστος φανερωθη, η ζωη ημων τοτε και υμεις συν αυτω φανερωθησεσθε εν
2:14 τα παραπτωματα, εξαλειψας το καθ ημων χειρογραφον τοις δογμασιν ο ην υπεναντιον
4:8 εις αυτο τουτο, ινα γνωτε τα περι ημων και παρακαλεση τας καρδιας υμων, συν ονησιμω
4:3 προσευχομενοι αμα και περι ημων ινα ο θεος ανοιξη ημιν θυραν του λογου,
1:2 υμιν και ειρηνη απο θεου πατρος ημων ευχαριστουμεν τω θεω πατρι του κυριου ημων
1:3 τω θεω πατρι του κυριου ημων ιησου χριστου παντοτε περι υμων προσευχομενοι,
1:7 απο επαφρα του αγατητου συνδουλου ημων ος εστιν πιστος υπερ υμων διακονος του

1 δεσμων

4:18 παυλου. μνημονευετε μου των δεσμων η χαρις μεθ υμων.

1 συνδεσμων

2:19 παν το σωμα δια των αφων και συνδεσμων επιχορηγουμενον και συνβιβαζομενον αυξει την

22 υμων

3:21 οι πατερες, μη ερεθιζετε τα τεκνα υμων ινα μη αθυμωσιν. οι δουλοι, υπακουετε κατα
3:3 της γης. απεθανετε γαρ, και η ζωη υμων κεκρυπται συν τω χριστω εν τω θεω. οταν ο
4:18 μου των δεσμων. η χαρις μεθ υμων
1:3 ημων ιησου χριστου παντοτε περι υμων προσευχομενοι, ακουσαντες την πιστιν υμων εν
1:8 χριστου, ο και δηλωσας ημιν την υμων αγαπην εν πνευματι. δια τουτο και ημεις, αφ
1:4 ακουσαντες την τιστιν υμων εν χριστω ιησου και την αγαπην ην εχετε εις
2:5 συν υμιν ειμι, χαιρων και βλεπων υμων την ταξιν και το στερεωμα της εις χριστον
4:9 και αγατητω αδελφω, ος εστιν εξ υμων παντα υμιν γνωρισουσιν τα ωδε. ασπαζεται
4:12 ασπαζεται υμας επαφρας ο εξ υμων δουλος χριστου (ιησου), παντοτε αγωνιζομενος
1:9 ημερας ηκουσαμεν, ου παυομεθα υπερ υμων προσευχομενοι και αιτουμενοι ινα πληρωθητε την
1:24 νυν χαιρω εν τοις παθημασιν υπερ υμων και ανταναπληρω τα υστερηματα των θλιψεων του

4:13 γαρ αυτω τι εχει πολυν πονον υπερ υμων και των εν λαοδικεια και των εν ιεραπολει·
4:12 (ιησου), παντοτε αγωνιζομενος υπερ υμων εν ταις προσευχαις, ινα σταθητε τελειοι και
1:7 ημων, ος εστιν πιστος υπερ υμων διακονος του χριστου, ο και δηλωσας ημιν την
2:1 υμας ειδεναι ηλικον αγωνα εχω υπερ υμων και των εν λαοδικεια και οσοι ουχ εορακαν το
4:8 ημων και παρακαλεση τας καρδιας υμων συν ονησιμω τω πιστω και αγαπητω αδελφω, ος
3:16 εν χαριτι αδοντες εν ταις καρδιαις υμων τω θεω· και παν ο τι εαν ποιητε εν λογω η εν
3:15 χριστου βραβευετω εν ταις καρδιαις υμων εις ην και εκληθητε εν ενι σωματι· και
4:6 καιρον εξαγοραζομενοι. ο λογος υμων παντοτε εν χαριτι, αλατι ηρτυμενος, ειδεναι
2:13 και τη ακροβυστια της σαρκος υμων συνεζωοποιησεν υμας συν αυτω, χαρισαμενος
3:8 αισχρολογιαν εκ του στοματος υμων μη ψευδεσθε εις αλληλους, απεκδυσαμενοι τον
2:5 στερεωμα της εις χριστον πιστεως υμων ως ουν παρελαβετε τον χριστον ιησουν τον

1 αιωνων

1:26 το αποκεκρυμμενον απο των αιωνων και απο των γενεων-νυν δε εφανερωθη τοις

1 βλεπων

2:5 συν υμιν ειμι, χαιρων και βλεπων υμων την ταξιν και το στερεωμα της εις χριστον

2 ανθρωπων

2:8 απατης κατα την παραδοσιν των ανθρωπων κατα τα στοιχεια του κοσμου και ου κατα
2:22 ενταλματα και διδασκαλιας των ανθρωπων ατινα εστιν λογον μεν εχοντα σοφιας εν

1 χαιρων

2:5 αλλα τω πνευματι συν υμιν ειμι, χαιρων και βλεπων υμων την ταξιν και το στερεωμα της

2 νεκρων

2:12 του θεου του εγειραντος αυτον εκ νεκρων και υμας νεκρους οντας τοις παραπτωμασιν και
1:18 ος εστιν αρχη, πρωτοτοκος εκ των νεκρων ινα γενηται εν πασιν αυτος πρωτευων, οτι εν

16 των

2:19 την κεφαλην, εξ ου παν το σωμα δια των αφων και συνδεσμων επιχορηγουμενον και
2:18 εν ταπεινοφροσυνη και θρησκεια των αγγελων, α εορακεν εμβατευων, εικη φυσιουμενος
2:17 νεομηνιας η σαββατων, α εστιν σκια των μελλοντων, το δε σωμα του χριστου. μηδεις
1:24 υμων, και ανταναπληρω τα υστερηματα των θλιψεων του χριστου εν τη σαρκι μου υπερ του
4:13 υπερ υμων και των εν λαοδικεια και των εν ιεραπολει· ασπαζεται υμας λουκας ο ιατρος
4:13 τι εχει πολυν πονον υπερ υμων και των εν λαοδικεια και των εν ιεραπολει· ασπαζεται
2:1 ηλικον αγωνα εχω υπερ υμων και των εν λαοδικεια και οσοι ουχ εορακαν το προσωπον
1:18 ος εστιν αρχη, πρωτοτοκος εκ των νεκρων, ινα γενηται εν πασιν αυτος πρωτευων,
1:14 εχομεν την απολυτρωσιν, την αφεσιν των αμαρτιων· ος εστιν εικων του θεου του
2:8 και κενης απατης κατα την παραδοσιν των ανθρωπων, κατα τα στοιχεια του κοσμου και ου
1:26 απο των αιωνων και απο των γενεων-νυν δε εφανερωθη τοις αγιοις αυτου,
1:26 το μυστηριον το αποκεκρυμμενον απο των αιωνων και απο των γενεων-νυν δε εφανερωθη
2:20 θεου. ει απεθανετε συν χριστω απο των στοιχειων του κοσμου, τι ως ζωντες εν κοσμω
2:22 κατα τα ενταλματα και διδασκαλιας των ανθρωπων; ατινα εστιν λογον μεν εχοντα σοφιας
4:18 εμη χειρι παυλου. μνημονευετε μου των δεσμων. η χαρις μεθ υμων.
1:12 υμας εις την μεριδα του κληρου των αγιων εν τω φωτι· ος ερρυσατο ημας εκ της

1 σαββατων

2:16 εν μερει εορτης η νεομηνιας η σαββατων α εστιν σκια των μελλοντων, το δε σωμα του

1 κρατων

2:19 νοος της σαρκος αυτου, και ου κρατων την κεφαλην, εξ ου παν το σωμα δια των αφων

1 παντων

1:17 εκτισται, και αυτος εστιν προ παντων και τα παντα εν αυτω συνεστηκεν· και αυτος

1 μελλοντων

2:17 η σαββατων, α εστιν σκια των μελλοντων το δε σωμα του χριστου. μηδεις υμας

1 αυτων

2:2 ινα παρακληθωσιν αι καρδιαι αυτων συνβιβασθεντες εν αγαπη και εις παν πλουτος

1 εμβατευων

2:18 των αγγελων, α εορακεν εμβατευων εικη φυσιουμενος υπο του νοος της σαρκος

1 πρωτευων

1:18 ινα γενηται εν πασιν αυτος πρωτευων οτι εν αυτω ευδοκησεν παν το πληρωμα

1 αφων

2:19 κεφαλην, εξ ου παν το σωμα δια των αφων και συνδεσμων επιχορηγουμενον και

3 εξ

4:9 πιστω και αγαπητω αδελφω, ος εστιν εξ υμων· παντα υμιν γνωρισουσιν τα ωδε·
4:12 παρηγορια. ασπαζεται υμας επαφρας ο εξ υμων, δουλος χριστου (ιησου), παντοτε
2:19 αυτου, και ου κρατων την κεφαλην, εξ ου παν το σωμα δια των αφων και συνδεσμων

28 ο

3:16 ενι σωματι· και ευχαριστοι γινεσθε· ο λογος του χριστου ενοικειτω εν υμιν πλουσιως,
3:25 τω κυριω χριστω δουλευετε· ο γαρ αδικων κομισεται ο ηδικησεν, και ουκ εστιν
4:6 τους εξω, τον καιρον εξαγοραζομενοι· ο λογος υμων παντοτε εν χαριτι, αλατι ηρτυμενος,
3:23 καρδιας, φοβουμενοι τον κυριον· ο εαν ποιητε, εκ ψυχης εργαζεσθε, ως τω κυριω
4:18 εν κυριω, ινα αυτην πληροις· ο ασπασμος τη εμη χειρι παυλου· μνημονευετε μου
1:8 υπερ υμων διακονος του χριστου, ο και δηλωσας ημιν την υμων αγαπην εν πνευματι·
4:3 προσευχομενοι αμα και περι ημων, ινα ο θεος ανοιξη ημιν θυραν του λογου, λαλησαι το
3:13 τις προς τινα εχη μομφην· καθως και ο κυριος εχαρισατο υμιν ουτως και υμεις· επι
3:25 δουλευετε· ο γαρ αδικων κομισεται ο ηδικησεν, και ουκ εστιν προσωπολημψια. οι
2:8 βλεπετε μη τις υμας εσται ο συλαγωγων δια της φιλοσοφιας και κενης απατης
4:3 λαλησαι το μυστηριον του χριστου, δι ο και δεδεμαι, ινα φανερωσω αυτο ως δει με
3:17 ταις καρδιαις υμων τω θεω. και παν ο τι εαν ποιητε εν λογω η εν εργω, παντα εν
3:4 συν τω χριστω εν τω θεω. οταν ο χριστος φανερωθη, η ζωη ημων, τοτε και υμεις
1:27 τοις αγιοις αυτου, οις ηθελησεν ο θεος γνωρισαι τι το πλουτος της δοξης του
2:14 το καθ ημων χειρογραφον τοις δογμασιν ο ην υπεναντιον ημιν, και αυτο ηρκεν εκ του
4:14 εν ιεραπολει. ασπαζεται υμας λουκας ο ιατρος ο αγαπητος και δημας. ασπασασθε τους
4:12 παρηγορια. ασπαζεται υμας επαφρας ο εξ υμων, δουλος χριστου (ιησου), παντοτε
1:29 ανθρωπον τελειον εν χριστω· εις ο και κοπιω αγωνιζομενος κατα την ενεργειαν
1:1 ιησου δια θεληματος θεου και τιμοθεος ο αδελφος τοις εν κολοσσαις αγιοις και πιστοις
4:7 κατ εμε παντα γνωρισει υμιν τυχικος ο αγαπητος αδελφος και πιστος διακονος και
4:10 ο συναιχμαλωτος μου, και μαρκος ο ανεψιος βαρναβα, περι ου ελαβετε εντολας, εαν
4:14 ασπαζεται υμας λουκας ο ιατρος ο αγαπητος και δημας. ασπασασθε τους εν
4:10 τα ωδε. ασπαζεται υμας αρισταρχος ο συναιχμαλωτος μου, και μαρκος ο ανεψιος
4:11 προς υμας, δεξασθε αυτον, και ιησους ο λεγομενος ιουστος, οι οντες εκ περιτομης ουτοι
3:1 τω χριστω, τα ανω ζητειτε, ου ο χριστος εστιν εν δεξια του θεου καθημενος· τα
3:14 επι πασιν δε τουτοις την αγαπην, ο εστιν συνδεσμος της τελειοτητος· και η ειρηνη
1:27 του μυστηριου τουτου εν τοις εθνεσιν, ο εστιν χριστος εν υμιν, η ελπις της δοξης· ον
1:24 τη σαρκι μου υπερ του σωματος αυτου, ο εστιν η εκκλησια, ης εγενομην εγω διακονος

7 απο

1:7 του θεου εν αληθεια· καθως εμαθετε απο επαφρα του αγαπητου συνδουλου ημων, ος εστιν
1:2 εν χριστω· χαρις υμιν και ειρηνη απο θεου πατρος ημων. ευχαριστουμεν τω θεω πατρι
1:26 αποκεκρυμμενον απο των αιωνων και απο των γενεων-νυν δε εφανερωθη τοις αγιοις αυτου,
1:23 και εδραιοι και μη μετακινουμενοι απο της ελπιδος του ευαγγελιου ου ηκουσατε, του
3:24 και ουκ ανθρωποις, ειδοτες οτι απο κυριου απολημψεσθε την ανταποδοσιν της
1:26 το μυστηριον το αποκεκρυμμενον απο των αιωνων και απο των γενεων-νυν δε εφανερωθη
2:20 του θεου. ει απεθανετε συν χριστω απο των στοιχειων του κοσμου, τι ως ζωντες εν

2 υπο

1:23 του κηρυχθεντος εν παση κτισει τη υπο τον ουρανον, ου εγενομην εγω παυλος διακονος.
2:18 εορακεν εμβατευων, εικη φυσιουμενος υπο του νοος της σαρκος αυτου, και ου κρατων την

1 προ

1:17 αυτον εκτισται, και αυτος εστιν προ παντων και τα παντα εν αυτω συνεστηκεν. και

13 το

1:26 υμας πληρωσαι τον λογον του θεου, το μυστηριον το αποκεκρυμμενον απο των αιωνων και
1:11 εν παση δυναμει δυναμουμενοι κατα το κρατος της δοξης αυτου εις πασαν υπομονην και
2:5 χαιρων και βλεπων υμων την ταξιν και το στερεωμα της εις χριστον πιστεως υμων. ως ουν
4:3 ανοιξη ημιν θυραν του λογου, λαλησαι το μυστηριον του χριστου, δι ο και δεδεμαι, ινα
1:27 οις ηθελησεν ο θεος γνωρισαι τι το πλουτος της δοξης του μυστηριου τουτου εν τοις
2:1 εν λαοδικεια και οσοι ουχ εορακαν το προσωπον μου εν σαρκι, ινα παρακληθωσιν αι
2:9 χριστον· οτι εν αυτω κατοικει παν το πληρωμα της θεοτητος σωματικως, και εστε εν
1:19 πρωτευων, οτι εν αυτω ευδοκησεν παν το πληρωμα κατοικησαι και δι αυτου αποκαταλλαξαι
2:19 και ου κρατων την κεφαλην, εξ ου παν το σωμα δια των αφων και συνδεσμων
1:26 τον λογον του θεου, το μυστηριον το αποκεκρυμμενον απο των αιωνων και απο των
2:14 παντα τα παραπτωματα, εξαλειψας το καθ ημων χειρογραφον τοις δογμασιν ο ην
4:1 εστιν προσωπολημψια. οι κυριοι, το δικαιον και την ισοτητα τοις δουλοις
2:17 α εστιν σκια των μελλοντων, το δε σωμα του χριστου· μηδεις υμας

1 εχαρισατο

3:13 μομφην· καθως και ο κυριος εχαρισατο υμιν ουτως και υμεις· επι πασιν δε τουτοις

1 ερρυσατο

1:13 των αγιων εν τω φωτι. ος ερρυσατο ημας εκ της εξουσιας του σκοτους και

	4	αυτο
2:14	δογμασιν ο ην υπεναντιον ημιν, και αυτο	ηρκεν εκ του μεσου προσηλωσας αυτο τω σταυρω·
2:14	αυτο ηρκεν εκ του μεσου προσηλωσας αυτο	τω σταυρω· απεκδυσαμενος τας αρχας και τας
4:8	εν κυριω, ον επεμψα προς υμας εις αυτο	τουτο, ινα γνωτε τα περι ημων και παρακαλεση
4:4	δι ο και δεδεμαι, ινα φανερωσω αυτο	ως δει με λαλησαι· εν σοφια περιπατειτε προς
	4	τουτο
2:4	σοφιας και γνωσεως αποκρυφοι· τουτο	λεγω ινα μηδεις υμας παραλογιζηται εν
1:9	την υμων αγαπην εν πνευματι· δια τουτο	και ημεις, αφ ης ημερας ηκουσαμεν, ου παυομεθα
4:8	ον επεμψα προς υμας εις αυτο τουτο	ινα γνωτε τα περι ημων και παρακαλεση τας
3:20	τοις γονευσιν κατα παντα, τουτο	γαρ ευαρεστον εστιν εν κυριω· οι πατερες, μη
	6	γαρ
3:3	μη τα επι της γης· απεθανετε γαρ	και η ζωη υμων κεκρυπται συν τω χριστω εν τω
2:5	παραλογιζηται εν πιθανολογια· ει γαρ	και τη σαρκι απειμι, αλλα τω πνευματι συν υμιν
3:25	τω κυριω χριστω δουλευετε· ο γαρ	αδικων κομισεται ο ηδικησεν, και ουκ εστιν
3:20	τοις γονευσιν κατα παντα, τουτο γαρ	ευαρεστον εστιν εν κυριω· οι πατερες, μη
2:1	εν εμοι εν δυναμει· θελω γαρ	υμας ειδεναι ηλικον αγωνα εχω υπερ υμων και
4:13	παντι θεληματι του θεου· μαρτυρω γαρ	αυτω τι εχει πολυν πονον υπερ υμων και των εν
	1	παρ
4:16	εκκλησιαν· και οταν αναγνωσθη παρ	υμιν η επιστολη, ποιησατε ινα και εν τη
	7	υπερ
1:9	ης ημερας ηκουσαμεν, ου παυομεθα υπερ	υμων προσευχομενοι και αιτουμενοι ινα
1:24	νυν χαιρω εν τοις παθημασιν υπερ	υμων, και ανταναπληρω τα υστερηματα των
4:13	γαρ αυτω τι εχει πολυν πονον υπερ	υμων και των εν λαοδικεια και των εν
4:12	(ιησου), παντοτε αγωνιζομενος υπερ	υμων εν ταις προσευχαις, ινα σταθητε τελειοι
1:7	συνδουλου ημων, ος εστιν πιστος υπερ	υμων διακονος του χριστου, ο και δηλωσας ημιν
1:24	του χριστου εν τη σαρκι μου υπερ	του σωματος αυτου, ο εστιν η εκκλησια, ης
2:1	γαρ υμας ειδεναι ηλικον αγωνα εχω υπερ	υμων και των εν λαοδικεια και οσοι ουχ εορακαν
	2	καρδιας
3:22	ανθρωπαρεσκοι, αλλ εν απλοτητι καρδιας	φοβουμενοι τον κυριον· ο εαν ποιητε, εκ
4:8	τα περι ημων και παρακαλεση τας καρδιας	υμων, συν ονησιμω τω πιστω και αγαπητω
	1	ενεργειας
2:12	δια της πιστεως της ενεργειας	του θεου του εγειραντος αυτον εκ νεκρων· και
	1	αληθειας
1:5	ην προηκουσατε εν τω λογω της αληθειας	του ευαγγελιου του παροντος εις υμας, καθως
	1	λαοδικειας
4:16	αναγνωσθη, και την εκ λαοδικειας	ινα και υμεις αναγνωτε· και ειπατε αρχιππω,
	1	διδασκαλιας
2:22	κατα τα ενταλματα και διδασκαλιας	των ανθρωπων; ατινα εστιν λογον μεν εχοντα
	1	κληρονομιας
3:24	την ανταποδοσιν της κληρονομιας	τω κυριω χριστω δουλευετε· ο γαρ αδικων
	1	νεομηνιας
2:16	εν ποσει η εν μερει εορτης η νεομηνιας	η σαββατων, α εστιν σκια των μελλοντων, το δε
	1	πληροφοριας
2:2	και εις παν πλουτος της πληροφοριας	της συνεσεως, εις επιγνωσιν του μυστηριου του
	1	εκκλησιας
1:18	η κεφαλη του σωματος, της εκκλησιας	ος εστιν αρχη, πρωτοτοκος εκ των νεκρων, ινα
	3	εξουσιας
2:10	εστιν η κεφαλη πασης αρχης και εξουσιας	εν ω και περιετμηθητε περιτομη αχειροποιητω
2:15	τας αρχας και τας εξουσιας	εδειγματισεν εν παρρησια, θριαμβευσας αυτους
1:13	φωτι· ος ερρυσατο ημας εκ της εξουσιας	του σκοτους και μετεστησεν εις την βασιλειαν
	2	σοφιας
2:23	ατινα εστιν λογον μεν εχοντα σοφιας	εν εθελοθρησκια και ταπεινοφροσυνη και αφειδια
2:3	ω εισιν παντες οι θησαυροι της σοφιας	και γνωσεως αποκρυφοι· τουτο λεγω ινα μηδεις
	1	φιλοσοφιας
2:8	εσται ο συλαγωγων δια της φιλοσοφιας	και κενης απατης κατα την παραδοσιν των

	1	γυναικας
3:19	κυριω· οι ανδρες, αγαπατε τας γυναικας	και μη πικραινεσθε προς αυτας· τα τεκνα,
	1	λουκας
4:14	εν ιεραπολει· ασπαζεται υμας λουκας	ο ιατρος ο αγαπητος και δημας· ασπασασθε τους
	1	εντολας
4:10	βαρναβα, περι ου ελαβετε εντολας	εαν ελθη προς υμας, δεξασθε αυτον, και
	1	ημας
1:13	των αγιων εν τω φωτι· ος ερρυσατο ημας	εκ της εξουσιας του σκοτους και μετεστησεν εις
	1	δημας
4:14	λουκας ο ιατρος ο αγαπητος και δημας	ασπασασθε τους εν λαοδικεια αδελφους και
	18	υμας
2:13	εγειραντος αυτον εκ νεκρων· και υμας	νεκρους οντας τοις παραπτωμασιν και τη
1:21	γης ειτε τα εν τοις ουρανοις· και υμας	ποτε οντας απηλλοτριωμενους και εχθρους τη
1:22	αυτου δια του θανατου, παραστησαι υμας	αγιους και αμωμους και ανεγκλητους κατενωπιον
4:12	μοι παρηγορια· ασπαζεται υμας	επαφρας ο εξ υμων, δουλος χριστου (ιησου),
4:10	γνωρισουσιν τα ωδε· ασπαζεται υμας	αρισταρχος ο συναιχμαλωτος μου, και μαρκος ο
4:14	και των εν ιεραπολει· ασπαζεται υμας	λουκας ο ιατρος ο αγαπητος και δημας·
4:6	αλατι ηρτυμενος, ειδεναι πως δει υμας	ενι εκαστω αποκρινεσθαι· τα κατ εμε παντα
1:12	τω πατρι τω ικανωσαντι υμας	εις την μεριδα του κληρου των αγιων εν τω
2:13	της σαρκος υμων, συνεζωοποιησεν υμας	συν αυτω, χαρισαμενος ημιν παντα τα
2:1	εν εμοι εν δυναμει· θελω γαρ υμας	ειδεναι ηλικον αγωνα εχω υπερ υμων και των εν
1:25	του θεου την δοθεισαν μοι εις υμας	πληρωσαι τον λογον του θεου, το μυστηριον το
1:6	του ευαγγελιου του παροντος εις υμας	καθως και εν παντι τω κοσμω εστιν
2:18	το δε σωμα του χριστου· μηδεις υμας	καταβραβευετω θελων εν ταπεινοφροσυνη και
2:4	αποκρυφοι· τουτο λεγω ινα μηδεις υμας	παραλογιζηται εν πιθανολογια· ει γαρ και τη
2:8	εν ευχαριστια· βλεπετε μη τις υμας	εσται ο συλαγωγων δια της φιλοσοφιας και κενης
2:16	αυτους εν αυτω· μη ουν τις υμας	κρινετω εν βρωσει και εν ποσει η εν μερει
4:8	εν κυριω, ον επεμψα προς υμας	εις αυτο τουτο, ινα γνωτε τα περι ημων και
4:10	ου ελαβετε εντολας, εαν ελθη προς υμας	δεξασθε αυτον, και ιησους ο λεγομενος
	1	χαρας
1:11	υπομονην και μακροθυμιαν, μετα χαρας	ευχαριστουντες τω πατρι τω ικανωσαντι υμας
	2	ημερας
1:6	καθως και εν υμιν, αφ ης ημερας	ηκουσατε και επεγνωτε την χαριν του θεου εν
1:9	δια τουτο και ημεις, αφ ης ημερας	ηκουσαμεν, ου παυομεθα υπερ υμων προσευχομενοι
	1	επαφρας
4:12	μοι παρηγορια· ασπαζεται υμας επαφρας	ο εξ υμων, δουλος χριστου (ιησου), παντοτε
	1	ειρηνοποιησας
1:20	τα παντα εις αυτον, ειρηνοποιησας	δια του αιματος του σταυρου αυτου, (δι αυτου)
	1	θριαμβευσας
2:15	εδειγματισεν εν παρρησια, θριαμβευσας	αυτους εν αυτω· μη ουν τις υμας κρινετω εν
	1	δηλωσας
1:8	διακονος του χριστου, ο και δηλωσας	ημιν την υμων αγαπην εν πνευματι· δια τουτο
	1	προσηλωσας
2:14	και αυτο ηρκεν εκ του μεσου προσηλωσας	αυτο τω σταυρω· απεκδυσαμενος τας αρχας και
	4	τας
3:19	εν κυριω· οι ανδρες, αγαπατε τας	γυναικας και μη πικραινεσθε προς αυτας· τα
4:8	γνωτε τα περι ημων και παρακαλεση τας	καρδιας υμων, συν ονησιμω τω πιστω και
2:15	απεκδυσαμενος τας αρχας και τας	εξουσιας εδειγματισεν εν παρρησια, θριαμβευσας
2:15	αυτο τω σταυρω· απεκδυσαμενος τας	αρχας και τας εξουσιας εδειγματισεν εν
	1	παντας
1:4	και την αγαπην ην εχετε εις παντας	τους αγιους δια την ελπιδα την αποκειμενην
	2	οντας
1:21	εν τοις ουρανοις· και υμας ποτε οντας	απηλλοτριωμενους και εχθρους τη διανοια εν
2:13	εκ νεκρων· και υμας νεκρους οντας	τοις παραπτωμασιν και τη ακροβυστια της σαρκος

1 αυτας
3:19 γυναικας και μη πικραινεσθε προς αυτας τα τεκνα, υπακουετε τοις γονευσιν κατα

1 αρχας
2:15 τω σταυρω· απεκδυσαμενος τας αρχας και τας εξουσιας εδειγματισεν εν παρρησια,

1 εξαλειψας
2:14 ημιν παντα τα παραπτωματα, εξαλειψας το καθ ημων χειρογραφον τοις δογμασιν ο ην

1 παρελαβες
4:17 βλεπε την διακονιαν ην παρελαβες εν κυριω, ινα αυτην πληροις· ο ασπασμος τη

1 γυναικες
3:18 τω θεω πατρι δι αυτου· αι γυναικες υποτασσεσθε τοις ανδρασιν, ως ανηκεν εν

1 οιτινες
4:11 εις την βασιλειαν του θεου, οιτινες εγενηθησαν μοι παρηγορια· ασπαζεται υμας

1 ανδρες
3:19 ως ανηκεν εν κυριω· οι ανδρες αγαπατε τας γυναικας και μη πικραινεσθε προς

1 πατερες
3:21 ευαρεστον εστιν εν κυριω· οι πατερες μη ερεθιζετε τα τεκνα υμων, ινα μη αθυμωσιν·

1 κυριοτητες
1:16 τα αορατα, ειτε θρονοι ειτε κυριοτητες ειτε αρχαι ειτε εξουσιαι· τα παντα δι αυτου

1 παντες
2:3 του θεου, χριστου, εν ω εισιν παντες οι θησαυροι της σοφιας και γνωσεως αποκρυφοι·

1 ακουσαντες
1:4 περι υμων προσευχομενοι, ακουσαντες την πιστιν υμων εν χριστω ιησου και την αγαπην

1 συνβιβασθεντες
2:2 αι καρδιαι αυτων, συνβιβασθεντες εν αγαπη και εις παν πλουτος της πληροφοριας

1 συνταφεντες
2:12 τη περιτομη του χριστου, συνταφεντες αυτω εν τω βαπτισμω, εν ω και συνηγερθητε δια

1 οντες
4:11 ιησους ο λεγομενος ιουστος, οι οντες εκ περιτομης ουτοι μονοι συνεργοι εις την

1 αδοντες
3:16 ωδαις πνευματικαις εν χαριτι αδοντες εν ταις καρδιαις υμων τω θεω· και παν ο τι

2 διδασκοντες
3:16 πλουσιως, εν παση σοφια διδασκοντες και νουθετουντες εαυτους, ψαλμοις, υμνοις,
1:28 παντα ανθρωπον και διδασκοντες παντα ανθρωπον εν παση σοφια, ινα παραστησωμεν

1 περισσευοντες
2:7 πιστει καθως εδιδαχθητε, περισσευοντες εν ευχαριστια· βλεπετε μη τις υμας εσται ο

1 γρηγορουντες
4:2 προσευχη προσκαρτερειτε, γρηγορουντες εν αυτη εν ευχαριστια, προσευχομενοι αμα και

1 καρποφορουντες
1:10 εν παντι εργω αγαθω καρποφορουντες και αυξανομενοι τη επιγνωσει του θεου, εν

2 νουθετουντες
3:16 παση σοφια διδασκοντες και νουθετουντες εαυτους, ψαλμοις, υμνοις, ωδαις πνευματικαις
1:28 ον ημεις καταγγελλομεν νουθετουντες παντα ανθρωπον και διδασκοντες παντα ανθρωπον

2 ευχαριστουντες
1:12 μακροθυμιαν, μετα χαρας ευχαριστουντες τω πατρι τω ικανωσαντι υμας εις την μεριδα του
3:17 εν ονοματι κυριου ιησου, ευχαριστουντες τω θεω πατρι δι αυτου· αι γυναικες,

1 ζωντες
2:20 των στοιχειων του κοσμου, τι ως ζωντες εν κοσμω δογματιζεσθε, μη αψη μηδε γευση μηδε

2 ειδοτες
3:24 ως τω κυριω και ουκ ανθρωποις, ειδοτες οτι απο κυριου απολημψεσθε την ανταποδοσιν της
4:1 ισοτητα τοις δουλοις παρεχεσθε, ειδοτες οτι και υμεις εχετε κυριον εν ουρανω· τη

3 ης

1:25	σωματος αυτου, ο εστιν η εκκλησια,	ης	εγενομην εγω διακονος κατα την οικονομιαν του
1:6	αυξανομενον καθως και εν υμιν, αφ	ης	ημερας ηκουσατε και επεγνωτε την χαριν του
1:9	πνευματι. δια τουτο και ημεις, αφ	ης	ημερας ηκουσαμεν, ου παυομεθα υπερ υμων

4 γης

1:20	αυτου, (δι αυτου) ειτε τα επι της	γης	ειτε τα εν τοις ουρανοις. και υμας ποτε οντας
3:5	νεκρωσατε ουν τα μελη τα επι της	γης	πορνειαν, ακαθαρσιαν, παθος, επιθυμιαν κακην,
3:2	τα ανω φρονειτε, μη τα επι της	γης	απεθανετε γαρ, και η ζωη υμων κεκρυπται συν
1:16	παντα εν τοις ουρανοις και επι της	γης	τα ορατα και τα αορατα, ειτε θρονοι ειτε

1 θιγης

2:21	μη αψη μηδε γευση μηδε	θιγης	α εστιν παντα εις φθοραν τη αποχρησει, κατα

1 σκυθης

3:11	και ακροβυστια, βαρβαρος,	σκυθης	δουλος, ελευθερος, αλλα (τα) παντα και εν

1 περιτομης

4:11	ιουστος, οι οντες εκ	περιτομης	ουτοι μονοι συνεργοι εις την βασιλειαν του

1 κενης

2:8	συλαγωγων δια της φιλοσοφιας και	κενης	απατης κατα την παραδοσιν των ανθρωπων, κατα

3 δοξης

1:27	χριστος εν υμιν, η ελπις της	δοξης	ον ημεις καταγγελλομεν νουθετουντες παντα
1:11	δυναμουμενοι κατα το κρατος της	δοξης	αυτου εις πασαν υπομονην και μακροθυμιαν, μετα
1:27	ο θεος γνωρισαι τι το πλουτος της	δοξης	του μυστηριου τουτου εν τοις εθνεσιν, ο εστιν

1 αγαπης

1:13	εις την βασιλειαν του υιου της	αγαπης	αυτου, εν ω εχομεν την απολυτρωσιν, την

2 πασης

2:10	πεπληρωμενοι, ος εστιν η κεφαλη	πασης	αρχης και εξουσιας, εν ω και περιετμηθητε
1:15	του θεου του αορατου, πρωτοτοκος	πασης	κτισεως, οτι εν αυτω εκτισθη τα παντα εν τοις

27 της

2:12	βαπτισμω, εν ω και συνηγερθητε δια	της	πιστεως της ενεργειας του θεου του εγειραντος
2:8	μη τις υμας εσται ο συλαγωγων δια	της	φιλοσοφιας και κενης απατης κατα την παραδοσιν
2:13	τοις παραπτωμασιν και τη ακροβυστια	της	σαρκος υμων, συνεζωοποιησεν υμας συν αυτω,
2:5	υμων την ταξιν και το στερεωμα	της	εις χριστον πιστεως υμων. ως ουν παρελαβετε
2:9	οτι εν αυτω κατοικει παν το πληρωμα	της	θεοτητος σωματικως, και εστε εν αυτω
2:3	εν ω εισιν παντες οι θησαυροι	της	σοφιας και γνωσεως αποκρυφοι. τουτο λεγω ινα
1:20	αυτου, (δι αυτου) ειτε τα επι	της	γης ειτε τα εν τοις ουρανοις. και υμας ποτε
3:5	δοξη. νεκρωσατε ουν τα μελη τα επι	της	γης, πορνειαν, ακαθαρσιαν, παθος, επιθυμιαν
3:2	τα ανω φρονειτε, μη τα επι	της	γης. απεθανετε γαρ, και η ζωη υμων κεκρυπται
1:16	τα παντα εν τοις ουρανοις και επι	της	γης, τα ορατα και τα αορατα, ειτε θρονοι ειτε
1:22	νυνι δε αποκατηλλαγητε εν τω σωματι	της	σαρκος αυτου δια του θανατου, παραστησαι υμας
1:13	εν τω φωτι. ος ερρυσατο ημας εκ	της	εξουσιας του σκοτους και μετεστησεν εις την
2:23	ουκ εν τιμη τινι προς πλησμονην	της	σαρκος. ει ουν συνηγερθητε τω χριστω, τα ανω
3:24	κυριου απολημψεσθε την ανταποδοσιν	της	κληρονομιας. τω κυριω χριστω δουλευετε. ο γαρ
1:23	εδραιοι και μη μετακινουμενοι απο	της	ελπιδος του ευαγγελιου ου ηκουσατε, του
2:2	και εις παν πλουτος της πληροφοριας	της	συνεσεως, εις επιγνωσιν του μυστηριου του
1:27	ο εστιν χριστος εν υμιν, η ελπις	της	δοξης. ον ημεις καταγγελλομεν νουθετουντες
3:14	την αγαπην, ο εστιν συνδεσμος	της	τελειοτητος. και η ειρηνη του χριστου
2:18	εικη φυσιουμενος υπο του νοος	της	σαρκος αυτου, και ου κρατων την κεφαλην, εξ
2:11	εν τη απεκδυσει του σωματος	της	σαρκος, εν τη περιτομη του χριστου,
1:11	δυναμει δυναμουμενοι κατα το κρατος	της	δοξης αυτου εις πασαν υπομονην και
2:2	εν αγαπη και εις παν πλουτος	της	πληροφοριας της συνεσεως, εις επιγνωσιν του
1:27	ο θεος γνωρισαι τι το πλουτος	της	δοξης του μυστηριου τουτου εν τοις εθνεσιν, ο
2:12	ω και συνηγερθητε δια της πιστεως	της	ενεργειας του θεου του εγειραντος αυτον εκ
1:13	εις την βασιλειαν του υιου	της	αγαπης αυτου, εν ω εχομεν την απολυτρωσιν,
1:5	ουρανοις, ην προηκουσατε εν τω λογω	της	αληθειας του ευαγγελιου του παροντος εις
1:18	αυτος εστιν η κεφαλη του σωματος,	της	εκκλησιας. ος εστιν αρχη, πρωτοτοκος εκ των

1 απατης

2:8	δια της φιλοσοφιας και κενης	απατης	κατα την παραδοσιν των ανθρωπων, κατα τα

1 εορτης

2:16	βρωσει και εν ποσει η εν μερει	εορτης	η νεομηνιας η σαββατων, α εστιν σκια των

1 αυτης
4:15 και νυμφαν και την κατ οικον αυτης εκκλησιαν· και οταν αναγνωσθη παρ υμιν η

1 αρχης
2:10 ος εστιν η κεφαλη πασης αρχης και εξουσιας, εν ω και περιετμηθητε περιτομη

1 ψυχης
3:23 τον κυριον· ο εαν ποιητε, εκ ψυχης εργαζεσθε, ως τω κυριω και ουκ ανθρωποις,

1 ωδαις
3:16 εαυτους, ψαλμοις, υμνοις, ωδαις πνευματικαις εν χαριτι αδοντες εν ταις

2 καρδιαις
3:16 εν χαριτι αδοντες εν ταις καρδιαις υμων τω θεω· και παν ο τι εαν ποιητε εν λογω
3:15 του χριστου βραβευετω εν ταις καρδιαις υμων, εις ην και εκληθητε εν ενι σωματι· και

1 πνευματικαις
3:16 ψαλμοις, υμνοις, ωδαις πνευματικαις εν χαριτι αδοντες εν ταις καρδιαις υμων τω

1 κολοσσαις
1:2 τιμοθεος ο αδελφος τοις εν κολοσσαις αγιοις και πιστοις αδελφοις εν χριστω· χαρις

4 ταις
4:12 παντοτε αγωνιζομενος υπερ υμων εν ταις προσευχαις, ινα σταθητε τελειοι και
3:16 πνευματικαις εν χαριτι αδοντες εν ταις καρδιαις υμων τω θεω· και παν ο τι εαν ποιητε
3:15 η ειρηνη του χριστου βραβευετω εν ταις καρδιαις υμων, εις ην και εκληθητε εν ενι
3:9 τον παλαιον ανθρωπον συν ταις πραξεσιν αυτου, και ενδυσαμενοι τον νεον τον

1 προσευχαις
4:12 υπερ υμων εν ταις προσευχαις ινα σταθητε τελειοι και πεπληροφορημενοι εν

19 εις
1:29 παντα ανθρωπον τελειον εν χριστω· εις ο και κοπιω αγωνιζομενος κατα την ενεργειαν
1:20 και δι αυτου αποκαταλλαξαι τα παντα εις αυτον, ειρηνοποιησας δια του αιματος του
2:22 γευση υηδε θιγης, α εστιν παντα εις φθοραν τη αποχρησει, κατα τα ενταλματα και
3:9 εκ του στοματος υμων· μη ψευδεσθε εις αλληλους, απεκδυσαμενοι τον παλαιον ανθρωπον
1:4 ιησου και την αγαπην ην εχετε εις παντας τους αγιους δια την ελπιδα την
2:2 αυτων, συνβιβασθεντες εν αγαπη και εις παν πλουτος της πληροφοριας της συνεσεως, εις
1:16 εξουσιαι· τα παντα δι αυτου και εις αυτον εκτισται, και αυτος εστιν προ παντων
4:11 εκ περιτομης ουτοι μονοι συνεργοι εις την βασιλειαν του θεου, οιτινες εγενηθησαν μοι
1:25 του θεου την δοθεισαν μοι εις υμας πληρωσαι τον λογον του θεου, το
1:13 εξουσιας του σκοτους και μετεστησεν εις την βασιλειαν του υιου της αγαπης αυτου, εν ω
3:10 τον νεον τον ανακαινουμενον εις επιγνωσιν κατ εικονα του κτισαντος αυτον,
1:12 τω πατρι τω ικανωσαντι υμας εις την μεριδα του κληρου των αγιων εν τω φωτι·
4:8 εν κυριω, ον επεμψα προς υμας εις αυτο τουτο, ινα γνωτε τα περι ημων και
2:5 υμων την ταξιν και το στερεωμα της εις χριστον πιστεως υμων· ως ουν παρελαβετε τον
1:6 του ευαγγελιου του παροντος εις υμας, καθως και εν παντι τω κοσμω εστιν
1:10 περιπατησαι αξιως του κυριου εις πασαν αρεσκειαν, εν παντι εργω αγαθω
1:11 κατα το κρατος της δοξης αυτου εις πασαν υπομονην και μακροθυμιαν, μετα χαρας
3:15 βραβευετω εν ταις καρδιαις υμων, εις ην και εκληθητε εν ενι σωματι· και ευχαριστοι
2:2 της πληροφοριας της συνεσεως, εις επιγνωσιν του μυστηριου του θεου, χριστου, εν

2 μηδεις
2:18 το δε σωμα του χριστου· μηδεις υμας καταβραβευετω θελων εν ταπεινοφροσυνη και
2:4 αποκρυφοι· τουτο λεγω ινα μηδεις υμας παραλογιζηται εν πιθανολογια· ει γαρ και

2 ημεις
1:9 εν πνευματι· δια τουτο και ημεις αφ ης ημερας ηκουσαμεν, ου παυομεθα υπερ υμων
1:28 εν υμιν, η ελπις της δοξης· ον ημεις καταγγελλομεν νουθετουντες παντα ανθρωπον και

6 υμεις
4:16 και την εκ λαοδικειας ινα και υμεις αναγνωτε· και ειπατε αρχιππω, βλεπε την
3:8 εν τουτοις· νυνι δε αποθεσθε και υμεις τα παντα, οργην, θυμον, κακιαν, βλασφημιαν,
3:4 φανερωθη, η ζωη ημων, τοτε και υμεις συν αυτω φανερωθησεσθε εν δοξη· νεκρωσατε ουν
4:1 παρεχεσθε, ειδοτες οτι και υμεις εχετε κυριον εν ουρανω· τη προσευχη
3:7 υιους της απειθειας)· εν οις και υμεις περιεπατησατε ποτε, οτε εζητε εν τουτοις·
3:13 ο κυριος εχαρισατο υμιν ουτως και υμεις επι πασιν δε τουτοις την αγαπην, ο εστιν

2 οις
1:27 δε εφανερωθη τοις αγιοις αυτου, οις ηθελησεν ο θεος γνωρισαι τι το πλουτος της
3:7 (επι τους υιους της απειθειας)· εν οις και υμεις περιεπατησατε ποτε, οτε εζητε εν

1 εργοις

1:21 και εχθρους τη διανοια εν τοις εργοις τοις πονηροις. νυνι δε αποκατηλλαγητε εν τω

2 αγιοις

1:2 ο αδελφος τοις εν κολοσσαις αγιοις και πιστοις αδελφοις εν χριστω· χαρις υμιν και
1:26 των γενεων-νυν δε εφανερωθη τοις αγιοις αυτου. οις ηθελησεν ο θεος γνωρισαι τι το

1 κυριοις

3:22 κατα παντα τοις κατα σαρκα κυριοις μη εν οφθαλμοδουλια ως ανθρωπαρεσκοι. αλλ εν

1 δουλοις

4:1 το δικαιον και την ισοτητα τοις δουλοις παρεχεσθε. ειδοτες οτι και υμεις εχετε κυριον

1 ψαλμοις

3:16 και νουθετουντες εαυτους. ψαλμοις υμνοις. ωδαις πνευματικαις εν χαριτι αδοντες

3 ουρανοις

1:20 τα επι της γης ειτε τα εν τοις ουρανοις και υμας ποτε οντας απηλλοτριωμενους και
1:16 αυτω εκτισθη τα παντα εν τοις ουρανοις και επι της γης. τα ορατα και τα αορατα. ειτε
1:5 την αποκειμενην υμιν εν τοις ουρανοις ην προηκουσατε εν τω λογω της αληθειας του

1 υμνοις

3:16 νουθετουντες εαυτους. ψαλμοις. υμνοις ωδαις πνευματικαις εν χαριτι αδοντες εν ταις

1 ανθρωποις

3:23 ως τω κυριω και ουκ ανθρωποις ειδοτες οτι απο κυριου απολημψεσθε την

1 πληροις

4:17 παρελαβες εν κυριω. ινα αυτην πληροις ο ασπασμος τη εμη χειρι παυλου· μνημονευετε

1 πονηροις

1:21 τη διανοια εν τοις εργοις τοις πονηροις νυνι δε αποκατηλλαγητε εν τω σωματι της

15 τοις

1:2 θεου και τιμοθεος ο αδελφος τοις εν κολοσσαις αγιοις και πιστοις αδελφοις εν
4:1 κυριοι. το δικαιον και την ισοτητα τοις δουλοις παρεχεσθε. ειδοτες οτι και υμεις εχετε
3:22 οι δουλοι. υπακουετε κατα παντα τοις κατα σαρκα κυριοις. μη εν οφθαλμοδουλια ως
3:18 αυτου· αι γυναικες. υποτασσεσθε τοις ανδρασιν. ως ανηκεν εν κυριω· οι ανδρες.
3:20 προς αυτας· τα τεκνα. υπακουετε τοις γονευσιν κατα παντα. τουτο γαρ ευαρεστον εστιν
1:26 απο των γενεων-νυν δε εφανερωθη τοις αγιοις αυτου. οις ηθελησεν ο θεος γνωρισαι τι
1:21 και εχθρους τη διανοια εν τοις εργοις τοις πονηροις. νυνι δε αποκατηλλαγητε
1:20 ειτε τα επι της γης ειτε τα εν τοις ουρανοις· και υμας ποτε οντας
1:16 οτι εν αυτω εκτισθη τα παντα εν τοις ουρανοις και επι της γης. τα ορατα και τα
1:5 την ελπιδα την αποκειμενην υμιν εν τοις ουρανοις. ην προηκουσατε εν τω λογω της
1:27 της δοξης του μυστηριου τουτου εν τοις εθνεσιν. ο εστιν χριστος εν υμιν. η ελπις της
1:24 εγω παυλος διακονος· νυν χαιρω εν τοις παθημασιν υπερ υμων. και ανταναπληρω τα
2:14 εξαλειψας το καθ ημων χειρογραφον τοις δογμασιν ο ην υπεναντιον ημιν. και αυτο ηρκεν
2:13 εκ νεκρων· και υμας νεκρους οντας τοις παραπτωμασιν και τη ακροβυστια της σαρκος
1:21 εχθρους τη διανοια εν τοις εργοις τοις πονηροις. νυνι δε αποκατηλλαγητε εν τω σωματι

1 πιστοις

1:2 τοις εν κολοσσαις αγιοις και πιστοις αδελφοις εν χριστω· χαρις υμιν και ειρηνη απο

1 εαυτοις

3:13 αλληλων και χαριζομενοι εαυτοις εαν τις προς τινα εχη μομφην· καθως και ο

2 τουτοις

3:14 ουτως και υμεις· επι πασιν δε τουτοις την αγαπην. ο εστιν συνδεσμος της τελειοτητος·
3:7 ποτε. οτε εζητε εν τουτοις νυνι δε αποθεσθε και υμεις τα παντα. οργην.

1 αδελφοις

1:2 κολοσσαις αγιοις και πιστοις αδελφοις εν χριστω· χαρις υμιν και ειρηνη απο θεου

1 ελπις

1:27 ο εστιν χριστος εν υμιν. η ελπις της δοξης· ον ημεις καταγγελλομεν

2 χαρις

4:18 μνημονευετε μου των δεσμων· η χαρις μεθ υμων.
1:2 και πιστοις αδελφοις εν χριστω· χαρις υμιν και ειρηνη απο θεου πατρος ημων.

3 τις

2:8 εν ευχαριστια· βλεπετε μη τις υμας εσται ο συλαγωγων δια της φιλοσοφιας και
3:13 και χαριζομενοι εαυτοις, εαν τις προς τινα εχη μομφην· καθως και ο κυριος
2:16 θριαμβευσας αυτους εν αυτω· μη ουν τις υμας κρινετω εν βρωσει και εν ποσει η εν μερει

1 ητις

3:5 κακην, και την πλεονεξιαν ητις εστιν ειδωλολατρια, δι α ερχεται η οργη του

6 ος

1:13 του κληρου των αγιων εν τω φωτι· ος ερρυσατο ημας εκ της εξουσιας του σκοτους και
1:15 την αφεσιν των αμαρτιων· ος εστιν εικων του θεου του αορατου, πρωτοτοκος
1:18 η κεφαλη του σωματος, της εκκλησιας· ος εστιν αρχη, πρωτοτοκος εκ των νεκρων, ινα
2:10 και εστε εν αυτω πεπληρωμενοι, ος εστιν η κεφαλη πασης αρχης και εξουσιας, εν ω
1:7 επαφρα του αγαπητου συνδουλου ημων, ος εστιν πιστος υπερ υμων διακονος του χριστου,
4:9 ονησιμω τω πιστω και αγαπητω αδελφω, ος εστιν εξ υμων· παντα υμιν γνωρισουσιν τα ωδε·

2 λογος

3:16 και ευχαριστοι γινεσθε· ο λογος του χριστου ενοικειτω εν υμιν πλουσιως, εν
4:6 τον καιρον εξαγοραζομενοι· ο λογος υμων παντοτε εν χαριτι, αλατι ηρτυμενος,

1 ελπιδος

1:23 και μη μετακινουμενοι απο της ελπιδος του ευαγγελιου ου ηκουσατε, του κηρυχθεντος εν

2 θεος

4:3 αμα και περι ημων, ινα ο θεος ανοιξη ημιν θυραν του λογου, λαλησαι το
1:27 τοις αγιοις αυτου, οις ηθελησεν ο θεος γνωρισαι τι το πλουτος της δοξης του μυστηριου

1 τιμοθεος

1:1 ιησου δια θεληματος θεου και τιμοθεος ο αδελφος τοις εν κολοσσαις αγιοις και

1 παθος

3:5 της γης, πορνειαν, ακαθαρσιαν, παθος επιθυμιαν κακην, και την πλεονεξιαν ητις

1 ιουδαιος

3:11 αυτον, οπου ουκ ενι ελλην και ιουδαιος περιτομη και ακροβυστια, βαρβαρος, σκυθης,

1 κυριος

3:13 τινα εχη μομφην· καθως και ο κυριος εχαρισατο υμιν ουτως και υμεις· επι πασιν δε

1 ανεψιος

4:10 συναιχμαλωτος μου, και μαρκος ο ανεψιος βαρναβα, περι ου ελαβετε εντολας, εαν ελθη

1 τυχικος

4:7 τα κατ εμε παντα γνωρισει υμιν τυχικος ο αγαπητος αδελφος και πιστος διακονος και

2 πρωτοτοκος

1:18 εκκλησιας· ος εστιν αρχη, πρωτοτοκος εκ των νεκρων, ινα γενηται εν πασιν αυτος
1:15 εικων του θεου του αορατου, πρωτοτοκος πασης κτισεως, οτι εν αυτω εκτισθη τα παντα

1 μαρκος

4:10 ο συναιχμαλωτος μου, και μαρκος ο ανεψιος βαρναβα, περι ου ελαβετε εντολας,

5 σαρκος

2:13 και τη ακροβυστια της σαρκος υμων, συνεζωοποιησεν υμας συν αυτω,
1:22 αποκατηλλαγητε εν τω σωματι της σαρκος αυτου δια του θανατου, παραστησαι υμας αγιους
2:23 εν τιμη τινι προς πλησμονην της σαρκος ει ουν συνηγερθητε τω χριστω, τα ανω
2:18 φυσιουμενος υπο του νοος της σαρκος αυτου, και ου κρατων την κεφαλην, εξ ου παν
2:11 εν τη απεκδυσει του σωματος της σαρκος εν τη περιτομη του χριστου, συνταφεντες αυτω

1 αποστολος

1:1 παυλος αποστολος χριστου ιησου δια θεληματος θεου και τιμοθεος

2 παυλος

1:1 παυλος αποστολος χριστου ιησου δια θεληματος θεου και
1:23 υπο τον ουρανον, ου εγενομην εγω παυλος διακονος· νυν χαιρω εν τοις παθημασιν υπερ

2 δουλος

4:12 υμας επαφρας ο εξ υμων, δουλος χριστου (ιησου), παντοτε αγωνιζομενος υπερ
3:11 ακροβυστια, βαρβαρος, σκυθης, δουλος ελευθερος, αλλα (τα) παντα και εν πασιν

1 συνδουλος
4:7 και πιστος διακονος και συνδουλος εν κυριω, ον επεμψα προς υμας εις αυτο τουτο,

1 ασπασμος
4:18 κυριω, ινα αυτην πληροις. ο ασπασμος τη εμη χειρι παυλου. μνημονευετε μου των

1 συνδεσμος
3:14 τουτοις την αγαπην, ο εστιν συνδεσμος της τελειοτητος. και η ειρηνη του χριστου

1 χαρισαμενος
2:13 υμας συν αυτω, χαρισαμενος ημιν παντα τα παραπτωματα, εξαλειψας το καθ

1 απεκδυσαμενος
2:15 αυτο τω σταυρω. απεκδυσαμενος τας αρχας και τας εξουσιας εδειγματισεν εν

1 καθημενος
3:1 εστιν εν δεξια του θεου καθημενος τα ανω φρονειτε, μη τα επι της γης.

1 λεγομενος
4:11 δεξασθε αυτον, και ιησους ο λεγομενος ιουστος, οι οντες εκ περιτομης ουτοι μονοι

2 αγωνιζομενος
4:12 χριστου (ιησου), παντοτε αγωνιζομενος υπερ υμων εν ταις προσευχαις, ινα σταθητε
1:29 χριστω. εις ο και κοπιω αγωνιζομενος κατα την ενεργειαν αυτου την ενεργουμενην εν

1 φυσιουμενος
2:18 α εορακεν εμβατευων, εικη φυσιουμενος υπο του νοος της σαρκος αυτου, και ου κρατων

1 ηρτυμενος
4:6 υμων παντοτε εν χαριτι, αλατι ηρτυμενος ειδεναι πως δει υμας ενι εκαστω αποκρινεσθαι.

4 διακονος
1:7 ος εστιν πιστος υπερ υμων διακονος του χριστου, ο και δηλωσας ημιν την υμων
1:23 ου εγενομην εγω παυλος διακονος νυν χαιρω εν τοις παθημασιν υπερ υμων, και
4:7 ο αγαπητος αδελφος και πιστος διακονος και συνδουλος εν κυριω, ον επεμψα προς υμας
1:25 η εκκλησια, ης εγενομην εγω διακονος κατα την οικονομιαν του θεου την δοθεισαν μοι

1 νοος
2:18 εικη φυσιουμενος υπο του νοος της σαρκος αυτου, και ου κρατων την κεφαλην,

1 βαρβαρος
3:11 περιτομη και ακροβυστια, βαρβαρος σκυθης, δουλος, ελευθερος, αλλα (τα) παντα

1 ελευθερος
3:11 βαρβαρος, σκυθης, δουλος, ελευθερος αλλα (τα) παντα και εν πασιν χριστος.

6 προς
4:8 και συνδουλος εν κυριω, ον επεμψα προς υμας εις αυτο τουτο, ινα γνωτε τα περι ημων
3:19 τας γυναικας και μη πικραινεσθε προς αυτας. τα τεκνα, υπακουετε τοις γονευσιν κατα
4:5 με λαλησαι. εν σοφια περιπατειτε προς τους εξω, τον καιρον εξαγοραζομενοι. ο λογος
4:10 περι ου ελαβετε εντολας, εαν ελθη προς υμας, δεξασθε αυτον, και ιησους ο λεγομενος
2:23 αφειδια σωματος, ουκ εν τιμη τινι προς πλησμονην της σαρκος. ει ουν συνηγερθητε τω
3:13 και χαριζομενοι εαυτοις, εαν τις προς τινα εχη μομφην. καθως και ο κυριος εχαρισατο

1 ιατρος
4:14 ασπαζεται υμας λουκας ο ιατρος ο αγαπητος και δημας. ασπασασθε τους εν

1 πατρος
1:2 χαρις υμιν και ειρηνη απο θεου πατρος ημων. ευχαριστουμεν τω θεω πατρι του κυριου

2 θεληματος
1:1 αποστολος χριστου ιησου δια θεληματος θεου και τιμοθεος ο αδελφος τοις εν κολοσσαις
1:9 πληρωθητε την επιγνωσιν του θεληματος αυτου εν παση σοφια και συνεσει πνευματικη,

1 αιματος
1:20 αυτον, ειρηνοποιησας δια του αιματος του σταυρου αυτου, (δι αυτου) ειτε τα επι της

1 στοματος
3:8 αισχρολογιαν εκ του στοματος υμων. μη ψευδεσθε εις αλληλους, απεκδυσαμενοι

4 σωματος
2:23 και ταπεινοφροσυνη και αφειδια σωματος ουκ εν τιμη τινι προς πλησμονην της σαρκος·
1:18 και αυτος εστιν η κεφαλη του σωματος της εκκλησιας· ος εστιν αρχη, πρωτοτοκος εκ
2:11 εν τη απεκδυσει του σωματος της σαρκος, εν τη περιτομη του χριστου,
1:24 εν τη σαρκι μου υπερ του σωματος αυτου, ο εστιν η εκκλησια, ης εγενομην εγω

1 κρατος
1:11 δυναμει δυναμουμενοι κατα το κρατος της δοξης αυτου εις πασαν υπομονην και

2 αγαπητος
4:7 παντα γνωρισει υμιν τυχικος ο αγαπητος αδελφος και πιστος διακονος και συνδουλος εν
4:14 υμας λουκας ο ιατρος ο αγαπητος και δημας· ασπασασθε τους εν λαοδικεια

1 θεοτητος
2:9 κατοικει παν το πληρωμα της θεοτητος σωματικως, και εστε εν αυτω πεπληρωμενοι, ος

1 τελειοτητος
3:14 ο εστιν συνδεσμος της τελειοτητος και η ειρηνη του χριστου βραβευετω εν ταις

1 εγειραντος
2:12 της ενεργειας του θεου του εγειραντος αυτον εκ νεκρων· και υμας νεκρους οντας τοις

1 κτισαντος
3:10 εις επιγνωσιν κατ εικονα του κτισαντος αυτον, οπου ουκ ενι ελλην και ιουδαιος,

1 κηρυχθεντος
1:23 ευαγγελιου ου ηκουσατε, του κηρυχθεντος εν παση κτισει τη υπο τον ουρανον, ου εγενομην

1 παροντος
1:6 αληθειας του ευαγγελιου του παροντος εις υμας, καθως και εν παντι τω κοσμω εστιν

2 πιστος
4:7 τυχικος ο αγαπητος αδελφος και πιστος διακονος και συνδουλος εν κυριω, ον επεμψα
1:7 συνδουλου ημων, ος εστιν πιστος υπερ υμων διακονος του χριστου, ο και δηλωσας

4 χριστος
3:11 αλλα (τα) παντα και εν πασιν χριστος ενδυσασθε ουν ως εκλεκτοι του θεου, αγιοι
1:27 τουτου εν τοις εθνεσιν, ο εστιν χριστος εν υμιν, η ελπις της δοξης· ον ημεις
3:4 τω χριστω εν τω θεω· οταν ο χριστος φανερωθη, η ζωη ημων, τοτε και υμεις συν αυτω
3:1 τω χριστω, τα ανω ζητειτε, ου ο χριστος εστιν εν δεξια του θεου καθημενος· τα ανω

1 ιουστος
4:11 αυτον, και ιησους ο λεγομενος ιουστος οι οντες εκ περιτομης ουτοι μονοι συνεργοι

3 αυτος
1:18 τα παντα εν αυτω συνεστηκεν· και αυτος εστιν η κεφαλη του σωματος, της εκκλησιας· ος
1:17 και εις αυτον εκτισται, και αυτος εστιν προ παντων και τα παντα εν αυτω
1:18 των νεκρων, ινα γενηται εν πασιν αυτος πρωτευων, οτι εν αυτω ευδοκησεν παν το

2 πλουτος
2:2 εν αγαπη και εις παν πλουτος της πληροφοριας της συνεσεως, εις επιγνωσιν
1:27 ηθελησεν ο θεος γνωρισαι τι το πλουτος της δοξης του μυστηριου τουτου εν τοις

1 συναιχμαλωτος
4:10 υμας αρισταρχος ο συναιχμαλωτος μου, και μαρκος ο ανεψιος βαρναβα, περι ου

2 αδελφος
1:1 θεληματος θεου και τιμοθεος ο αδελφος τοις εν κολοσσαις αγιοις και πιστοις αδελφοις
4:7 υμιν τυχικος ο αγαπητος αδελφος και πιστος διακονος και συνδουλος εν κυριω,

1 αρισταρχος
4:10 τα ωδε· ασπαζεται υμας αρισταρχος ο συναιχμαλωτος μου, και μαρκος ο ανεψιος

2 αγιους
1:22 δια του θανατου, παραστησαι υμας αγιους και αμωμους και ανεγκλητους κατενωπιον αυτου,
1:4 αγαπην ην εχετε εις παντας τους αγιους δια την ελπιδα την αποκειμενην υμιν εν τοις

1 αλληλους
3:9 υμων· μη ψευδεσθε εις αλληλους απεκδυσαμενοι τον παλαιον ανθρωπον συν ταις

1 αμωμους
1:22 παραστησαι υμας αγιους και αμωμους και ανεγκλητους κατενωπιον αυτου, ει γε

1 απηλλοτριωμενου
1:21 και υμας ποτε οντας απηλλοτριωμενους και εχθρους τη διανοια εν τοις εργοις τοις

1 εχθρους
1:21 ποτε οντας απηλλοτριωμενους και εχθρους τη διανοια εν τοις εργοις τοις πονηροις, νυνι

1 νεκρους
2:13 αυτον εκ νεκρων· και υμας νεκρους οντας τοις παραπτωμασιν και τη ακροβυστια της

1 ιησους
4:11 προς υμας, δεξασθε αυτον, και ιησους ο λεγομενος ιουστος, οι οντες εκ περιτομης

3 τους
4:15 ο αγαπητος και δημας. ασπασασθε τους εν λαοδικεια αδελφους και νυμφαν και την κατ
1:4 και την αγαπην ην εχετε εις παντας τους αγιους δια την ελπιδα την αποκειμενην υμιν εν
4:5 εν σοφια περιπατειτε προς τους εξω, τον καιρον εξαγοραζομενοι. ο λογος υμων

1 ανεγκλητους
1:22 υμας αγιους και αμωμους και ανεγκλητους κατενωπιον αυτου, ει γε επιμενετε τη πιστει

1 σκοτους
1:13 ημας εκ της εξουσιας του σκοτους και μετεστησεν εις την βασιλειαν του υιου της

1 αυτους
2:15 εν παρρησια, θριαμβευσας αυτους εν αυτω· μη ουν τις υμας κρινετω εν βρωσει

1 εαυτους
3:16 διδασκοντες και νουθετουντες εαυτους ψαλμοις, υμνοις, ωδαις πνευματικαις εν χαριτι

1 αδελφους
4:15 ασπασασθε τους εν λαοδικεια αδελφους και νυμφαν και την κατ οικον αυτης εκκλησιαν.

7 ως
2:6 της εις χριστον πιστεως υμων. ως ουν παρελαβετε τον χριστον ιησουν τον κυριον,
3:22 σαρκα κυριοις, μη εν οφθαλμοδουλια ως ανθρωπαρεσκοι, αλλ εν απλοτητι καρδιας,
2:20 απο των στοιχειων του κοσμου, τι ως ζωντες εν κοσμω δογματιζεσθε, μη αψη μηδε
3:12 και εν πασιν χριστος. ενδυσασθε ουν ως εκλεκτοι του θεου, αγιοι και ηγαπημενοι,
4:4 δι ο και δεδεμαι, ινα φανερωσω αυτο ως δει με λαλησαι. εν σοφια περιπατειτε προς
3:23 ο εαν ποιητε, εκ ψυχης εργαζεσθε, ως τω κυριω και ουκ ανθρωποις, ειδοτες οτι απο
3:18 γυναικες, υποτασσεσθε τοις ανδρασιν, ως ανηκεν εν κυριω. οι ανδρες, αγαπατε τας

1 συνεσεως
2:2 πλουτος της πληροφοριας της συνεσεως εις επιγνωσιν του μυστηριου του θεου,

1 κτισεως
1:15 του αορατου, πρωτοτοκος πασης κτισεως οτι εν αυτω εκτισθη τα παντα εν τοις

1 γνωσεως
2:3 οι θησαυροι της σοφιας και γνωσεως αποκρυφοι. τουτο λεγω ινα μηδεις υμας

2 πιστεως
2:5 και το στερεωμα της εις χριστον πιστεως υμων. ως ουν παρελαβετε τον χριστον ιησουν
2:12 εν ω και συνηγερθητε δια της πιστεως της ενεργειας του θεου του εγειραντος αυτον εκ

5 καθως
1:7 την χαριν του θεου εν αληθεια. καθως εμαθετε απο επαφρα του αγαπητου συνδουλου
2:7 και βεβαιουμενοι (εν) τη πιστει καθως εδιδαχθητε, περισσευοντες εν ευχαριστια.
1:6 καρποφορουμενον και αυξανομενον καθως και εν υμιν, αφ ης ημερας ηκουσατε και
3:13 εαν τις προς τινα εχη μομφην. καθως και ο κυριος εχαρισατο υμιν ουτως και υμεις.
1:6 του παροντος εις υμας, καθως και εν παντι τω κοσμω εστιν καρποφορουμενον

1 αξιως
1:10 συνεσει πνευματικη, περιπατησαι αξιως του κυριου εις πασαν αρεσκειαν, εν παντι εργω

1 πλουσιως
3:16 του χριστου ενοικειτω εν υμιν πλουσιως εν παση σοφια διδασκοντες και νουθετουντες

1 σωματικως

2:9	παν το πληρωμα της θεοτητος σωματικως	και εστε εν αυτω πεπληρωμενοι, ος εστιν η

1 πως

4:6	εν χαριτι, αλατι ηρτυμενος, ειδεναι πως	δει υμας ενι εκαστω αποκρινεσθαι· τα κατ εμε

1 ουτως

3:13	καθως και ο κυριος εχαρισατο υμιν ουτως	και υμεις· επι πασιν δε τουτοις την αγαπην, ο

3 κατ

4:7	υμας ενι εκαστω αποκρινεσθαι· τα κατ	εμε παντα γνωρισει υμιν τυχικος ο αγαπητος
4:15	αδελφους και νυμφαν και την κατ	οικον αυτης εκκλησιαν· και οταν αναγνωσθη παρ
3:10	τον ανακαινουμενον εις επιγνωσιν κατ	εικονα του κτισαντος αυτον, οπου ουκ ενι

8 ου

2:19	υπο του νοος της σαρκος αυτου, και ου	κρατων την κεφαλην, εξ ου παν το σωμα δια των
2:8	κατα τα στοιχεια του κοσμου και ου	κατα χριστον· οτι εν αυτω κατοικει παν το
4:10	και μαρκος ο ανεψιος βαρναβα, περι ου	ελαβετε εντολας, εαν ελθη προς υμας, δεξασθε
2:19	και ου κρατων την κεφαλην, εξ ου	παν το σωμα δια των αφων και συνδεσμων
1:23	απο της ελπιδος του ευαγγελιου ου	ηκουσατε, του κηρυχθεντος εν παση κτισει τη
3:1	τω χριστω, τα ανω ζητειτε, ου	ο χριστος εστιν εν δεξια του θεου καθημενος·
1:9	και ημεις, αφ ης ημερας ηκουσαμεν, ου	παυομεθα υπερ υμων προσευχομενοι και
1:23	εν παση κτισει τη υπο τον ουρανον, ου	εγενομην εγω παυλος διακονος· νυν χαιρω εν

1 λογου

4:3	ινα ο θεος ανοιξη ημιν θυραν του λογου	λαλησαι το μυστηριον του χριστου, δι ο και

15 θεου

1:2	χριστω· χαρις υμιν και ειρηνη απο θεου	πατρος ημων· ευχαριστουμεν τω θεω πατρι του
1:1	χριστου ιησου δια θεληματος θεου	και τιμοθεος ο αδελφος τοις εν κολοσσαις
3:1	ου ο χριστος εστιν εν δεξια του θεου	καθημενος· τα ανω φρονειτε, μη τα επι της
3:6	δι α ερχεται η οργη του θεου	(επι τους υιους της απειθειας)· εν οις και
1:10	και αυξανομενοι τη επιγνωσει του θεου	εν παση δυναμει δυναμουμενοι κατα το κρατος
3:12	ενδυσασθε ουν ως εκλεκτοι του θεου	αγιοι και ηγαπημενοι, σπλαγχνα οικτιρμου,
4:12	εν παντι θεληματι του θεου	μαρτυρω γαρ αυτω τι εχει πολυν πονον υπερ
4:11	συνεργοι εις την βασιλειαν του θεου	οιτινες εγενηθησαν μοι παρηγορια· ασπαζεται
1:25	διακονος κατα την οικονομιαν του θεου	την δοθεισαν μοι εις υμας πληρωσαι τον λογον
1:6	και επεγνωτε την χαριν του θεου	εν αληθεια· καθως εμαθετε απο επαφρα του
2:19	αυξει την αυξησιν του θεου	ει απεθανετε συν χριστω απο των στοιχειων
1:25	εις υμας πληρωσαι τον λογον του θεου	το μυστηριον το αποκεκρυμμενον απο των
1:15	των αμαρτιων· ος εστιν εικων του θεου	του αορατου, πρωτοτοκος πασης κτισεως, οτι εν
2:12	δια της πιστεως της ενεργειας του θεου	του εγειραντος αυτον εκ νεκρων· και υμας
2:2	εις επιγνωσιν του μυστηριου του θεου	χριστου, εν ω εισιν παντες οι θησαυροι της

2 ευαγγελιου

1:5	εν τω λογω της αληθειας του ευαγγελιου	του παροντος εις υμας, καθως και εν παντι τω
1:23	απο της ελπιδος του ευαγγελιου	ου ηκουσατε, του κηρυχθεντος εν παση κτισει τη

2 μυστηριου

2:2	συνεσεως, εις επιγνωσιν του μυστηριου	του θεου, χριστου, εν ω εισιν παντες οι
1:27	τι το πλουτος της δοξης του μυστηριου	τουτου εν τοις εθνεσιν, ο εστιν χριστος εν

4 κυριου

3:17	λογω η εν εργω, παντα εν ονοματι κυριου	ιησου, ευχαριστουντες τω θεω πατρι δι αυτου·
3:24	ουκ ανθρωποις, ειδοτες οτι απο κυριου	απολημψεσθε την ανταποδοσιν της κληρονομιας·
1:3	ευχαριστουμεν τω θεω πατρι του κυριου	ημων ιησου χριστου παντοτε περι υμων
1:10	περιπατησαι αξιως του κυριου	εις πασαν αρεσκειαν, εν παντι εργω αγαθω

1 υιου

1:13	μετεστησεν εις την βασιλειαν του υιου	της αγαπης αυτου, εν ω εχομεν την

1 παυλου

4:18	ο ασπασμος τη εμη χειρι παυλου	μνημονευετε μου των δεσμων· η χαρις μεθ υμων·

1 συνδουλου

1:7	απο επαφρα του αγαπητου συνδουλου	ημων, ος εστιν πιστος υπερ υμων διακονος του

4 μου

4:18	τη εμη χειρι παυλου· μνημονευετε μου	των δεσμων· η χαρις μεθ υμων·
1:24	των θλιψεων του χριστου εν τη σαρκι μου	υπερ του σωματος αυτου, ο εστιν η εκκλησια,
2:1	και οσοι ουχ εορακαν το προσωπον μου	εν σαρκι, ινα παρακληθωσιν αι καρδιαι αυτων,
4:10	υμας αρισταρχος ο συναιχμαλωτος μου	και μαρκος ο ανεψιος βαρναβα, περι ου ελαβετε

1 οικτιρμου

3:12 και ηγαπημενοι, σπλαγχνα οικτιρμου χρηστοτητα, ταπεινοφροσυνην, πραυτητα,

2 κοσμου

2:8 ανθρωπων, κατα τα στοιχεια του κοσμου και ου κατα χριστον· οτι εν αυτω κατοικει παν
2:20 συν χριστω απο των στοιχειων του κοσμου τι ως ζωντες εν κοσμω δογματιζεσθε, μη αψη

1 οπου

3:11 κατ εικονα του κτισαντος αυτον, οπου ουκ ενι ελλην και ιουδαιος, περιτομη και

1 κληρου

1:12 υμας εις την μεριδα του κληρου των αγιων εν τω φωτι· ος ερρυσατο ημας εκ της

1 σταυρου

1:20 δια του αιματος του σταυρου αυτου, (δι αυτου) ειτε τα επι της γης ειτε τα

1 μεσου

2:14 ημιν, και αυτο ηρκεν εκ του μεσου προσηλωσας αυτο τω σταυρω· απεκδυσαμενος τας

4 ιησου

1:3 τω θεω πατρι του κυριου ημων ιησου χριστου παντοτε περι υμων προσευχομενοι,
3:17 εν εργω, παντα εν ονοματι κυριου ιησου ευχαριστουντες τω θεω πατρι δι αυτου· αι
1:1 παυλος αποστολος χριστου ιησου δια θεληματος θεου και τιμοθεος ο αδελφος
1:4 την πιστιν υμων εν χριστω ιησου και την αγαπην ην εχετε εις παντας τους αγιους

48 του

1:6 λογω της αληθειας του ευαγγελιου του παροντος εις υμας, καθως και εν παντι τω κοσμω
1:12 τω ικανωσαντι υμας εις την μεριδα του κληρου των αγιων εν τω φωτι· ος ερρυσατο ημας
1:20 παντα εις αυτον, ειρηνοποιησας δια του αιματος του σταυρου αυτου, (δι αυτου) ειτε τα
1:22 εν τω σωματι της σαρκος αυτου δια του θανατου, παραστησαι υμας αγιους και αμωμους
2:8 των ανθρωπων, κατα τα στοιχεια του κοσμου και ου κατα χριστον· οτι εν αυτω
3:1 ου ο χριστος εστιν εν δεξια του θεου καθημενος· τα ανω φρονειτε, μη τα επι
2:17 σκια των μελλοντων, το δε σωμα του χριστου· μηδεις υμας καταβραβευετω θελων εν
3:10 εις επιγνωσιν κατ εικονα του κτισαντος αυτον, οπου ουκ ενι ελλην και
1:7 αληθεια· καθως εμαθετε απο επαφρα του αγαπητου συνδουλου ημων, ος εστιν πιστος υπερ
3:6 ειδωλολατρια, δι α ερχεται η οργη του θεου (επι τους υιους της απειθειας)· εν οις
1:18 και αυτος εστιν η κεφαλη του σωματος, της εκκλησιας· ος εστιν αρχη,
2:11 σωματος της σαρκος, εν τη περιτομη του χριστου, συνταφεντες αυτω εν τω βαπτισμω, εν
3:15 της τελειοτητος· και η ειρηνη του χριστου βραβευετω εν ταις καρδιαις υμων, εις
2:11 αχειροποιητω εν τη απεκδυσει του σωματος της σαρκος, εν τη περιτομη του
1:10 και αυξανομενοι τη επιγνωσει του θεου, εν παση δυναμει δυναμουμενοι κατα το
3:12 χριστος· ενδυσασθε ουν ως εκλεκτοι του θεου, αγιοι και ηγαπημενοι, σπλαγχνα
1:3 ημων· ευχαριστουμεν τω θεω πατρι του κυριου ημων ιησου χριστου παντοτε περι υμων
4:12 πεπληροφορημενοι εν παντι θεληματι του θεου· μαρτυρω γαρ αυτω οτι εχει πολυν πονον
3:8 κακιαν, βλασφημιαν, αισχρολογιαν εκ του στοματος υμων· μη ψευδεσθε εις αλληλους,
2:14 υπεναντιον ημιν, και αυτο ηρκεν εκ του μεσου προσηλωσας αυτο τω σταυρω·
4:11 μονοι συνεργοι εις την βασιλειαν του θεου, οιτινες εγενηθησαν μοι παρηγορια·
1:13 και μετεστησεν εις την βασιλειαν του υιου της αγαπης αυτου, εν ω εχομεν την
1:25 εγω διακονος κατα την οικονομιαν του θεου την δοθεισαν μοι εις υμας πληρωσαι τον
4:3 ημων, ινα ο θεος ανοιξη ημιν θυραν του λογου, λαλησαι το μυστηριον του χριστου, δι ο
1:6 ηκουσατε και επεγνωτε την χαριν του θεου εν αληθεια· καθως εμαθετε απο επαφρα του
2:19 συνβιβαζομενον αυξει την αυξησιν του θεου· ει απεθανετε συν χριστω απο των
1:9 ινα πληρωθητε την επιγνωσιν του θεληματος αυτου εν παση σοφια και συνεσει
2:2 της συνεσεως, εις επιγνωσιν του μυστηριου του θεου, χριστου, εν ω εισιν
1:25 μοι εις υμας πληρωσαι τον λογον του θεου, το μυστηριον το αποκεκρυμμενον απο των
4:3 του λογου, λαλησαι το μυστηριον του χριστου, δι ο και δεδεμαι, ινα φανερωσω αυτο
1:24 τα υστερηματα των θλιψεων του χριστου εν τη σαρκι μου υπερ του σωματος
2:20 συν χριστω απο των στοιχειων του κοσμου, τι ως ζωντες εν κοσμω δογματιζεσθε,
1:15 των αμαρτιων· ος εστιν εικων του θεου του αορατου, πρωτοτοκος πασης κτισεως,
2:18 εμβατευων, εικη φυσιουμενος υπο του νοος της σαρκος αυτου, και ου κρατων την
1:24 του χριστου εν τη σαρκι μου υπερ του σωματος αυτου, ο εστιν η εκκλησια, ης
2:12 δια της πιστεως της ενεργειας του θεου του εγειραντος αυτον εκ νεκρων· και υμας
1:5 προηκουσατε εν τω λογω της αληθειας του ευαγγελιου του παροντος εις υμας, καθως και
1:13 ος ερρυσατο ημας εκ της εξουσιας του σκοτους και μετεστησεν εις την βασιλειαν του
1:27 γνωρισαι τι το πλουτος της δοξης του μυστηριου τουτου εν τοις εθνεσιν, ο εστιν
3:16 και ευχαριστοι γινεσθε· ο λογος του χριστου ενοικειτω εν υμιν πλουσιως, εν παση
1:23 μη μετακινουμενοι απο της ελπιδος του ευαγγελιου ου ηκουσατε, του κηρυχθεντος εν
1:7 ος εστιν πιστος υπερ υμων διακονος του χριστου, ο και δηλωσας ημιν την υμων αγαπην
1:20 ειρηνοποιησας δια του αιματος του σταυρου αυτου, (δι αυτου) ειτε τα επι της γης
1:10 πνευματικη, περιπατησαι αξιως του κυριου εις πασαν αρεσκειαν, εν παντι εργω
1:15 αμαρτιων· ος εστιν εικων του θεου του αορατου, πρωτοτοκος πασης κτισεως, οτι εν
2:12 της πιστεως της ενεργειας του θεου του εγειραντος αυτον εκ νεκρων· και υμας νεκρους

2:2	εις επιγνωσιν του μυστηριου του	θεου, χριστου, εν ω εισιν παντες οι θησαυροι
1:23	ελπιδος του ευαγγελιου ου ηκουσατε, του	κηρυχθεντος εν παση κτισει τη υπο τον ουρανον,
	1	θανατου
1:22	σωματι της σαρκος αυτου δια του θανατου	παραστησαι υμας αγιους και αμωμους και
	1	αορατου
1:15	ος εστιν εικων του θεου του αορατου	πρωτοτοκος πασης κτισεως, οτι εν αυτω
	1	αγαπητου
1:7	καθως εμαθετε απο επαφρα του αγαπητου	συνδουλου ημων, ος εστιν πιστος υπερ υμων
	11	χριστου
1:1	παυλος αποστολος χριστου	ιησου δια θεληματος θεου και τιμοθεος ο
4:12	υμας επαφρας ο εξ υμων, δουλος χριστου	(ιησου), παντοτε αγωνιζομενος υπερ υμων εν
1:3	θεω πατρι του κυριου ημων ιησου χριστου	παντοτε περι υμων προσευχομενοι, ακουσαντες
2:17	των μελλοντων, το δε σωμα του χριστου	μηδεις υμας καταβραβευετω θελων εν
2:11	της σαρκος, εν τη περιτομη του χριστου	συνταφεντες αυτω εν τω βαπτισμω, εν ω και
3:15	τελειοτητος. και η ειρηνη του χριστου	βραβευετω εν ταις καρδιαις υμων, εις ην και
4:3	λογου, λαλησαι το μυστηριον του χριστου	δι ο και δεδεμαι, ινα φανερωσω αυτο ως δει
1:24	τα υστερηματα των θλιψεων του χριστου	εν τη σαρκι μου υπερ του σωματος αυτου, ο
3:16	γινεσθε. ο λογος του χριστου	ενοικειτω εν υμιν πλουσιως, εν παση σοφια
1:7	πιστος υπερ υμων διακονος του χριστου	ο και δηλωσας ημιν την υμων αγαπην εν
2:2	του μυστηριου του θεου, χριστου	εν ω εισιν παντες οι θησαυροι της σοφιας και
	14	αυτου
1:16	αρχαι ειτε εξουσιαι. τα παντα δι αυτου	και εις αυτον εκτισται, και αυτος εστιν προ
1:20	παν το πληρωμα κατοικησαι και δι αυτου	αποκαταλλαξαι τα παντα εις αυτον,
3:17	ευχαριστουντες τω θεω πατρι δι αυτου	αι γυναικες, υποτασσεσθε τοις ανδρασιν, ως
1:29	αγωνιζομενος κατα την ενεργειαν αυτου	την ενεργουμενην εν εμοι εν δυναμει. θελω
3:9	ανθρωπον συν ταις πραξεσιν αυτου	και ενδυσαμενοι τον νεον τον ανακαινουμενον
1:22	και ανεγκλητους κατενωπιον αυτου	ει γε επιμενετε τη πιστει τεθεμελιωμενοι και
1:11	κατα το κρατος της δοξης αυτου	εις πασαν υπομονην και μακροθυμιαν, μετα χαρας
1:13	την βασιλειαν του υιου της αγαπης αυτου	εν ω εχομεν την απολυτρωσιν, την αφεσιν των
1:26	δε εφανερωθη τοις αγιοις αυτου	οις ηθελησεν ο θεος γνωρισαι τι το πλουτος
1:22	εν τω σωματι της σαρκος αυτου	δια του θανατου, παραστησαι υμας αγιους και
2:18	υπο του νοος της σαρκος αυτου	και ου κρατων την κεφαλην, εξ ου παν το σωμα
1:9	την επιγνωσιν του θεληματος αυτου	εν παση σοφια και συνεσει πνευματικη,
1:24	εν τη σαρκι μου υπερ του σωματος αυτου	ο εστιν η εκκλησια, ης εγενομην εγω διακονος
1:20	δια του αιματος του σταυρου αυτου	(δι αυτου) ειτε τα επι της γης ειτε τα εν
	1	τουτου
1:27	πλουτος της δοξης του μυστηριου τουτου	εν τοις εθνεσιν, ο εστιν χριστος εν υμιν, η
	2	αφ
1:6	και αυξανομενον καθως και εν υμιν, αφ	ης ημερας ηκουσατε και επεγνωτε την χαριν του
1:9	εν πνευματι. δια τουτο και ημεις, αφ	ης ημερας ηκουσαμεν, ου παυομεθα υπερ υμων
	1	ουχ
2:1	υμων και των εν λαοδικεια και οσοι ουχ	εορακαν το προσωπον μου εν σαρκι, ινα
	4	ω
2:11	κεφαλη πασης αρχης και εξουσιας, εν ω	και περιετμηθητε περιτομη αχειροποιητω εν τη
2:3	του μυστηριου του θεου, χριστου, εν ω	εισιν παντες οι θησαυροι της σοφιας και
1:14	του υιου της αγαπης αυτου, εν ω	εχομεν την απολυτρωσιν, την αφεσιν των
2:12	συνταφεντες αυτω εν τω βαπτισμω, εν ω	και συνηγερθητε δια της πιστεως της ενεργειας
	2	εγω
1:25	ο εστιν η εκκλησια, ης εγενομην εγω	διακονος κατα την οικονομιαν του θεου την
1:23	τη υπο τον ουρανον, ου εγενομην εγω	παυλος διακονος. νυν χαιρω εν τοις παθημασιν
	1	λεγω
2:4	και γνωσεως αποκρυφοι. τουτο λεγω	ινα μηδεις υμας παραλογιζηται εν πιθανολογια.
	2	λογω
3:17	θεω. και παν ο τι εαν ποιητε εν λογω	η εν εργω, παντα εν ονοματι κυριου ιησου,
1:5	ουρανοις, ην προηκουσατε εν τω λογω	της αληθειας του ευαγγελιου του παροντος εις
	2	εργω
1:10	εις πασαν αρεσκειαν, εν παντι εργω	αγαθω καρποφορουντες και αυξανομενοι τη
3:17	παν ο τι εαν ποιητε εν λογω η εν εργω	παντα εν ονοματι κυριου ιησου, ευχαριστουντες

4 θεω
3:3 υμων κεκρυπται συν τω χριστω εν τω θεω οταν ο χριστος φανερωθη, η ζωη ημων, τοτε
1:3 θεου πατρος ημων· ευχαριστουμεν τω θεω πατρι του κυριου ημων ιησου χριστου παντοτε
3:16 αδοντες εν ταις καρδιαις υμων τω θεω και παν ο τι εαν ποιητε εν λογω η εν εργω,
3:17 κυριου ιησου, ευχαριστουντες τω θεω πατρι δι αυτου· αι γυναικες, υποτασσεσθε τοις

1 αγαθω
1:10 πασαν αρεσκειαν, εν παντι εργω αγαθω καρποφορουντες και αυξανομενοι τη επιγνωσει

1 κοπιω
1:29 τελειον εν χριστω· εις ο και κοπιω αγωνιζομενος κατα την ενεργειαν αυτου την

6 κυριω
3:18 τοις ανδρασιν, ως ανηκεν εν κυριω οι ανδρες, αγαπατε τας γυναικας και μη
3:20 τουτο γαρ ευαρεστον εστιν εν κυριω οι πατερες, μη ερεθιζετε τα τεκνα υμων, ινα
4:17 την διακονιαν ην παρελαβες εν κυριω ινα αυτην πληροις· ο ασπασμος τη εμη χειρι
4:7 πιστος διακονος και συνδουλος εν κυριω ον επεμψα προς υμας εις αυτο τουτο, ινα
3:23 ποιητε, εκ ψυχης εργαζεσθε, ως τω κυριω και ουκ ανθρωποις, ειδοτες οτι απο κυριου
3:24 ανταποδοσιν της κληρονομιας· τω κυριω χριστω δουλευετε· ο γαρ αδικων κομισεται ο

1 θελω
2:1 ενεργουμενην εν εμοι εν δυναμει· θελω γαρ υμας ειδεναι ηλικον αγωνα εχω υπερ υμων

1 ονησιμω
4:9 τας καρδιας υμων, συν ονησιμω τω πιστω και αγαπητω αδελφω, ος εστιν εξ υμων.

1 βαπτισμω
2:12 συνταφεντες αυτω εν τω βαπτισμω εν ω και συνηγερθητε δια της πιστεως της

2 κοσμω
2:20 του κοσμου, τι ως ζωντες εν κοσμω δογματιζεσθε, μη αψη μηδε γευση μηδε θιγης,
1:6 εις υμας, καθως και εν παντι τω κοσμω εστιν καρποφορουμενον και αυξανομενον καθως

2 ανω
3:2 εν δεξια του θεου καθημενος· τα ανω φρονειτε, μη τα επι της γης· απεθανετε γαρ,
3:1 ει ουν συνηγερθητε τω χριστω, τα ανω ζητειτε, ου ο χριστος εστιν εν δεξια του θεου

1 ουρανω
4:1 οτι και υμεις εχετε κυριον εν ουρανω τη προσευχη προσκαρτερειτε, γρηγορουντες εν

1 εξω
4:5 εν σοφια περιπατειτε προς τους εξω τον καιρον εξαγοραζομενοι· ο λογος υμων

1 αρχιππω
4:17 και υμεις αναγνωτε· και ειπατε αρχιππω βλεπε την διακονιαν ην παρελαβες εν κυριω,

1 ανταναπληρω
1:24 παθημασιν υπερ υμων, και ανταναπληρω τα υστερηματα των θλιψεων του χριστου εν τη

1 χαιρω
1:24 εγω παυλος διακονος· νυν χαιρω εν τοις παθημασιν υπερ υμων, και ανταναπληρω

1 σταυρω
2:14 εκ του μεσου προσηλωσας αυτο τω σταυρω απεκδυσαμενος τας αρχας και τας εξουσιας

1 μαρτυρω
4:13 εν παντι θεληματι του θεου· μαρτυρω γαρ αυτω τι εχει πολυν πονον υπερ υμων και

1 φανερωσω
4:4 δι ο και δεδεμαι, ινα φανερωσω αυτο ως δει με λαλησαι· εν σοφια περιπατειτε

18 τω
2:5 ει γαρ και τη σαρκι απειμι, αλλα τω πνευματι συν υμιν ειμι, χαιρων και βλεπων υμων
3:1 της σαρκος· ει ουν συνηγερθητε τω χριστω, τα ανω ζητειτε, ου ο χριστος εστιν εν
1:12 μετα χαρας ευχαριστουντες τω πατρι τω ικανωσαντι υμας εις την μεριδα του κληρου των
1:6 εις υμας, καθως και εν παντι τω κοσμω εστιν καρποφορουμενον και αυξανομενον
1:5 εν τοις ουρανοις, ην προηκουσατε εν τω λογω της αληθειας του ευαγγελιου του παροντος
1:22 πονηροις, νυνι δε αποκατηλλαγητε εν τω σωματι της σαρκος αυτου δια του θανατου,
1:12 την μεριδα του κληρου των αγιων εν τω φωτι· ος ερρυσατο ημας εκ της εξουσιας του
3:3 ζωη υμων κεκρυπται συν τω χριστω εν τω θεω· οταν ο χριστος φανερωθη, η ζωη ημων,
2:12 του χριστου, συνταφεντες αυτω εν τω βαπτισμω, εν ω και συνηγερθητε δια της πιστεως
1:3 απο θεου πατρος ημων· ευχαριστουμεν τω θεω πατρι του κυριου ημων ιησου χριστου

3:3 γαρ· και η ζωη υμων κεκρυπται συν τω χριστω εν τω θεω· οταν ο χριστος φανερωθη, η
3:16 χαριτι αδοντες εν ταις καρδιαις υμων τω θεω· και παν ο τι εαν ποιητε εν λογω η εν
2:14 ηρκεν εκ του μεσου προσηλωσας αυτο τω σταυρω· απεκδυσαμενος τας αρχας και τας
1:12 μετα χαρας ευχαριστουντες τω πατρι τω ικανωσαντι υμας εις την μεριδα του
3:17 ονοματι κυριου ιησου, ευχαριστουντες τω θεω πατρι δι αυτου· αι γυναικες, υποτασσεσθε
3:23 ο εαν ποιητε, εκ ψυχης εργαζεσθε, ως τω κυριω και ουκ ανθρωποις, ειδοτες οτι απο
4:9 τας καρδιας υμων, συν ονησιμω τω πιστω και αγαπητω αδελφω, ος εστιν εξ υμων·
3:24 την ανταποδοσιν της κληρονομιας· τω κυριω χριστω δουλευετε· ο γαρ αδικων

1 κρινετω
2:16 εν αυτω· μη ουν τις υμας κρινετω εν βρωσει και εν ποσει η εν μερει εορτης η

1 βραβευετω
3:15 και η ειρηνη του χριστου βραβευετω εν ταις καρδιαις υμων, εις ην και εκληθητε εν

1 καταβραβευετω
2:18 του χριστου· μηδεις υμας καταβραβευετω θελων εν ταπεινοφροσυνη και θρησκεια των

1 αχειροποιητω
2:11 και περιετμηθητε περιτομη αχειροποιητω εν τη απεκδυσει του σωματος της σαρκος, εν τη

1 αγαπητω
4:9 υμων, συν ονησιμω τω πιστω και αγαπητω αδελφω, ος εστιν εξ υμων· παντα υμιν

1 ενοικειτω
3:16 γινεσθε· ο λογος του χριστου ενοικειτω εν υμιν πλουσιως, εν παση σοφια διδασκοντες

1 εκαστω
4:6 ειδεναι πως δει υμας ενι εκαστω αποκρινεσθαι· τα κατ εμε παντα γνωρισει υμιν

1 πιστω
4:9 τας καρδιας υμων, συν ονησιμω τω πιστω και αγαπητω αδελφω, ος εστιν εξ υμων· παντα

7 χριστω
1:28 παντα ανθρωπον τελειον εν χριστω εις ο και κοπιω αγωνιζομενος κατα την
1:4 ακουσαντες την πιστιν υμων εν χριστω ιησου και την αγαπην ην εχετε εις παντας τους
1:2 αγιοις και πιστοις αδελφοις εν χριστω χαρις υμιν και ειρηνη απο θεου πατρος ημων·
2:20 του θεου· ει απεθανετε συν χριστω απο των στοιχειων του κοσμου, τι ως ζωντες εν
3:24 της κληρονομιας· τω κυριω χριστω δουλευετε· ο γαρ αδικων κομισεται ο ηδικησεν,
3:1 σαρκος· ει ουν συνηγερθητε τω χριστω τα ανω ζητειτε, ου ο χριστος εστιν εν δεξια
3:3 και η ζωη υμων κεκρυπται συν τω χριστω εν τω θεω· οταν ο χριστος φανερωθη, η ζωη

12 αυτω
1:17 εστιν προ παντων και τα παντα εν αυτω συνεστηκεν· και αυτος εστιν η κεφαλη του
2:10 θεοτητος σωματικως, και εστε εν αυτω πεπληρωμενοι, ος εστιν η κεφαλη πασης αρχης
2:7 και εποικοδομουμενοι εν αυτω και βεβαιουμενοι (εν) τη πιστει καθως
2:9 και ου κατα χριστον· οτι εν αυτω κατοικει παν το πληρωμα της θεοτητος
1:19 εν πασιν αυτος πρωτευων, οτι εν αυτω ευδοκησεν παν το πληρωμα κατοικησαι και δι
1:16 πρωτοτοκος πασης κτισεως, οτι εν αυτω εκτισθη τα παντα εν τοις ουρανοις και επι της
2:15 εν παρρησια, θριαμβευσας αυτους εν αυτω μη ουν τις υμας κρινετω εν βρωσει και εν
2:6 τον χριστον ιησουν τον κυριον, εν αυτω περιπατειτε, ερριζωμενοι και εποικοδομουμενοι
2:13 υμων, συνεζωοποιησεν υμας συν αυτω χαρισαμενος ημιν παντα τα παραπτωματα,
3:4 η ζωη ημων, τοτε και υμεις συν αυτω φανερωθησεσθε εν δοξη· νεκρωσατε ουν τα μελη
4:13 θεληματι του θεου· μαρτυρω γαρ αυτω τι εχει πολυν πονον υπερ υμων και των εν
2:12 περιτομη του χριστου, συνταφεντες αυτω εν τω βαπτισμω, εν ω και συνηγερθητε δια της

1 αδελφω
4:9 συν ονησιμω τω πιστω και αγαπητω αδελφω ος εστιν εξ υμων· παντα υμιν γνωρισουσιν τα

1 εχω
2:1 θελω γαρ υμας ειδεναι ηλικον αγωνα εχω υπερ υμων και των εν λαοδικεια και οσοι ουχ